国学经典文库

白话
容斋随笔
精选

（南宋）洪迈 著
左岸 编译

中国华侨出版社

图书在版编目（CIP）数据

白话容斋随笔精选／（南宋）洪迈著；左岸编译. —北京：中国华侨出版社，2015.8

ISBN 978-7-5113-5621-5

Ⅰ.①白… Ⅱ.①洪… ②左… Ⅲ.①笔记—中国—南宋—选集　②《容斋随笔》—注释　③《容斋随笔》—译文 Ⅳ.①Z429.442

中国版本图书馆 CIP 数据核字（2015）第 192392 号

白话容斋随笔精选

著　　　者	（南宋）洪迈
编　　　译	左　岸
策划编辑	周耿茜
责任编辑	文　喆
责任校对	高晓华
封面设计	一个人·设计
经　　　销	新华书店
开　　　本	710毫米×1000毫米　1/16　印张/18　字数/280千字
印　　　刷	北京中印联印务有限公司
版　　　次	2016年1月第1版　2016年1月第1次印刷
书　　　号	ISBN 978-7-5113-5621-5
定　　　价	35.00元

中国华侨出版社　北京市朝阳区静安里26号通成达大厦3层　邮编：100028

法律顾问：陈鹰律师事务所

编辑部：（010）64443056　64443979

发行部：（010）64443051　传真：（010）64439708

网　　址：www.oveaschin.com

E-mail：oveaschin@sina.com

前　言

《容斋随笔》是南宋文学家洪迈（1123～1202年）用时40余年写成的一部巨著，具有极高的史料价值，被历史学家一致公认为是研究宋代历史的必读之书，该书与沈括的《梦溪笔谈》、王应麟的《困学纪闻》，被称为宋代三大最有学术价值的笔记。

洪迈出生于官宦之家，父亲洪皓、哥哥洪适、洪遵都是著名的学者、官员，洪适官至宰相，洪遵官至右丞相，洪迈本人先后在地方上做过知州，在朝廷做过中书舍人、直学士院、同修国史、翰林学士、端明殿学士等职位。由于他天资聪颖，勤奋好学，一生阅读大量的书籍，并养成做笔记的良好习惯。读书的时候，每当有所心得，便随手记录下来，随着时间的推移，读书笔记积少成多，便形成了《容斋随笔》。

《容斋随笔》是一部关于历史、文化、艺术、哲学、风土人情等方面的笔记小说，以考证、评论、记事为主要写作内容，书中既有夏商周三代以来的一些历史事实、政治杂谈和文坛轶事，更有对宋代典章制度、官场见闻、社会风尚的记述。本书最大的特点是内容丰富、评论精彩、考证严谨，其价值远远超越同类书籍，被《四库全书总目提要》推为南宋笔记小说之冠。《容斋随笔》是全书的总名，共《五笔》，74卷，1220则。其中，《容斋随笔》16卷，329则，历时18年；《容斋续笔》16卷，249则，历时13年；《容斋三笔》16卷，248则，历时5年；《容斋四笔》16卷，259则，历时不到一年；《容斋五笔》10卷，135则，未完成，洪迈即去世。

明代河南巡抚、监察御史姚瀚于弘治十一年（1498年）十月十六日对此书有这样的评论："此书可以劝人为善，可以戒人为恶；可使人欣喜，可使人惊愕；可以增广见闻，可以澄清谬误；可以消除怀疑，明确事理；对于世俗教化颇有裨益！"

可见，《容斋随笔》不仅仅具有史料价值，更对人们在为人处世方面有着极大的帮助，让人们通过书中的各种事例，从中吸取教训和规范自己的言行。由于《容斋随笔》全书50万字，我们从中遴选出其精华部分进行分类和编译，从而形成白话版《容斋随笔》，结构虽与原书有一定差别，但更有助于读者阅读。之所以选译《容斋随笔》，主要是出于分担读者在阅读文言部分时所耗费的精力这一考虑。

《容斋随笔》起到看天下、知天下、品天下、论天下的作用，同时书中传递的历史信息，又能够在潜移默化中提升读者的知识广度和个人修养。有理由相信，读者阅读此书，不仅仅是与历史对话，也是一次心灵的洗涤。

目 录

一、千古美谈 001
大义感人 001
前代晋监 003
汉武赏功明白 004
任安田仁 004
汉武留意郡守 005
汉采众议 006
光武仁君 007
曹操用人 008
五代滥刑 008
下第再试 009
祖宗亲小事 010
一定之计 011
狐突言辞有味 012
陈翠合齐燕 013
徙木偾表 014
谏说之难 015

王卫尉	016
周亚夫治军	017
虎臣辛庆忌遗事	018
田叔	018
钟繇自劾	019
汉士择所从	020
孙吴四英将	021
太史慈	022
诸葛公	023
谢朏志节	024
轻浮称谓	025
公孙五楼	026
杜畿李泌董晋	026
兵家贵于备豫	028
邳彤郦商	029
魏郑公谏语	030
刘蕡下第	031
白居易出位	032
相里造	033
萧颖士风节	034
羌戎畏服老将	035
范正辞治饶州	036
国初救弊	037
沈季长进言	038
文潞公平章重	039
景华御苑	041
徽庙朝宰辅	042
张释之柳浑	043

用兵为臣下利 …………………………………… 044
　　李彦仙守陕 …………………………………… 045
　　裴潜陆俟 …………………………………… 048
　　元正父子忠死 …………………………………… 049

二、以史为鉴 …………………………………… 052
　　苏张说六国 …………………………………… 052
　　燕昭汉光武之明 …………………………………… 053
　　世事不可预料 …………………………………… 054
　　曹马能收人心 …………………………………… 054
　　汉唐三君知子 …………………………………… 056
　　无名杀臣下 …………………………………… 057
　　汉唐封禅 …………………………………… 058
　　曹操唐庄宗 …………………………………… 059
　　楚怀王 …………………………………… 059
　　刘项成败 …………………………………… 061
　　汉景帝忍杀 …………………………………… 061
　　一言升官一言受戮 …………………………………… 062
　　汉法恶诞谩 …………………………………… 063
　　汉文失材 …………………………………… 064
　　巫蛊之祸 …………………………………… 065
　　汉二帝治盗 …………………………………… 066
　　高德儒 …………………………………… 067
　　唐二帝好名 …………………………………… 067
　　朱温三事 …………………………………… 068
　　朱梁轻赋 …………………………………… 069
　　周世宗 …………………………………… 070
　　存亡大计 …………………………………… 071

- 真宗末年 072
- 昏君禁忌多 073
- 王居正封驳 074
- 炀王炀帝 075
- 李后主梁武帝 075
- 绛侯莱公 076
- 奸臣好处 077
- 王嘉荐孔光 079
- 父子忠邪 079
- 汉武唐德宗 080
- 蔡京除吏 081
- 张天觉为人 083
- 李林甫秦桧 084
- 祸福有命 086
- 狐假虎威 087
- 知人之难 088
- 李晟伤国体 088
- 国初人至诚 089
- 奸雄疾胜己者 090
- 盗贼怨官吏 091
- 盛衰不恒久 092
- 深沟高垒 093
- 袁盎温峤 093
- 晋燕用兵 094
- 治盗法不同 095
- 裴行俭景阳 096
- 陈轸之说疏 096

三、宦途记事 …… 098

将帅贪功 …… 098
人臣震主 …… 099
晏子扬雄 …… 101
彭越无罪 …… 102
田横吕布 …… 103
党锢牵连之贤 …… 104
杜延年杜钦 …… 105
孙坚起兵 …… 106
四李杜 …… 107
梁状元八十二岁 …… 107
汉重苏子卿 …… 108
祢衡轻曹操 …… 109
名将晚谬 …… 110
冯道王溥 …… 112
曹参赵括 …… 113
曹参不荐士 …… 114
周亚夫王猛 …… 115
汉人坐语言获罪 …… 116
李德裕论命令 …… 116
李卫公帖 …… 117
李宓伐南诏 …… 118
虢巨贺兰 …… 119
王安石弃地 …… 120
记张元事 …… 121
朱崖迁客 …… 123
温公客位榜 …… 124
列子书事 …… 125

水衡都尉二事 125
天下有奇士 127
仕宦捷疾 128
毕仲游二书 129

四、朝野见闻 132

露布 132
买马牧马 133
纪年兆祥 134
朱云陈元达 135
漏泄禁中语 136
并韶 137
门生门下见门生 137
唐用宰相 138
唐宰相不历守令 138
高锴取士 139
唐夜试进士 140
唐书判 141
赦放债负 142
今日官冗 143
宰执子弟廷试 144
科举之弊不可革 144
台谏不相见 145
旧官衔冗赘 146
实年官年 146
小官受俸 147
禁中文书 148
多赦长恶 149

当官营缮 ································· 150

五、史海检索 ································· 152
　　呼君为尔汝 ······························· 152
　　民不畏死 ································· 153
　　孔子欲讨齐 ······························· 154
　　杨子一毛 ································· 155
　　汤武之事 ································· 156
　　弱小不量力 ······························· 157
　　妇人英烈 ································· 158
　　秦用他国人 ······························· 160
　　去国立后 ································· 161
　　二传误后世 ······························· 162
　　耳余袁刘 ································· 162
　　临敌易将 ································· 163
　　孙膑减灶 ································· 164
　　汉高帝祖称丰公 ··························· 164
　　战国自取亡 ······························· 165
　　范增非人杰 ······························· 166
　　萧何先见 ································· 167
　　士大夫论利害 ····························· 167
　　汉诽谤法 ································· 168
　　何进高睿 ································· 169
　　拔亡为存 ································· 170
　　曹操杀杨修 ······························· 171
　　晋之亡与秦隋异 ··························· 171
　　历代史本末 ······························· 172
　　韩信周瑜 ································· 174

秦隋之恶 ············· 175

有心避祸 ············· 178

刘公荣 ··············· 179

五胡乱华 ············· 180

魏收作史 ············· 181

秀才之名 ············· 182

唐孙处约亭 ··········· 182

谱牒之缪 ············· 183

贤父兄子弟 ··········· 184

地险 ················· 185

靖康时事 ············· 186

周玄豹相 ············· 186

贤士隐居者 ··········· 188

北狄俘虏之苦 ········· 189

取蜀将帅不利 ········· 190

新朝旧臣 ············· 191

丙午丁未之年多灾变 ··· 191

古都劫难 ············· 193

六、文坛轶事 ············· 194

孔墨 ················· 194

曾参子贡 ············· 195

子夏经学 ············· 196

小星诗 ··············· 196

史记简妙处 ··········· 198

莫愁女 ··············· 200

书籍之厄 ············· 201

四六名对 ············· 202

沈庆之曹景宗诗 ·········· 205

陶渊明 ·········· 206

文字润笔 ·········· 206

龙筋凤髓判 ·········· 208

韩苏杜公叙马 ·········· 210

韩柳为文之旨 ·········· 211

韦苏州 ·········· 212

太白雪谗 ·········· 212

李太白 ·········· 213

杜诗命意 ·········· 213

严武不杀杜甫 ·········· 214

白苏诗纪年岁 ·········· 215

白公感石 ·········· 216

乐天侍儿 ·········· 217

白公夜闻歌者 ·········· 217

韩欧文语 ·········· 217

李长吉诗 ·········· 218

巧对经文 ·········· 218

梅花横参 ·········· 219

东坡慕乐天 ·········· 219

东坡和陶诗 ·········· 220

何公桥诗 ·········· 220

东坡诲葛延之 ·········· 222

苏子由诗 ·········· 222

绝唱不可和 ·········· 223

思颍诗 ·········· 224

桃花笑春风 ·········· 225

天才早逝 ·········· 225

承天塔记 ························· 225
　　黄鲁直诗 ························· 226
　　张吕二公文论 ····················· 227
　　政和文忌 ························· 228
　　赵德甫金石录 ····················· 229
　　姓名妙对 ························· 231
　　油污衣诗 ························· 232
　　文书误一字 ······················· 232
　　江枫雨菊 ························· 233
　　天生对偶 ························· 233
　　月中桂兔 ························· 234
　　畏人索报书 ······················· 234
　　书简陋习 ························· 235
　　琵琶亭诗 ························· 235

七、天下杂谈 ························· 237
　　神游仙境 ························· 237
　　介推寒食 ························· 238
　　奸鬼为人祸 ······················· 239
　　河伯娶妇 ························· 240
　　缇萦救父 ························· 241
　　占测天星 ························· 241
　　唐人避家讳 ······················· 242
　　更衣 ····························· 243
　　洗儿果钱 ························· 244
　　何韩同姓 ························· 245
　　唐曹因墓铭 ······················· 245
　　双生以前为兄 ····················· 246

女子夜绩	247
唐诸生束修	247
朋友之义	248
人生五计	249
士之处世	250
人物以义为名	250
尺棰取半	251
舞鸥游蜻	251
物之小大	252
无用之用	253
贫富习常	254
州县牌额	254
过所	255
三长月	256
酒肆旗望	256
蓝尾酒	257
熙宁司农牟利	257
逾缮那一由旬	259
民俗火葬	259
南舟北帐	260
饶州风俗	260
唐扬州之盛	261
政和宫室	262
久而俱化	264
城狐社鼠	265
蜘蛛结网	265
乌鹊鸣	266
虫鸟之智	267

北人重甘蔗 …………………………………………… 267

蕨萁养人 ……………………………………………… 268

禽畜菜茄色不同 ……………………………………… 269

禹治水 ………………………………………………… 269

四海一也 ……………………………………………… 270

郡县用阴阳字 ………………………………………… 270

一、千古美谈

大义感人

　　道理与正义能够打动人心，能够渗入肌肤和骨髓。有时不过是仓促之间说的话，并非多么的高超和绝妙，照样可以起到很大的作用。

　　吴王阖闾带兵攻打楚国，一路攻城略地，楚昭王被逼无奈逃亡他乡，楚国的子民都赶来为他送行。楚昭王说："父老们，回去吧，不要担忧你们没有君王！"楚国的父老们说："再也遇不到您这样英明的国君了！"于是子民们就跟随楚昭王一起逃亡了。申包胥逃到秦国，在秦王的宫殿中含泪恳求秦国出兵救援楚国。秦王答应了他的要求，楚国因此得以复兴。

　　汉高祖刘邦率领军队进驻关中以后，集结各县的英雄豪杰，并对他们说："百姓长时间忍受着秦朝残酷的刑罚，现在我占领关中，只和老百姓们定下三条法律。我进入关中，是为了替父老们除掉灾祸，而不是为了欺凌和掠夺老百姓，大家放心好了！"于是，刘邦就派人与秦朝的官吏一起去各地巡行，向老百姓说明真相，秦朝的老百姓们知道了实情以后，很开心。不久以后，项羽的军队进入关中，到处凶暴地虐待百姓，使人们非常失望。刘邦因此笼络了人心，从此奠基了四百年的大汉江山基业。

　　唐玄宗李隆基为躲避安禄山的叛乱，逃离京师长安（今陕西西安），他走到扶凤（今陕西宝鸡东）时，跟随他的士兵都很想逃走，并且制造谣言，行为也蛮横无理，有企图叛乱的动向。唐玄宗把士兵们召集起来，对他们说："我用人不当，招致胡贼安禄山的叛乱，现在必须到远处躲避叛军的锐气。大家仓促之间跟随我出走，来不及与父母妻子告别，我非常惭愧，现在请大家都回到自己的家去吧，我自己要和家眷子弟前往四川，现在就和大家告别。你们回去见到父母及长安的父老们，请代我向他们致意问候。"随从的士兵们听后都很感动，流着泪说："是死是活我们都跟着皇上。"从此谣言便消失了。

张巡在雍岳（今河南杞县）遭到安禄山的围攻，手下的大将劝张巡投降，张巡把唐玄宗的画像拿出来，带领将士朝拜，将士们在玄宗的画像前抱头痛哭。张巡把劝他投降的六位将领带到将士们面前，用忠孝大义斥责他们，然后斩首示众，极大地鼓舞了将士们抗敌的决心。

唐德宗时，河北四镇发动叛乱，王武俊称赵王，田悦称魏王，李纳称齐王，朱滔称冀王。李抱真派贾林劝说王武俊，假借唐德宗的话，说："我以前确实做错了事。朋友之间有不同的意见，还能够道歉认错，何况我是一个大国的君主呢？"于是，王武俊倡议先服从朝廷指挥。等到唐德宗在奉天（今陕西乾县）颁布诏书后，王武俊又派人对田悦说："天子正为国家大事忧愁费心，还用恩德安抚我们，我们为什么不能悔过自新、归顺朝廷呢？"

王庭凑割据成德（今河北正定）时，韩愈奉命前去安抚。王庭凑剑拔弩张，迎接韩愈。到旅馆后，王庭凑在朝堂上布满了全副武装的士兵。韩愈面不改色，讲论安史之乱以来背叛和归顺朝廷的利害祸福，王庭凑害怕军心动摇，就挥手让韩愈出去。他最终还是做了唐朝的地方长官。

占领长安之后，黄巢宣告的敕诏传到了凤翔（今陕西凤翔），当音乐奏响时，将领们都痛哭流涕。黄巢的使者觉得非常诧异，节度使郑畋的幕僚说："由于郑畋得了手脚麻木的病，无法前来接受，因此他们感到伤心。"老百姓听说了这件事后，没有一个人不流泪。郑畋说："我就知道人民还不讨厌唐朝，强盗们很快就会被砍掉脑袋。"于是他出师起兵，领导各地的唐军，一同收复了京师长安。

田悦在魏州（今河北大名）叛变唐朝打了败仗，逃回去以后，也能够用语言使人心感动，使众人誓死与之在一起。

陆贽劝唐德宗下罪己诏，深刻检讨自己的过错，用真挚的言语向天下人认罪自省。诏书发下去以后，即使是武夫悍卒，都流下了感动的泪水。宋朝在靖康、建炎年间遭遇的灾祸已经够悲惨了，却没有听说用情义感动人心的事情，这是为何呢？

前代晋监

三皇五帝夏商周、春秋百家战国七雄，经常是后世君臣饶有兴趣的话题。这就叫作引述古代，劝诫今天。

对于引古劝诫，应当从接近的前朝选择事例。因为二者相距不远，容易与当前的形势紧密地连接起来，说话的人有真凭实据，听的人就能够以之为鉴。

《诗经》中说："殷朝的教训不远，就在夏代。"《周书》上有："如今我们灭亡殷商的过程还历历在目，怎么能够不引以为鉴呢？"又说，"我们不能不借鉴殷的教训啊"，等等。周公撰写《无逸》劝诫周成王，列举的事例就是商朝中宗、高宗、祖甲的事。

汉高祖刘邦胜利后，有一次让大臣们讨论治国大事，讨论的其中一个话题就是项羽为什么得不到天下？我为什么会得到天下？并且诏命陆贾论述秦亡天下的原因。陆贾的十二篇《新语》被刘邦称为善论。公车令张释之为汉文帝评论秦、汉之间的事，就是说的秦亡汉兴的各种条件和原因。贾山为孝文帝讲治乱的方法，也是用秦朝做比喻，被孝文帝称作"至言"。

贾谊建议请君主阅读有关商朝、周朝和秦朝的史书。魏徵在给太宗皇帝的上书中说："当隋朝尚未发生动乱的时候，自以为天下必定不会乱；当隋朝尚未灭亡的时候，也自以为必定不会亡。我希望现在的举措应以隋朝为鉴。"马周说："隋炀帝嘲笑齐、魏亡国，可是今天看隋炀帝，也如同炀帝看齐、魏一样。"张玄素对唐太宗整修洛阳宫进谏说："乾阳宫修成，隋朝瓦解，我担心陛下的过失比隋炀帝还要严重。"太宗听了这话，便取消了修建洛阳宫的计划。后来张玄素被魏徵评价为有回天之力的大臣。

看汉、唐各位名臣的论述和《诗经》、《尚书》所记载的这些评价，真的是圣明君主整治国家的明镜。后代的大臣，有辅佐君王、劝诫君王的职责，在讨论朝政时应当时时刻刻注意仿效古代贤臣们的观点和方法。

汉武赏功明白

卫青和霍去病都是汉代的两位杰出将领。卫青出名比较早一些，霍去病是卫青的外甥，当卫青当上大将军的时候，霍去病还只是一名校尉。在与匈奴的一次战斗中，霍去病战功赫赫，受封为冠军侯。卫青却战事不利，随从他的六位将军之中，有一位遭受到了军法制裁，另一位将军翕侯赵信叛变汉军，向匈奴投降了。因此，这次战争中卫青没有受到赏赐。

后来，两人各率领五万骑兵深入匈奴腹地。结果霍去病增封五千八百户，所属偏将、校尉被封食邑的共六人，而卫青没有得到增封，手下的吏卒也没有得到封赏。汉武帝不以贵贱取人，论功行赏，真不愧是一位明君。

在后人眼中，卫青做大将军时间久了，几次冒着生命危险率领军队出塞，即使军功不大，也应当给予薄赏来慰藉他的良苦用心。否则，再发生战事，还如何再派遣别人呢？这必定是不正确的看法。

任安田仁

汉朝益州刺史任安和京辅都尉田仁，都是武帝时非常有才干的大臣。

褚少孙说："两人都是大将军卫青的门客，卫青的管家藐视他们，让他们去养马。"田仁非常生气地说："这个管家眼拙不识人啊！"任安说："大将军都不重视有才干的人，何况是他的管家呢？"后来皇帝下诏从卫青的门客中挑选人进宫侍候，正好是有名的贤大夫赵禹来办理此事。他将卫青手下的百十多人都叫到一起，一个一个地问话，偏偏挑选了这两个不起眼的人，并说："只有这二人可用，其他的都不行。"卫青就上书举荐他们二人，汉武帝一见到他们二人就留下了。

后来，田仁查到"三河"太守的劣迹并揭发了他们。这三河太守分别是，河南（即今河南洛阳）、河内（即今河南武陟西南）的太守是廷尉杜周的子弟，河东

（即今山西夏县禹王城）的太守是丞相石庆的子孙。结果这三位太守都被下狱治了罪。

从这件事可以看出，汉武帝采用有才能的人是不以地位贵贱为根据的。武帝时人才云集，一派兴盛景象，实在是后世所不能相比的。

班固的《汉书》中有这样的说法："霍去病功成名就之后，卫青以前的好友和门客有许多都攀附了霍去病，只有任安不肯去。又说是卫青主动奏请举荐任安、田仁二人为侍从官。这样的说法都和诸少孙说的不同。"《汉书·杜周传》中说，任安、田仁二人隔河分为郡守，治国都非常残忍，但是也没有记载他们后来的情况如何。这些都是缺乏史料而无法证明他俩善恶的原因。

汉武留意郡守

汉武帝刘彻天资聪颖，能力高超。他在位之时，国家大政方针均由自己做主，因而非常不注重宰相大臣的选拔任用，宰相大臣们只要根据他的决定施行便可以了。但是，汉武帝对于任用地方高级长官——郡太守，却十分重视。

庄助任职会稽郡（今浙江绍兴）太守时，好几年没有与中央取得联系，汉武帝就写了一封信给他，信上面说："你不愿意在朝为官，怀念家乡，我让你任职会稽太守，好长时间没有你的消息了！"

吾丘寿王任东郡（今河南濮阳西南）都尉，武帝鉴于有寿王任都尉，就没有再设置郡太守，后来又写了一封加盖御玺的书信说："你在我面前的时候，足智多谋，有很多建树，可是现在到地方上治理十几个城池，肩负着郡太守和郡都尉两项重任，你却荒废了所有的政事，使得盗贼横行，民不聊生，这样的表现与在我面前时很不相称，究竟是什么缘故？"

汲黯被任命为淮阳太守，却不接受印绶，汉武帝说："莫非你看不起淮阳？我现在任命你，是因为看到淮阳的官民关系很不融洽，所以特意借重你的威名，卧而治之。"

从上面三个例子中可以看到，汉武帝对地方各郡的事情，不论大小，都一清二楚。担任地方长官的人，常常觉得自己的一举一动都逃不掉皇帝的视野，他们怎能不竭尽全力呢？汉武帝在位的后期，频频发动战争，劳民伤财，生活中骄奢淫逸，使人们的负担加重，人们得不到利益，这太惋惜了！

汉采众议

有史以来，纳谏兴国的实例很多。以汉代为例，安帝、顺帝、灵帝本是庸庸碌碌的君王，但是在关键时刻，也常常集结群臣商议，然后选择可行之人的方案实施。

汉元帝时期，珠崖郡（今海南琼山东南）山南县聚反叛朝廷。当时，很多大臣提议朝廷派兵征伐，唯有待诏贾捐之反对，他认为：珠崖民众起事，主要是由于饥荒导致的，不如趁此机会取消珠崖郡，然后开仓放粮，救援百姓，如此一来，叛乱活动就会终止，根本不用派兵征伐。汉元帝听取了贾捐之的提议，取消了崖郡，一切风波也就随之平息了。

匈奴呼韩邪单于多次上书汉元帝，希望双方在沿边一带裁减军队，与民休息。汉元帝让群臣商议此事。大家都认为休兵为良策，郎中侯应对边防军事很熟悉，独持异议。他认为，如果边疆守军解甲归田，匈奴万一乘虚而入，后果不堪设想，并向汉元帝陈述了十条理由。汉元帝觉得有理，下诏加强边备，不得懈怠。

成帝时，匈奴派遣使者来汉，表达归降的愿望。许多大臣认为可以受降。光禄大夫谷永认为匈奴素来居心叵测，不能轻易受降。汉成帝采纳了他的建议。后来，许多迹象表明匈奴果然是诈降。

哀帝时，单于欲向朝廷进贡。群臣认为，与匈奴打交道枉费钱财，得不到什么实惠，以后最好少与之来往。匈奴使者听罢，悻悻而去。黄门郎扬雄上书进谏，规劝哀帝答应匈奴的要求，以免引起对方的误解。哀帝恍然大悟，连忙召回使者，允许匈奴定期来汉朝觐见。

汉灵帝时，战事频繁，朝廷屡次派兵平息战乱，效果很不理想。当时，以司徒崔烈为首的一批群臣，认为不如放弃凉州，留下也会是一个负担。而议郎傅燮认为，留下凉州肯定利大于弊，他的建议最终得到灵帝的采纳。

贾捐之、侯应、傅燮只是平常的士大夫，也算不上有什么显达的地位，但是他们能在关键时期提出救国的妙计,并得到君主的采用,这在当时也算得上是很可贵的了。汉元帝、汉成帝、汉哀帝、汉灵帝都不是贤明的君主,但是却能听取建议,为了采纳好的意见,宁可违背众人的论断,也算得上是不糊涂、有主见的皇帝。假如皇帝处理每一件事之前,都能够听一听大臣的意见,然后择善而行,天下不就稳定了吗?

光武仁君

汉光武帝刘秀通过攻伐打下了天下,但他还是把仁爱、施恩、招抚、安慰作为立国之根本。

原汉臣西州(今陇西地区)大将军隗嚣,起先攀附王莽,而后归附光武帝。光武帝封给他原级的官,后来他又叛离光武帝,投奔了自立蜀王的公孙述。公孙述封其为朔宁王。光武帝下诏书于他,说:"假如你投靠我,我确保你不会受到任何惩处。"但隗嚣不识时务,抵抗到底,最后亡命异乡,死于异国。

公孙述先后派人刺杀了征讨西蜀的汉将来歙、岑彭,盘踞蜀地要抗衡到底。本已是穷途末路,不堪一击了。汉军发兵即可消灭他。在这种情况下,光武帝还是下诏书告诉公孙述:"不要因为岑彭、来歙被你杀害而担心,今天如果你审时度势来归顺,我可以保证你的家族不受任何伤害,我的亲笔手记不可多得,绝不欺人,我不会食言的。"但公孙述还是选择了顽抗到底的路,最终也没逃脱覆亡的下场。

光武帝派冯异西征,告诉冯异以安抚民心为上策,对偏将军吴汉滥杀投降的人非常生气,斥责他违背了杀首恶吊平民的大义。光武帝可以称得上是位贤仁的人主了。

萧铣想要复原后梁,失利后将荆、楚两地交给唐高祖,并向唐投降,然而唐高祖嫉恨他和自己抢夺江山,不除他难平心头的愤慨痛恨,竟不听劝阻将萧铣杀掉了,并杀光了萧铣全族,使人愤恨不已。唐高祖如此嫉贤妒能,心胸狭窄,而《新唐书》还将唐高祖写为圣明仁慈之君王,这符合实情吗?

曹操用人

世人称曹操为"鬼蜮",说其奸邪狡诈,因此正人君子都排斥他,关于他的忠奸善恶不用细说,而他任人唯贤的用人之道的确是后世之人无法比拟的。

荀彧、荀攸、郭嘉都是曹操的韬略重臣,每次遇到大事总会与他肝胆相照,共计大业。他也能使手下其他人各显其能,用权行事,无论大小,都是功绩卓越,各有千秋。

曹军收复关中以后形势不稳定,马腾、韩遂并没有死心塌地的跟随曹操,曹操便派司隶校尉钟繇坐镇关中;枣祗、任峻两人勤恳用心,曹操任命他们为屯田校尉,一时军国富裕;任命卫觊镇抚关中,尽收官盐以壮国势;河东(今山西西南)不稳定,早晚是害,派杜畿任太守,卫固和危先这二位政治家束手被擒;并州(今山西太原)刚刚平定,便派梁习出任刺史,从此边境安定;扬州被孙权占据,唯有九江属于曹操,便交给刘馥治理,他把那里治理得很好;冯翊(今陕西大荔)常被盗贼骚扰,就派郑浑出马,立即民安寇灭;代郡(今河北蓟县)乌丸三单于掠财敛资、放纵骄横,派裴潜上任,顺利地使单于敬服;刚刚取得汉中(陕西汉中西)后,让杜袭当督抚,杜袭治理有方,百姓安居乐业;马超的军马刚投降又想叛变,派赵俨为护军威慑各部,因而东迁两万多人,做了合理安排。这十件谋治方略,为曹操的统一起到很大作用。

张辽在合肥大胜孙权;郭淮在阳平(陕西勉县西)抵御蜀军;徐晃在襄樊遏止关羽,这些良将都曾以少胜多,替曹操独当一面。曹操傲视群雄,纵横四海,全依靠这些人的文韬武略。

五代滥刑

五代十国之时,小国林立,互相攻伐,各国的皇帝均是武人出身,残忍好战,视人民如草芥,因此众叛亲离,立国都不长久。但是其中并不是所有皇帝都这样残暴,后唐的第二个皇帝唐明宗李嗣源就不同凡响,他颇有仁义之心,并能改过自新。

比如，他登上皇位的第二年，即天成三年（928年），京师（当时定都洛阳）巡检军使浑公儿向他口头奏说："外面有两个百姓，用竹竿当作武器练习战斗武功，居心叵测。"

明宗听后，下令将这两个百姓逮捕，并起来，交给石敬瑭处理（石敬瑭当时为明宗的女婿，七年以后，他投靠北方契丹，推翻后唐以后自己当了皇帝），石敬瑭不问青红皂白，就将这二人给杀掉了。

到了第二天，枢密使安重海上奏说："昨天逮捕的两人，实际上是在一起玩耍的两个幼童，并不是什么练习战斗的百姓。"

明宗听后大惊，知道自己错杀了人。于是下诏向全国检讨自己滥用刑罚的过错，并且减少自己十天的食品，以向冤魂谢罪。石敬瑭不细心审理，也被罚了一个月的俸禄。浑公儿诬告陷害，被削官，杖打脊背后流放到登州（今山东蓬莱）。赐给两小儿的家人各五十匹绢、一百石麦、一百石粟，并由官府出钱用隆重的仪式为两小孩办理了后事。

为防备今后再次出现类似事件，唐明宗又下诏全国州府官吏说："从今以后，但凡有死刑案件，必须严加审理，绝不能随便草菅人命。"

这真是当时鲜有的一位仁慈君主。

这一事件记载在《旧五代史》中，但是之后的《新五代史》却将此事删除了，实为一大憾事。

下第再试

宋太宗赵光义雍熙二年（985年），科举考试完毕后，已有一百七十九人考中进士。有人说："落榜的士人中还有不少值得录取的人才。"太宗就下令让落榜的士人重新参加考试，考试完毕，又录取了七十六名。其中有个叫洪湛的进士，文章非常优美，文采斐然，被特升为第一录取人员中的第三名。

端拱元年（988年），主持科举考试的官员录取了二十八人为进士。有一个叫叶齐的读书人认为考试不公正，击鼓上告。于是，朝廷对落榜人又进行复试，这次又录取了三十一人，加上学习经书的诸科士人因复试而得官的多达七百人。这对读书人可以说够优待的了。

可是，在之前的太平兴国末年，孟州（今河南孟县）举人张两光考试不及格，心存怨念，就肆意酗酒，并在大街上辱骂皇帝，说了一些大不敬的话。太宗盛怒之下，下令将他抓起来杀了，而且和他一组参加考试的其他九人，也被下令从今以后不准再参加考试。

宋太宗就是这样，对读书人恩威并施。

祖宗亲小事

皇帝国事繁忙，且不说要决定内外政务等大事，单是要与每个在朝官员谈话，听取他们的进言或建议，就是很繁重的事。有一天，轮到一批官员上殿进言，很多犯过错误贬职派到闲散职位上的官员，对着皇帝声泪俱下，痛诉由于俸禄被缩减，生活困窘。轮到由开封府判官贬为卫尉少卿的吕端之陈述之时，态度却截然不同。只听他说："我罪过重大，但是皇帝恩深义重，如果派我做颍州副使，就心满意足了。"

宋太宗心里很高兴，说："我是了解你的。"不久以后，吕端官复原职。一个月之后，又被提携为副宰相。

对于朝廷财政问题，宋太宗很关心。一天，把财政部门的吏人李溥等人都召到崇政殿，要求他们畅所欲言，谈谈财政方面的问题和建议。李溥等二十七个吏人受宠若惊，请求给些笔、纸，当场写成报告，提出了七十一条建议。宋太宗看了，选出四十四条切实可行的批转有关部门采用，另十九条批转主管财政的官员陈恕等人进一步研究讨论，并派知杂御史出席监督。对于李溥等人，不但赏赐钱财，还都升为朝廷命官。"李溥这些人，"宋太宗对宰相说，"所提的建议颇有用处。我曾对陈恕等人说过：若论文学和史学，那些人比你差远了；而钱粮等事，他们从小就接触，十分熟悉，你应虚心请教，对你一定会有帮助的。"可是陈恕不肯放下架子，结果本职工作没有搞好。这时，宋太宗又召见陈恕并指责一番，陈恕才叩头承认错误。

按规定，监军不准携带家属上任。但王宾到亳州任监军后，他那位极爱吃醋、极凶悍的老婆擅自尾随而来。王宾拿她没有办法，赶又赶不走，只好上书报告此事。宋太宗知道后，居然亲自召来王宾的妻子，当面训斥一番，让两个卫士打了她一百廷杖，然后让她离开王宾，嫁给一个士兵当妻子。当天晚上她就死了。

陈州百姓张矩，杀死同乡王裕家两条人命，知州田锡没有解决好，导致王裕家跑到京城控诉。宋太宗派遣两位朝廷官员审理，事后都说："张矩并没有杀人"。之后，王裕的儿子入伍当兵，趁机见到宋太宗说："我并不想当兵，只是为了找到机会申诉我家的冤情！"宋太宗大怒，下令御史台重新审理此案，最终将张矩依法处置。那两位朝廷官员和陈州知州田锡、通判郭渭，全部被贬职！

宋太宗如此全力以赴，国家哪会得不到整治呢？

一定之计

为人臣子的遇到贤明的圣主，在初次见面的时候，一定会讲出一些谋略，然后，接着根据这些谋略，再提出一些处理的方法，并将其贯穿到具体的实践中。当这段历史载入史册后，他的事业和英明便永世留存。苏东坡为范仲淹的文集所作的序言中已经讲了这个问题。

伊尹归隐于有莘，商汤三次邀请，才出来辅助他伐桀。要使人君变成像尧舜那样的圣德明君，使人民像尧舜时期一样安居乐业，商汤在伊尹的辅佐下做到了。商汤的圣明，像尧舜一样，流传百世。

在北海附近的虞、虢之间有一个叫傅岩的地方，高宗在那儿找到了傅说，于是封他做丞相，傅说写了说命三篇，来辅助高宗整治天下。他的功绩就像日月星辰一样明亮照人。高宗攻伐鬼方，出征荆楚，商朝得到很好治理，商代的其他君主从没有这样的盛况。

管仲助齐桓公成就霸业，商鞅辅佐秦成强国，虽然后世的圣儒提到他们就感到厌恶，看不起他们，然而考察他们施政的情况，不曾有一点违背他们开始的谋略。

韩信劝汉高祖任用天下勇敢的人，用城邑褒封功臣，发义兵攻楚军，平定三秦之地。攻下魏国后，立即北面拿下燕、赵，东面攻下齐国，南面断绝楚军粮道，西面与汉王会军以至于消灭楚王。后来没有一句话不成为现实的。

新野的邓禹在河北觐见光武帝，他知道更始帝刘玄一事无成，就劝说光武帝召集天下英雄，做任何事都要顺乎民心，重建高祖的帝业，解救黎民百姓于水火之中。光武帝和他共同定下了大政方针。他终于帮助光武帝成就了大业。耿弇和光武帝一同讨伐王郎，平定了彭宠，夺取了张丰，还收了富平、获索等。东攻张步，平定齐地，光武帝常常以为他的打算不能成功，到后来竟能实现。

诸葛亮见先主刘备通论天下形势，分析天时地利人和的各种因素，指出了发展变化的必然结果。后来的历史变化正如他当时指出的那样，世人称他为未出茅庐三分天下。至于他出师未捷身先死的结果，这是天定的。

房玄龄捧策见太宗，帮太宗收罗天下的有识之士，和众将密切合作，共创唐室基业。到他当宰相后，国家的典章制度都是他一手制定的。虽然几百年过去，仍然产生着良好的影响。

五代时期天下大乱，王朴以"平边策"上奏周世宗，他认为："当朝丢失吴蜀，晋朝丢失幽、并，我们从中应该了解平定那些地方的策略。现在吴地轻易夺得，几千里山川任我军策马扬鞭，我们将所向披靡，江北的各个州郡都是我们的天下。夺得了江北，江南也不在话下。拥有吴地之后，桂、广当然就成了我们的属地。岷、蜀这些地方用一道圣旨就可以让他们俯首称臣，如果他们不归顺，我们还可以四面并进，包举蜀地。吴蜀平定，幽地就自然来投降，只有并州一定要死战到底才可以得到，等时机成熟，便可以一鼓作气除掉他们。"周世宗用王朴的计谋，取得了很大的成功，但是功业未成就死了。到了我朝，宋太祖赵匡胤横扫四方，先后的顺序都不出赵普的"平边策"。只有幽州那一场战乱，已经到了兵临城下的地步，而诸将却没有打胜仗。

前代英杰的智谋策略，真是令人佩服啊！

狐突言辞有味

晋献公十七年（前660年），朝廷让太子申生去讨伐东山皋落氏，并命他十二月出兵，穿上左右不同颜色的衣服，佩带上镶金的玉佩。《左传》记载了狐突说的建议，虽然只有八十多个字，内容竟包含五个层次的转折。第一层说："时间是事情的征兆；衣服是身体的花纹；佩饰是内心的旗帜。"第二层说："假如真的郑重其事，就要命他在一年的开头行动，真要想让他驯服，就应当让他穿纯色的衣服；要想让他内心忠诚，就应当让他佩带合乎礼度的饰物。"第三层说："现在让他在年末出征，是想让他的事业不顺利；让他穿杂色的衣服，是想表明与他非常疏远；让他佩带镀金的玉佩，就是要抛弃他内心的忠诚。"第四层说："让他穿杂色的服色说明要疏远他；让他出师的时间表明要让他不顺利。"第五层说："杂色意味着凄凉；冬天意味着肃杀；金属意味着寒气；块佩意味着火一般的燥热。"语言婉转有味，极其耐人咀嚼。《国语》中也有大量这种文字，有的转折竟达到六七层之多，但是大多数语气舒缓、结构松散，而且不太切近主题。

陈翠合齐燕

春秋战国时期，燕国人陈翠想让燕、齐结盟交好。按照当时的规矩，盟国之间一定要互派人质到对方国家，陈翠就想让燕王的弟弟到齐国当人质。可是燕王的母亲太后听到这件事情后大发雷霆，并说道："陈翠这人不能治国也就罢了，怎么可以想方设法让我们母子分离呢？真是莫名其妙！"

陈翠听说太后发怒的消息后，就要求晋见太后，太后听到禀报后，就说我正要找他算账，没想到他竟送上门来了！快让他进来。陈翠进宫后，太后并没有平息心中的怒气，对陈翠不冷不热地说："听说你要让我把儿子送到齐国做人质，是吗？"陈翠回答道："启禀太后，正是。"太后听完恶狠狠地说："告诉你，那是绝对办不到的。"陈翠见此情景，不慌不忙，上前一步深施一礼，然后缓声说道："太后息怒，您听我说，为什么要派公子去齐国做人质。听说太后爱子还不如一般的平民百姓，不仅不爱自己的女儿，更不爱自己的儿子。"太后听后连连皱眉说道："你说这话是什么意思？"陈翠沉默了一会儿才说："太后您把自己的女儿嫁给诸侯，还知道陪送多达千金的嫁妆。现在大王想封公子一官半职，群臣就会说，公子没有什么功劳不应该受封。现在让公子做人质，这是让他立功的大好机会。而太后不同意，所以说太后不爱儿子。况且太后和大王幸而健在，公子可以很高贵。太后和大王不幸百年之后，太子继承了王位，那么公子就有可能比一般平民百姓还要低贱。如果太后在世时，公子不能受封，那么他以后有可能终生再也不会受封了。"

听到这里太后不禁吃了一惊，说道："老妇鼠目寸光，不知长久之计，还是陈爱卿深谋远虑。"于是就准许儿子前往齐国当人质，并立马下令准备前去的行李物品。

这件事和赵国的触龙说赵太后大致一样，而《史记》不记录，《资治通鉴》也没见有记载，学者也不曾提。

徙木偾表

战国时期，商鞅准备在秦国变法，担心老百姓不相信，于是想出一个计策。有一天，他命士兵在都城的一个城门前面放置一根高三丈长的木头柱子，并四处张贴布告说："有谁能将城门前面的那根木头运走，官府便赏其黄金五十两。"老百姓看到布告纷纷议论开来。有人说："不会是骗人的吧？"此时一位年富力强、身材魁梧粗壮的小伙子瓮声瓮气地说："大家都看着，我去将城门那根木头运走，如果官府给赏钱，就证明他们讲信用，以后我们就听他们的；假如他们不给我赏钱，就证明他们欺骗我们，纯粹是一派胡言，他们以后讲得再好，我们都不要去相信。"说完就来到城门前将那木头运走了。商鞅听到看守士兵报告有人已经把那根木头搬走的消息后，马上命令赏给那人五十金。那位壮汉看到自己果真得到了五十金，不禁开怀大笑，一边炫耀那五十金，一对围观的老百姓说："看来官府还是讲信用的啊！"这事一传十，十传百，不久就传遍了整个秦国，商鞅这才下令变法。

吴起在魏国做西河（今陕西大荔）长官时，为了取信于民，就在一天夜里，派人在都城南门外立了一根标杆，并在城中公开宣布："谁能将这根标杆推倒，就任命他做长大夫的官。"老百姓听到这些宣传，议论纷纷。有人说："这是绝对不可相信的，哪有这样的好事。"也有人说："不管是真是假，不妨去试一试，如果将那根标杆推倒，最多得不到赏赐，也没有什么妨碍。"说完，就来到都城的南门外，一下子就把那根标杆推倒了。之后，他去求见吴起，告诉自己推倒了南门外的标杆。吴起当即宣布任命他为长大夫官。经过这件事之后，魏国的军民对吴起实行的改革法令及赏罚不再怀疑了。

我觉得，商鞅原本是魏国人，后来才去了秦国，他的搬木示信的计策，可能是效法吴起的，而吴起的事情却没有广泛流传。

谏说之难

韩非子煞费苦心地写下《说难》一文，名噪一时，并流传后世，可他自己呢？正是由于进言引来灾祸，从古至今，向君王进言劝谏简直是太难了。

再来看另外一种人，原本就知道对方要讲什么，一开始并不情愿听取，直到明白了人家进言的道理后能够听从谏言，这样的人着实难得。

秦国和晋国在韩原交战，秦国俘虏了晋惠公。秦国要晋国派人来协商和解，然后接回晋惠公。晋国派了吕甥去见秦穆公。秦穆公问："晋国人想要和解吗？"吕甥答："不议和。没有胆识的人对失去君王感到耻辱，因此要整修兵战器械，拥立惠公的儿子，务必雪洗这丧君的耻辱；而有胆识的人敬爱君王，知道自己的过失，因此要接回惠公，回报秦国的恩情。"穆公又问："晋国人对惠公被囚禁这件事是如何看待的呢？"吕甥回答说："没有胆识的人们觉得惠公被扣押免除不了灾祸，而有胆识的人觉得惠公一定能够重新登上君主之位。所以，秦国会让晋君回去。这是秦国使臣服的国家感怀恩德，使不臣服的畏惧秦的威严，进而成就霸业的方法。"秦穆公当然是希望晋国以怨为德了，就把晋惠公给放了。吕甥巧言答辩、绵里藏针，不失国体又达到了目的。

秦国攻打赵国，赵国向齐国请求援救。齐国提出要让赵太后的小儿子长安君作人质，赵太后不肯，说："有再说让长安君作人质的，老妇一定要向他脸上吐唾沫！"左师触龙表示希望晋见太后，太后气呼呼地请他进来，知道他必定是因为这件事而来的。左师从容落座，先询问太后身体有无病痛，接着请求让自己的小儿子当个宫廷黑衣卫士。太后问："男子汉也爱怜自己的小儿子吗？"触龙答："比女人们更爱怜。"后来话题涉及太后的女儿燕后，接着又深入探讨赵王三代以下没有功绩而封侯的子子孙孙，灾祸将涉及他们自身的情况。太后省悟之后，触龙就问：

"长安君凭什么把自己托身在赵国？"在这种情况下，太后说："任凭您支派他吧！"长安君于是被派出国去做了人质。

范雎在秦国受到冷落，蔡泽来到秦国，让人公开讲一些激怒范雎的话，说："燕国来的客卿蔡泽是天下的善辩之士，他只要一见到秦王，一定会使范雎丧失相位。"范雎说："诸子百家的学说，我全都懂得；众人的论辩，我都挫败过他们，这样还怎么能使我失去相位呢？"让人召来蔡泽，问他说："您扬言要取代我任相国，有这事吗？"蔡泽答道："是的。"接着又引据商鞅、吴起、大夫种（越国大夫文种）的事例。范雎知道蔡泽要用游说之词难为自己，故意心口不一地说："牺牲性命，成就名声，为什么不可以？"蔡泽拿生命、名声都要保全的道理诱导他，以闳夭、周公的忠贞圣明为他树立榜样。忠告他当今秦王并不加倍优遇功臣，不像秦孝公、楚越王那样，你范雎的功劳也比不上商鞅等三人。规劝他归还相印，把相位让给贤者。范雎对蔡泽肃然起敬，抛却了原先的恼怒，失去了原有的辩才，恭恭敬敬听他的意见，把他请到家中待如上宾。最终取代范雎做了秦相的就是蔡泽。

秦始皇和他母亲有矛盾，要流放他的母亲。下令说："谁胆敢因太后的事进言劝谏我就杀了他。"因为此事，他杀害了二十七个进言的大臣。齐人茅焦要见秦王，秦始皇知道他也是来说此事，命人搬来一口大锅，预备烹杀他。茅焦上殿看此情形，心中早已有数，他一一列举夏桀、殷纣王狂妄悖逆的行为，话还未说完，秦始皇就幡然醒悟，便收回成命，母子破镜重圆。范雎当年放逐华阳，废黜穰侯，置之绝境，渐渐开始谋反。茅焦为何不像蔡泽那样咄咄逼人呢？这是由于形势不同，此一时彼一时，对此，后人不应该相提并论。

王卫尉

萧何辅助汉高祖刘邦出生入死，是一位难能可贵的定邦贤才。汉立国后，萧何见长安附近的地太少，正好御苑上林有空地，就请奏刘邦要将这块地交给老百姓耕种。这下可把刘邦惹恼了，盛怒之下，把萧何给囚禁了。王尉卫问他为啥这样做，刘邦说："李斯辅佐秦始皇时，有好的政迹都归秦始皇，有过错的时候就自己担责。而他可好，拿我的御苑去巴结老百姓，恐怕是接受了人家的贿赂了吧？

我一定要治罪于他。"

王尉卫知道这是皇上在生气，就劝告他说："对国家和老百姓有利的，就请求执行，这是宰相的职责。萧相国这样做是对的。陛下拒楚多年，相国为你守关中，他却不去邀媚收利，今天他可能去干那事吗？秦皇就是听不得别人的批评，独断专行才亡国的，李斯去为他分担错误，更助长了秦皇的骄横，有啥值得效法的呢？"

唐太宗李世民怀疑三品以上的大臣轻视魏王，责备说："我看隋朝的各王，一品以下都没有好结果，我是不容许我的儿子们随意放纵的。"魏征说："隋高祖不懂礼仪教子，宠爱放纵他们，使他们干下那些不合礼法的事，不久都被废黜。所以，不能效法这种做法。"

汉高祖、唐太宗肆意妄为，一时满口胡言，失掉了尊仪。但王尉卫、魏征两位大臣，能就他的过错及时进行纠正。他们的话开门见山，在激切中又不失婉转，既能够直率地批评又能使他们心服口服。他们二人的做法，称得上是掌握了谏事的大义。即使不是这两位明君，换做其他人，谁能不虚心听取呢？

周亚夫治军

汉文帝时，周亚夫向来以从严治军、骁勇善战而闻名。

有一天，汉文帝的车马声势浩大地来到了周亚夫的军营外，遭遇卫兵的拦截。

"皇上驾到，请赶快开门。"侍从官喊到。

"没有周将军的命令，任何人不许擅自闯入。"士兵们不卑不亢地回答道。

最后，周亚夫出营接驾，汉文帝才得以进入军营。根据军中的规定，车子进入边门之后，都要下车步行，任何人都不得例外，汉文帝也只好从命。事后，汉文帝赞扬周亚夫治军严谨，号令严明，这样的军队能够做到战无不胜，所向披靡。

汉景帝时，爆发了吴楚七国之乱。吴王刘濞是这次叛乱的主谋和首领，他倚仗吴国冶铜铸钱等优越的条件，早已蓄谋夺取皇位，并联合了胶西王卬、楚王刘戊等七个郡国，共同起兵。为了平叛，景帝派太尉周亚夫前去迎击。

周亚夫率领大军迎击吴楚叛军。他采用众兵坚守，用轻兵断绝吴楚粮道，使吴楚军不能持久作战。下邑（今安徽砀山东）一战，叛军大败，周亚夫率精兵追击,吴王刘濞仅率四人南逃,在东越被杀死。其他诸国见吴楚失败,再也无心恋战,很快就被周亚夫所率领的军队打败。

不过,《汉书》的其中一段记载值得研究。意思大概是:周亚夫带兵与吴楚僵持之时,坚壁不出。一天夜晚,汉军夜惊,人喊马叫,吵吵嚷嚷,直闹到了周亚夫帐篷前面,而周亚夫始终没有起床治理。作者这样叙述,大概是赞扬周亚夫沉着稳重,镇定持重。事实上并非如此,这从他治军严谨这一点可以推断出来。

虎臣辛庆忌遗事

汉成帝登基后,有意废除许皇后而立赵飞燕为皇后,大臣刘辅认为这样做违背了祖训,冒着被处死的危险谏言劝阻皇上,汉成帝勃然大怒,将刘辅关进监狱,准备处死。左将军辛庆忌认为刘辅忠正敢言,便上书为刘辅求情,汉成帝认为辛庆忌说得很正确,就豁免了刘辅。

又有一次,向来以狂直敢言、不拘小节著称的官员朱云上书,他认为宰相张禹碌碌无为,应该罢免。皇上觉得朱云以下犯上,要怒杀朱云。辛庆忌又站出来为朱云求情。他摘下官帽、解下官印紫绶,在大殿上叩头流血,诚恳地说:"朱云向来以狂傲直言闻名,我敢以死担保,朱云绝对没有犯上作乱的企图。"

皇帝看辛庆忌语气非常坚决,怒气才平息,赦免了朱云的死罪。辛庆忌这两次以死进谏拯救忠臣,真的可以与汉初的名臣汲黯、王章相提并论。可是班固的《汉书》中没有提及辛庆忌的这两件事,只是说辛庆忌是一位当之无愧的"虎臣",匈奴、西域各族都十分佩服他。当辛庆忌为朱云求情,希望皇帝赦免朱云的罪时,满朝文武都在,却没有一个人站出来,帮他一把。

田叔

楚汉相争之时,刘邦曾封张敖为赵王。建立西汉以后,丞相赵午、贯高怂恿赵王,杀掉汉高祖,篡位登基。

汉高祖听到这个惊天的消息后,立马下令缉拿赵王及其党羽,并颁布诏书:

"随从赵王叛逆者,罪及三族。"赵王一看形势不对,就带着大臣田叔、孟舒到长安请罪。

刘邦见到赵王,顿时气得火冒三丈,将赵王骂得狗血淋头,最后贬为宣平侯。接着提审田叔、孟舒。二人被押上朝堂,大义凛然,没有丝毫的惧怕。刘邦看此二人非同一般,便询问事情的缘由。二人的韬略智谋让刘邦目瞪口呆,他万万没想到,小小的赵国还隐藏着这样的奇人!于是,封田叔为汉中守、孟舒为云中守。

汉文帝即位后,曾问田叔:"你可知道当今天下德高望重的长者是谁吗?"

"愚臣以为云中守孟舒才是德高望重的长者。"田叔回答道。

文帝摇摇头:"匈奴进攻云中,孟舒不能坚守,损兵折将数百人,这也算得上德高望重的长者?"

田叔跪下叩头辩解道:"贯高谋反时,高祖曾诏谕全国,凡追随赵王者,罪及三族。孟舒自知罪过难免,便随赵王到长安请罪,本来就已打定要死的主意,他也不知道日后要做云中守,更不会料到战事失利。"

田叔越说越来劲:"做了云中守后,孟舒能尽心尽责。他爱兵如子,兵也敬他为父,上下拧成一股绳,交融甚欢。匈奴每次进攻,孟舒能够身先士卒,士兵们也争先恐后地猛打猛冲,觉得为郡守而战,死也值得。这难道是孟舒瞎指挥,逼士兵去送死么?事实上,他心里很清楚,将士们连日征战,疲惫不堪,但望着奋力争杀的士卒,他能说什么好呢?"

汉文帝听过田叔的这一番辩驳,幡然大悟:"孟舒果然是一位贤臣。"此时,孟舒由于战败,已被罢免查办,听候发落。不久以后,一道诏令又将孟舒召回了云中,接着做他的太守。

田叔在文帝面前直抒胸臆,解救孟舒。使汉文帝如梦初醒,摒弃前嫌,重新重用孟舒,也不愧为一位贤德之君啊。君臣之间,都应该以诚相待。

钟繇自劾

东汉献帝建安年间,曹操封钟繇为司隶校尉,掌管关中的军队。后来皇帝下令召集河东(今山西夏县)太守王邑回京,同时派遣杜畿任河东太守。河东郡的下属官吏到钟繇那里请求继续留任王邑，钟繇没有答应。王邑到许昌后私自回家了。钟繇认为这是由于自己监督下属不力所造成的，于是上书朝廷状告自己说："侍中兼司隶校尉东武亭侯钟繇，侥幸蒙受朝廷的恩泽，虽才识短浅，仍被提升进用，成为朝廷的亲近大臣，奉命督使关中。明明知道朝廷诏书痛恨地方长官政治教化的疲软、督察下属无法，法令长期得不到执行，各项工作处于瘫痪状态，处理公文失当，不重视国家法度，不与朝廷同心同德。作为臣下对皇上不忠，实为罪大恶极。我请求皇上下诏，让司法机关审查钟繇的罪行。让大鸿胪削去钟繇的爵位，收回他的封地。我即刻把文书交付给州郡的属官，俯首等待朝廷依罪处斩。"结果朝廷下诏，予以驳回。

我认为现在的官吏上书弹劾自己时，只不过是请朝廷将自己放逐他乡，闭门待罪罢了。像钟繇的这篇奏章，基本被别人揭发没有什么区别，难道是由于钟繇自己身为掌管刑狱的司隶校尉，职责就是察举不处，所以才这样做的吗？

汉士择所从

东汉末年，汉朝土崩瓦解，士大夫们纷纷以退为进，很多人弃明投暗，耽误了前途。而仁人志士都善于保护自己，普通人或平庸的人就很难躲避祸害，甚至性命难保。

荀彧的家乡颍川（河南许昌东）是兵家必争的战略之地。年少的时候，荀彧劝说地方老百姓尽快迁移，但是这些人依恋故土，不愿意离开，后来大多死于战乱，而荀彧却带着宗族逃往冀州（今河北临漳一带）。袁绍早就听到他的名气，将他奉为座上嘉宾。但是荀彧看到袁绍优柔寡断，难成大器，最终还是投靠了曹操。乡人宗族中留在袁绍这里的，后来大多被贼寇杀害了。

汝南（河南平舆北）士大夫大多投奔了袁绍。唯独和洽奔荆州（湖北襄阳）刘表，刘表非常重视他。他看到刘表昏庸无能，身边小人当道，如果不离开必定会被小人的谗言所害，于是他毅然决然地离开刘表，投靠了曹操。留下来攀附刘表的士大夫，后来大多被刘表杀害了。

曹操任兖州牧，陈留太守张邈和曹操很亲善。郡士高柔认为张邈早晚瞅机会背叛曹操，要率乡人离开这里，免受刀兵之苦。很多人都认为张曹关系和睦，不会反目，就不愿离开。高柔带全家迁往河北后，张邈果然起兵反曹。

郭嘉初见袁绍，发现他势虽强，却是个犹豫不决的人，难以和他共济大业。不久便去投了曹操，和曹操促膝畅谈天下形势后，便感慨："曹操真是明主啊！"

杜袭、赵俨、繁钦到避乱荆州。繁钦对刘表很佩服，刘表也看重他。杜袭劝他说："我们三人一起出来，是为保全自己等待时机，你如果是这样见人依人，我们就不是好友了！"到了曹操拥汉献帝迁都许昌时，赵俨说："曹操必能统一华夏，我知道我们的出路了。"杜袭等三人就投靠了曹操，后来建功立业，也不枉活一生。

孙策夺取丹阳，吕范要求暂领丹阳督都的职务。孙策说："你现在已经拥有很多兵马，怎么能再委屈你做这小官呢？"吕范说："我舍却本土托身于将军，就是同你一起共创大业，我们就好像是同舟涉海存亡相关，稍有不慎就要遭到失败。这也是我的忧虑，不单单是您啊！现在丹阳这样重要，关系全局，还计较官职大小吗？"孙策非常感动，就把丹阳交给了吕范。周瑜同孙策论天下大势，英雄所见略同，结有生死之交。孙策死后，孙权接管江东，周瑜看出孙权能成大事便忠心相随。赤壁一把大火，定下了天下三足鼎立的事业。

诸葛亮身居襄阳，刘表却没有本事得到他。刘备三顾茅庐，便得到了一位殚精竭虑、名垂史册的辅佐之良才。

以上这些人见识广大，虽然身处乱世，他们是不会被乱世所埋没的。

孙吴四英将

三国时期，东吴的孙氏占据江东，凭借长江天险与西蜀的刘备、中原的曹操形成三足鼎立的局面。孙策、孙权兄弟二人有立国的雄才大略，周瑜、鲁肃、吕蒙、陆逊四人又是吴国的豪杰人士，可称得上是立国之栋梁，对吴国的兴旺盛衰起着很大作用。自古以来的文臣武将，多数自认为能力超群，嫉妒比自己强大的人，而周瑜、鲁肃、吕蒙、陆逊可以使这样的人自愧不如。

孙权刚执掌政务时，鲁肃打算返回北方，周瑜把他劝住，推荐给孙权说："鲁肃的才能可以辅佐您得天下，应该广泛寻求像他这样的人，以成就功业。"后来，周瑜临终给孙权的信上说："鲁肃忠诚刚正，遇到事情从不随便马虎，如果能代替我周瑜，我就死而无憾了！"周瑜死后，鲁肃就代替他执掌了吴国的兵权。

吕蒙原来学识浅薄，名声不佳，后来听了孙权的劝告，学识有很大的长进。鲁肃代周瑜做了兵马大都督，常到吕蒙那里计议大事，很赏识吕蒙的才华，而吕蒙却很自卑。鲁肃看他这样，便宽慰夸奖他："我原认为老弟你只有武略，今天看来你学识渊博，不再是过去的'吴下阿蒙'了。"鲁肃就和吕蒙结为金兰之交，吕蒙也就接替了鲁肃的职务。吕蒙坐镇陆口（今湖北嘉鱼西南），因病告退，孙权问他谁能代他当此重任，吕蒙推荐陆逊，说他深谋远虑，才能足以托付重任。陆逊因此代替了吕蒙。

周瑜、鲁肃、吕蒙、陆逊四个人相继代替，驻守吴国边关几十年，都立下了汗马功劳，成为闻名一时的名将，曹操、刘备、关羽都曾败在他们手里。他们四人虽然相互交替，孙权都能听取他们的意见，将军中大事交给他们。吴国之所以成为三国之一，绝对不是没有原因的。

太史慈

乱世三国，英雄层出不穷，龙虎相争；英雄好汉，纷纷登场，盛况前所未有。他们之中的太史慈是值得赞颂的一个人物。

太史慈起初任职东莱郡（山东黄县）的奏曹吏。当时，郡与州之间有误会，州牧上章揭发郡守，太史慈用谋略挫败了州牧阴谋，使郡守免受冤屈。孔融在北海（今山东昌乐）被黄巾军包围，太史慈为了向刘备请求援助，先使计麻痹敌人，孤身一人冲出敌营搬来救兵，帮孔融解围。

后来刘繇当扬州刺史时，太史慈去求见，正好孙策领兵来攻扬州，有人劝刘繇任命太史慈为大将军，抗拒孙策，刘繇觉得太史慈资历太低，便说："我如果用子义（太史慈字）为将，恐怕天下将要笑话我部下无能人。"于是仅派太史慈一人一马去前方侦察孙策军队的实力，在神亭的地方与孙策相遇，双方便打起来，与孙策恶斗一场，将孙策的头盔夺了回来。后来刘繇失败逃往豫章（今江西南昌），太史慈被孙策擒获，孙策握着他的手说："还记得咱二人在神亭时那场恶斗吗？"又称赞太史慈忠义勇烈，是当今天下有才能的人，便为太史慈松绑，任用他为将，并让太史慈去安抚刘繇的儿子，安排好刘繇家属的生活。孙权代替孙策在东吴执政后，任命太史慈为建昌（今江西奉新）都尉，遂委派他管理吴国南方的军政事务，设衙门于海昏（今江西永修）。他去世时，年仅四十一岁，葬在新吴，当地人为他建立祠庙，进行敬奉。宋孝宗时封他为灵惠侯，诏词上说："神（太史慈）早年营救孔融，被人敬称为青州的刚毅之士，后来追随孙策，成了吴国的信任大臣。你为民惩恶扬善，后人为你建立祠庙直到今天。按照你的表现，选择两处纪念你的地方进行封侯。现在人们还记得'神亭'的故事。"

诸葛公

东汉末年，军阀混战。董卓之乱，袁术称雄，袁绍、公孙瓒、刘备、曹操、孙权又角逐中原。诸葛亮出山之前，刘备即使心怀大志，也只是仰人鼻息，漂泊无定。自徐庶走马荐诸葛，刘备三顾茅庐，孔明才离开隆中，结束了他的隐居生活，全心全意辅助刘皇叔成就雄伟霸业。他用灵敏的观察和准确的事实分析，一语道破当时的时局，明确了刘备今后的战略方向：不能与曹操针锋相对，联合孙权而不能谋图江东，同时占领荆襄、益州的"隆中对策"，历史的进程实际也就是这样。

诸葛亮也正是遵循着他的最初意向为刘备鞠躬尽瘁、奋斗终生的。在他掌权的二十多年里，国君信任他，士大夫仰慕他，汉族与少数民族的百姓信服他，敌人畏惧他。对上，他以忠诚取得君主的高度信任，所以刘备临死时以至于对他说："我的儿子没有才能，你可以自取帝位。"后主刘禅虽平庸懦怯、无所建树，也把整个国家交给他而毫无怀疑。对下，他的才德威望被部属信赖，所以长水校尉廖立与骠骑将军李严虽都被除名为民，但听到诸葛亮病逝的消息后，廖立垂泣不已，李严病发死去。后主左右奸佞之臣充塞宫中，却没有一个人有嫉恨暗害诸葛亮之心的。当魏国完全占领中州之地以后，还挟有曹操、曹丕父子生前的积威，军中勇猛的将士如林，却不敢派一兵一卒到蜀国，而诸葛亮却率领大军六出祁山、讨伐魏国，致使魏国上下畏惧蜀国如同畏虎。敌帅司马懿仔细考察诸葛亮军营壁垒后，叹服他是天下奇才。

后来，诸葛亮死后，曹魏大将钟会进攻蜀汉，特意派人到汉川祭祀诸葛亮庙，严禁他的军卒在诸葛墓附近伐木砍柴。钟会恐怕不仅仅是因为叹服诸葛亮的足智多谋才这么做的吧？

六出祁山伐魏的时候，蜀汉大将魏延屡次请求率一支人马，或东出荆州，或循秦岭向东与诸葛亮成两下夹攻之势，直捣长安。诸葛亮认为不妥。关于这一点，后世史臣认为诸葛亮把魏延的计策当作一种冒险之策而不用。实际上是诸葛亮所谓"义兵不用诈谋奇计"的思想在起支配作用。当时，蜀汉拥数十万精兵，打着兴复汉室的正统旗号，大张旗鼓直捣魏都，其气势之浩大，根本不用诡秘行踪偷袭长安。这正体现了诸葛亮在大的道义方面光明磊落的品质。

司马懿比孔明大四岁，令人惋惜的是，司马懿活在世间，而孔明却由于身心交瘁而去世，死的时候诸葛亮才五十四岁。这只能说明上天不降福于蜀汉吧！唐朝诗人杜甫写了一首诗，有两句是这样的："霸气西南歇，雄图历数屯。"诗中披露了对诸葛亮早逝的哀婉以及对蜀汉未能统一中国的遗恨之情。

谢朓志节

荀彧辅助魏武帝曹操，刘穆之辅助宋高祖刘裕，高德政辅助北齐文宣帝高洋，高颎辅助隋文帝杨坚，刘文静辅助唐高祖李渊，直到他们分别夺取了汉、晋、魏、周和隋的政权，这些人可称得上是为建立新的国家或为改朝换代立大功的人了。可是，只要皇帝手握大权，他们就没有什么好结局了，荀彧由于未及时告知曹操伏皇后的事和劝阻曹操封魏公，最终被迫服毒自杀。刘穆之驻守丹阳（今江苏镇江）时，刘裕北上攻伐，诏书下到丹阳封刘穆之"九锡"，刘穆之因为受之有愧和惶恐而死。高德政因为踌躇满志而遭到杨愔的谗害，高颎因纳妾的谗害，刘文静由于妾弟反叛，而被裴寂谗言。这些人最终为未能免去祸害而被杀害。

齐高帝萧道成当初阴谋篡夺宋时，曾请谢朓参与，屏退左右与他私下商量。但谢朓默不作声以表示拒绝。后来萧道成一定要谢朓参与政治，封他为左长史（南北朝时，刺史带将军称号者，其幕府所设的官职。相当于秘书长），并以石苞的例子讽刺他，谢朏还是不肯听从。等到萧道成做了齐高帝时，谢朏还是坚守志节，不肯解掉做宋代侍中时印章上的丝带，甚至枕着它睡觉。有一天他走在街上，萧道成的儿子萧赜看见后非常气愤，想杀掉他。萧道成因为害怕舆论的谴责而阻止说："如果杀掉他，则正好成全了他的高名。我们不如宽恕他，以表示我们的大度。"后来，萧道成把他贬回了老家。

海陵王萧昭文称帝时，又封谢朏做侍中。不久之后，宣成王萧鸾又谋权篡位，并收买了一大批朝廷侍臣。谢朏不愿参与，就要求去吴兴（今浙江吴兴南）去做太守。临别时，他和时任吏部尚书的弟弟谢㵅一同饮酒。酒醉中，他举起酒杯对弟弟说："可以畅饮，不要参与政务纠葛！"他可能是非常反感萧鸾谋权篡位的行为又束手无策吧？

可见，谢朏的气节真可称得上廉洁清高。可是，司马光还曾嘲笑他，真是难以理解！

轻浮称谓

南齐时期，有一名叫陆慧晓的人，为人肃静，有礼节，曾经做过几个王的长史，可是说是达官显贵了。即使一般的僚属部下来拜访他，他也必定很有礼貌地起立迎送。有人看到这种情形就劝言："长史官位已经足够高贵了，你可不能过于恭谨，屈尊大驾啊！"陆慧晓听后淡然自若，说道："我生来厌恶人们无礼，怎么能够不时时刻刻以礼待人呢？"陆慧晓从未称呼一般士大夫为卿，有人诧异地问其中的缘由，他毫不犹豫地回答道："达官显贵不可随便称呼为卿，一般人倒是可以随便称呼卿，人生在世怎么能够忍受这样以己之见擅自分高低呢？"因此他一生行事时，常常敬称别人的名位。

现在世俗中一些行为比较浮夸的年轻人，即便自己职位卑微，在和长辈谈话，提及他们的同辈人时，必定说"某某先生"，而谈及他的上级长官，也是如此，甚至在别人的尊长前谈到他们的儿孙甥婿时，也说"某某先生"。有的随意称呼宰相执政达官贵人的字号。这些都是不了解上下尊卑名分高低的人，习惯使然，原不是他们思维简单，态度傲慢无礼所导致的。

公孙五楼

东晋十六国时期，南燕慕容超继承皇位后，将南燕的国事都托付给公孙五楼去治理。南燕王朝自此就逐渐衰退没落了。

不久以后，东晋大将刘裕带兵攻伐南燕，他的部下分析说："假如南燕军队占领了大岘（山名，今山东临朐县东南）这一要隘，坚壁清野，如此一来我军如果全部进去，估计很难出来。"刘裕说："鲜卑人（指南燕人）贪得无厌，不会做长期打算，必定会认为我军不能持久作战，只不过占据临朐，退守广固（今山东益都西北）罢了。所以不一定会死守要隘，坚壁清野。"

慕容超听说有晋兵要来攻打，召集群臣聚会议论，公孙五楼说："南方的士兵轻捷果敢，有利于速战，我们不可和他们交战，应该据守大岘，使他们不得深入。命令各个守宰，依靠险要自我固守，烧光物资粮食，割除禾苗，使敌人无资可掠。他们在外驻兵没有吃食，我们可以安坐而制服他们。若是放纵使他们进入大岘，我们出城迎战，这是下策。"

慕容超没有采纳公孙五楼的建议，等到刘裕率兵通过大岘时，燕兵并不出来迎战。刘裕欣喜万分，士气也很高昂，结果一举灭掉了南燕。

分析公孙五楼的提议，正是刘裕所担忧的。慕容超平时一直很信赖公孙五楼，大小事务都交给他打理，偏巧这一次不听取他的提议，结果使南燕灭亡，这可能就是天意吧！五楼也可称得上是个聪明人，足以和李左车相提并论了。后世一些执掌朝政的奸诈小人贻误了国家大事的很多，因为他们都没有听从公孙五楼的智谋。

杜畿李泌董晋

东汉末年，地方割据势力日益嚣张，朝廷的命令经常得不到有效的执行。建安年间，河东郡（今山西夏县）太守王邑接到诏令，要将其召回朝廷。正打算动身，却遭到部下卫固、范先二人的阻挡。原来，这二人已经暗中和北边并州（今山西太原）的高斡联系好了，蓄意割据谋反。

太守无法调出怎么办？掌控朝廷大权的曹操采取派新任太守前去的计策。新太守是谁呢？曹操挑选了杜畿去收拾这个烂摊子。

杜畿接到命令，立刻出发。到了陕县（今河南三门峡）黄河边，却被卫固等人派来的军队拦截，不准渡过黄河。对峙了几个月，杜畿摸清了情况，心想：河东郡有三万户人家，并不全都是叛变的人。我索性单骑闯入，来个出其不意。卫固这人虽有计策，但是并不果敢，见了我必定假装接纳。我只要进去一个月，就可以用计策处理问题了。

于是，杜畿暗自从另一个渡口渡过了黄河，卫固果然表面上接受了他，杜畿使了个欲擒故纵的计谋，先低声下气地夸赞卫固、范先说："卫姓和范姓，都是河东的大族，声望很大啊！我虽只是太守，事实上要依靠你们，顺从你们治理河东好了。"卫固等人听后，心里非常得意。谁知过了几十天，杜畿就命人砍掉了他的脑袋。

自"安史之乱"以来，唐代藩镇势力逐步发展。将强了，就要背叛朝廷；兵强了，就要驱杀将帅。唐德宗贞元初，陕虢（今河南三门峡、灵宝一带）节度使张劝被部下杀害，兵马使达奚抱晖夺得了军权，并上书朝廷，要求任命他为节度使。

唐德宗派李泌前往处理此事。李泌动身时，德宗下令皇帝的亲军神策军护送。李泌笑笑，拒绝了，请求单骑前往。出了潼关，却又碰见另一支三千人的部队列阵等待，带兵军官上前报告说："奉皇帝密诏，前来护送！"李泌当场写下一道命令，让他们退回。自己却快马加鞭，一路飞奔而去。

达奚抱晖听说李泌就要到了，不让将领们按礼节出城远迎。直到李泌距城外十五里了，才出去迎接。李泌当面一阵好夸奖："你在危难之时，临时站出来主持军中事务，为国家保住了这地盘，很有功劳嘛！"说着走着，进了城内，开始主持工作。

第二天，做好一切准备，李泌将达奚抱晖召来，说道："你杀了节度使，按罪当处死的。不过今天饶你一命。这并不是因为我关照你，而是恐怕今后再有此类事情发生。朝廷任命的将帅都派不进去，所以放你一条生路。"达奚抱晖听罢此言，又悔恨又感激，只好逃跑了。

开封也出了这样的事情。镇守开封的宣武军节度使李万荣的儿子——兵马使李乃，趁其老父生病卧床之机，准备叛乱夺权。但是，另一位军官邓惟恭却不买账，把他抓了起来扭送京师。这位邓惟恭也是个野心家，临时掌握大权后，自以为朝廷会正式任命他为节度使。忽然传来消息，朝廷已经派东都（今河南洛阳）留守董晋为宣武军节度使了！邓惟恭大失所望，不派人去洛阳迎接董晋。

董晋上任时，随身只带了十几个仆人，一个卫兵也没有。走到郑州，有人劝告他说："不如留在这里，等等看开封那边有什么动静再说。"从开封来的人也劝说不要进去。董晋一概不听，继续赶路。

邓惟恭没料想到董晋来得这么快，来不及想出计策，就赶忙率领各位将领出城迎接。董晋入城以后，把军政大事已然交予他处理。过了一些时日，邓惟恭心中越来越感到不安，便悄悄谋划叛乱。事情露馅后，董晋将邓惟恭的同党全部抓起来问斩，而将邓惟恭押赴京师。

上述三人，当时的处境都如此危急啊！都是孤身深入叛乱之地，从容淡定地平定了事件，他们智勇有谋，非同一般！唐代史书中，讥讽董晋苟且偷生，荒废政事，其实不是这样的。当时，朝廷害怕董晋到开封后稳定不了局势，派遣汝州刺史屈长源为行军司马，做他的副手。屈长源刚烈、刻薄，对很多旧时的规章制度都想整改。董晋一开始并不阻止他，等计策想出来后，他却不予采纳，因此军队无法平定战乱。以前，宣武军的士卒十分蛮横，难以管制，节度使挑选亲信士卒住在宫廷旁边，执弓带剑，厉兵秣马，以防军队叛乱。对这些兵，自然要常常赐予他们酒肉，以犒劳拉拢。董晋却不这样做，上任的第二天，就把这支军队解体了。董晋在开封任职三年后死了，由屈长源继任，不久被作乱的士卒害死了。

兵家贵于备豫

东晋时期，卢循兴兵反叛，派他的党羽徐道覆当始兴（今广东曲江）的地方长官。卢循攻击建康（今江苏南京）时，又派遣徐道覆为前锋。等到徐道覆前来上任时，带来了许多战舰，大家都感到惊讶，他从何处一下子找到这么多的战舰？

原来，徐道覆到了始兴后，就派遣人去南康山上砍伐木材，搬运到始兴后，用低廉的价格卖出去，居民一抢而空！如此一来，造船的木头积累了很多，但是没有人怀疑这是什么阴谋。有一天，接到起兵征战的命令，马上用这些木材筑造战舰，十多天就制造完成了！

南朝梁国的开国君主萧衍，也是这么一位有先见之明的人。在南朝宋国末年，萧衍被派到雍州（今湖北襄樊）为统帅。他预料到腐败的齐政权必将大乱，便暗中进行军事准备。砍伐了大量木材、竹子，沉到檀溪水下。又收集了大批茅草堆积如山，一点也不动用。部下中兵参军吕僧珍也很有心计，他觉察到萧衍的意图，决定配合行动，私下里也准备船橹几百双。时机成熟后，萧衍起兵反齐，从水下取出木材、竹子制造战舰，并用茅草装修，很快就筹办完毕。但是，船橹不够用，诸将领们你抢我夺，争得不可开交。吕僧珍不动声色地运来他准备好的橹，每艘舰船发两支船橹，这才没有人再争夺了。

淮河南岸的盱眙（今江苏盱眙）向来是兵家必争之地，南朝刘宋时，沈璞任太守。他非常了解此地是交通要道，一旦发生战争，敌人必定来争夺此地。上任后立即开始修缮城墙，深挖城壕，囤积钱粮，备齐弓箭和石头，为将来坚守城楼打仗做准备。果不其然，北朝的魏太武帝率军南伐，首先进攻盱眙。双发交战，打得昏天黑地，残酷交战了一个月，由于早有预备，仍然无法攻下城池。魏武帝无可奈何，只好烧掉攻城的各种装备，饮恨撤兵！

邳彤郦商

光武帝刘秀出兵讨伐王郎时，河北的大部分割据势力相继归顺刘秀，只有钜鹿（今河北平乡县）、信都（今河北冀县）两郡还在坚守。在这样的情况下，刘秀的部下都提议先回长安（今西安），可让这两个郡的兵力不战而降，送上门来投诚。只有邳彤不敢苟同，他认为，如果实施这一计策，不仅会白白丢掉已经降服的河北诸郡，而且会惊扰三辅（长安附近之地）守兵。假如回长安，那么邯郸的将士们，一定不愿叛变自己的城主而千里送公，如此一来，士兵的散乱逃亡则就不可避免了。光武帝刘秀听了他的建议后，非常赞成，决定不再西行。宋代诗人苏轼评论说："这是关系东汉兴亡的决定，邳彤也可称得上是东汉的开国功臣啊！"邳彤以前列在云台诸将（云台，汉宫中之高台，后汉永平中，明帝追念功臣，画邓禹等二十八将相于其上，二十八将称为云台诸将）中，并不为人看重，待提出这一高见，有见识的人才对他刮目相看。

西汉高祖刘邦死后，吕后和审食其商量说："朝中许多老将都是与高祖一起打天下的平民，如今却要侍奉少主，一定会感到不满，如果不把他们统统杀掉，恐怕天下不会安宁。"因此迟迟不肯发丧。郦商拜见审食其，得知这件事劝道："如果真那样做，那么国家就危险了。陈平、灌婴正率十万大军驻守在荥阳（今河南荥阳），樊哙、周勃率二十万驻守燕、代，他们一旦听说高帝辞世，朝中老将被杀，必定率兵打回关中。那么，国家灭亡则指日可待啊！"审食其把他的话转告给吕后，吕后才决定发丧，放弃了原来的计划。当时朝中的时局十分严峻，基本上面临着灭亡，而郦商在谈笑中，就使危机云消雾散，其功劳难道算不上显著吗？然而，却无一人赞扬和推荐他！吕后死了以后，吕禄统率北军，郦商之子郦寄使了一计将吕禄骗去郊游，才使周勃有机会进入。可见郦氏父子对于西汉，可以称得上是社稷之臣了。郦寄与刘揭曾一同劝服吕禄放下帅印，归顺朝廷。而当文帝论功行赏之时，刘揭封侯赐金，可郦寄却没有得到任何赏赐，陈平、周勃也没为他说一句公道话，这又是很多人不知道的。后来郦寄承袭父亲的爵位封侯，又因为犯了法被罢免。他们的坎坷遭遇，真是太令人痛惜了啊！

魏郑公谏语

唐朝建立后，经过数年的整治，国家渐渐稳固，人民也开始安居乐业。这时，唐太宗在几位大臣的提议下萌发了"封禅"泰山的想法。所谓"封禅"，即古代帝王举行的一种祭祀上天的大礼，其规模巨大，花费之多是可以想象的。因此，魏徵作为谏臣据理力争阻止此事，他诚恳地对唐太宗讲述道："假如有一个人生了一场大病，十年久病卧床。现在经过细心诊治康复了，渐渐恢复原貌。就在这时，让这个人背一石的米，一天走一百里地，那么他承受得了吗？隋末动荡造成的影响还未平息，国家逐步安稳，骚乱还未得到完全整治，国家、百姓均未完全富足，这时候封禅，向苍天宣告我们大唐的事业已经完成，臣认为这可能还不是时候吧？"

魏徵引喻确切，言词恳诚，忠贞之情溢于言表。唐太宗无言反驳，便决定推迟封禅时间。魏徵的这段谏语见于《谏录》和《旧唐书》，但《新唐书》没有记载。《资治通鉴》记录了魏徵的诤谏事迹，但删去了这一段话，太可惜了！

刘蕡下第

唐文宗太和二年（828年），皇帝亲自策问制举，挑选人才。刘蕡应举作"策论"，在策论中极言宦官罪行。

不久以后，裴休、李邰等二十二人中第为官。考官左散骑常侍冯宿、太常少卿贾餗、库部郎中庞严三人，看了刘蕡的对策后，表示惊叹认为很可行，但是迫于宦官的权势，不敢录用他。刘蕡没有被录取的消息公布以后，公众议论纷纷，都为刘蕡打抱不平。谏官、御史大夫想要请奏皇上，宰相阻止了他们。李邰愤慨地说："刘蕡落榜，我辈登科，能不感到心中有愧吗？"于是上书皇上，大意为："刘蕡的对策，汉魏以来无人能敌。现在主考官因为刘蕡批驳宦官，不敢录用他。我担忧朝廷之中以后将再无忠良耿直之人，朝中纲纪也将废弛。我所做的策论远远不及他，恳求皇上将我换下，改为刘蕡，以嘉奖刘蕡的耿直。"然而这份奏疏并没有得到回应。

当时的宰相是裴度、韦处厚和窦易直。窦易直为人自不必说，像裴度、韦处厚这样的贤相，为何偏偏在这件事上不主持公道呢？甚至想制止论奏的人呢？扪心自问，他们能无愧吗？刘蕡因此不得在朝中做官，李邰也不再被重用——大概没有人敢任用他吧。只有令狐楚、牛僧孺敢于把刘蕡请进府中，并以师礼相待。而刘蕡最后还是被宦官嫉妒诬陷，被贬为柳州司马。

诗人李商隐对刘蕡的遭遇非常同情，写了一首《赠刘司马蕡》诗："江风扬浪动云根，重碇危樯白日昏。已断燕鸿初起势，更惊骚客后归魂。汉廷急诏谁先入，楚路高歌自欲翻。万里相逢欢复泣，凤巢西隔九重门。"

刘蕡死了以后，李商隐又写了很多诗为其凭吊，比如"一叫千回首，天高不为闻"，"已为秦逐客，复作楚冤魂。并将添恨泪，一洒问乾坤。"其哀恸之情达到了极限！其后七年发生的欲诛宦官而反被宦官所诛的"甘露之变"，不知道九泉之下的刘蒉是否知道？

白居易出位

白居易担任左赞善大夫时，盗贼居然在京师长安（今陕西西安）谋害了当朝宰相武元衡，震动了整个京师。白居易在满朝文武中首先向朝廷奏疏，请求即刻捉拿凶犯，以洗濯朝廷的耻辱，并要求有关执法机关务必要捉拿凶犯。

当朝的另外两个宰相却认为白居易这篇奏疏是越级议事，大为不满，就把白居易贬为江州司马，让他做闲官去了。这时的宰相是张弘靖、韦贯之，张弘靖不足为道，韦贯之做这件事是有过失的。请看白居易与杨虞卿的通信："贬谪的诏书下来后，我明天就将奔赴江州。左思右想，觉得有些话如骨鲠咽喉，不吐不快。去年六月，强盗暗杀右丞相武元衡于大街上，血肉模糊，连颅骨也被取走，真是惨不堪言！满朝文武震惊害怕，不知道该说些什么。我认为自有书籍记载以来，还没有这种事情。如果知道这悲惨之事，即使是农夫小吏，也不会沉默，况且我们这些朝廷大员，难道能把痛恨愤怒的情绪埋在心中吗？因此，武丞相天明气绝而死，我的奏章中午就交给朝廷。两天之内，满京城都知道了这件事。那些不赞成的，都说我是虚情假意，还振振有词：'丞相、侍郎、给事中、舍人、谏官和御史还没有说话，你区区赞善大夫为什么这么积极地表现忧国之心呢？'"

听了上述言论，我认为赞善大夫固然官小位卑，但是朝廷有了棘手之事，他自己上奏表明自己的建议，这应该叫作忠正，这是对惨绝人寰的大胆暗害执政大臣表示愤恨，我觉得问心无愧！即便被某些人认为狂傲行为，对国家的灾祸，我又怎敢置若罔闻呢？所以被认为犯了错误，这有什么办法？何况又不仅仅是因此罪名才被惩处的。

白居易对此事的自述就是如此，然而，当时批判白居易越级的人，不仅只有宰相。书中还说："白居易的母亲掉到井中淹死了，白居易却写了名为《新井篇》的诗篇，因此被贬职。"白居易信中最后的一句，就是指这一条居心叵测之徒编织的罪状。

相里造

　　鱼朝恩是唐朝宦官，受唐玄宗、唐德宗、唐代宗三位皇帝的宠信。唐代宗时期，鱼朝恩尤为张狂。朝中群臣讨论时事时，鱼朝恩常常随心所欲地侮辱群臣。宰相元载虽然能言善辩，也只好忍气吞声。唯独礼部侍郎相里造、殿中侍御史李衎不吃这一套，与鱼朝恩据理力争。鱼朝恩大为恼怒，就罢免了李衎的官，以此警示相里造。

　　鱼朝恩想撤换宰相，以进一步控制朝廷。有一天，他在尚书省的办公处都堂召集百官，对众人训话说："今年旱涝灾情严重，军用告急，皇上急得睡不着觉，宰相身为辅政大臣，是干什么吃的？还不主动让贤，赖在那里干什么？"宰相听了，俯首称是，群臣大惊失色。唯有相里造抗言反问道："阴阳不和，五谷涨价，军用告急，这都是您这观军容使（唐时以太监任此职，以监视军队将帅）的事，与宰相有什么关联？我看是军费被某些人私吞，上天才降大灾！现在京师并没什么危急事，禁军就可以维护京城治安了，却又在京城周围屯十万军队，因为这才引起军用不足。百官并没有多吃，可以说，这种后果是您造成的！宰相不过是执行文书而已，这怎么能归罪于宰相呢！"

　　相里造这番理直气壮地回答使鱼朝恩哑口无言，只好拂袖而去，还气急败坏地吵嚷道："这是南衙（唐朝时，中央各大机构办公地称南衙，与宦官住的地方北司相对）的党羽陷害我！"

　　此事记载在《新唐书·宦者传》中，无法表明相里造的全部事迹。我想，相里造在阉党专权震主、掌握生杀大权之时，作为礼部郎中这小小官职，却能够起身抵抗奸佞小人的淫威，真是令人称赞！可是后来的名人议论及搜罗忠言箴词时，都不见赞扬这件事，司马光的《资治通鉴》中也没有记载此事，真是令人惋惜！我把这件事记录下来，当作对他的赞颂吧！

萧颖士风节

萧颖士,字茂挺,是唐朝一位名人。后代学者只赞扬他的才华,而对他曾痛打童奴的过错备加斥责。我多次查究有关记录后,发现萧颖士还是一位足智多谋的人。

萧颖士任职集贤殿校理时,当时的专权奸相李林甫慕名而来。萧颖士却不理睬他,李林甫大为恼火,恼其不讨好自己。后来萧颖士奉召到国史馆任职,看到李林甫飞扬跋扈,坚决不屈从于他,更加遭李林甫忌恨。最终,萧颖士被调离京师,到洛阳当河南府参军。

安禄山恃宠而骄时,萧颖士暗自对柳并说:"胡人(安禄山为胡人)依仗着皇上的宠信而骄横放肆,他叛乱的时间不会很久了,到那时,东都洛阳首先会被攻破。"不久以后,萧颖士就推诿疾病缠身,尽快离开了洛阳。

安禄山反叛以后,萧颖士去见河南采访使郭纳,向他进献防守抵御叛军的策略,可郭纳不予采用。萧颖士感叹道:"那些身居高位要职的人,从思想上根本没有重视到叛军的实力,想抵挡住他们也太难了!"他听说大将封常清陈兵东都洛阳,就去观察了一番,结果很失望,连夜返回,南逃到山南东道(今湖北襄樊)避乱。当地节度使源洧想放弃襄阳,退保江陵(今湖北江陵),萧颖士规劝道:"襄阳是天下的咽喉要冲,兵家必争之地,一日不坚守,则大势即去。你何必匆忙轻易放弃这个战略要地,让天下人取笑你呢?"源洧听从了他的建议,就按兵不出。源洧死后,萧颖士又去金陵(今江苏南京),并客居于此。肃宗的弟弟永王李璘慕名要召见他,他坚辞不去。后来,刘展反叛,兵围雍丘,副大使李承式派兵救援,出兵前大宴宾客,歌女环列。萧颖士见此劝李承式说:"天子逃离京师,风餐露宿,这难道是臣下尽情欢乐的时候吗?现在就要出兵到吉凶难测的战场战斗,临行前却让他们看听如此华丽的歌舞音乐,谁还愿去拼死疆场呢?"李承式拒不接受其建议。

由此可见,萧颖士的操守和胆识多么让人敬佩啊!当今对他的议论比较片面。李白,是名扬天下的大诗人,却陷于永王李璘叛乱的军队中,以至于终身受之牵连；萧颖士，却看清了李璘的庐山真面目，召之不见，可见他的胆量和见识远远超越了李白。

羌戎畏服老将

西汉时，西北部居住着匈奴、羌、氐等少数民族，其首领常常率兵南侵，给汉代边境带来了重大灾祸。汉朝（尤其是汉武帝）曾经多次与匈奴、羌、氐交战，双方互有胜负。

汉代将军赵充国，历史上称他为是"智勇有谋"的将军。汉武帝、汉昭帝、汉宣帝时，他曾屡次率兵出征西北，战功卓著，声名远扬。元康三年（前63年），居住在先零（今青海西宁一带）的羌族首领与周边二百多个羌人首领联合起来叛变汉朝，汉朝出兵攻伐，被羌族人击败。

神爵元年（前61年），汉宣帝欲派遣军队去讨伐，考虑到赵充国七八十岁了，无法负担如此重任，就让他举荐恰当人选。赵充国却宝刀未老，毅然自荐，汉宣帝就准予他出征。

赵充国率大军交战前，先捕捉到几个俘虏。俘虏哆哆嗦嗦地向他禀告："我们的首领听说赵老将军来了，乱成一锅粥了。他们相互埋怨：'不让你造反，你不听。现在天子派赵老将军来，尽管他已经年纪很大了，但他作战经验丰富，我们要想在他面前取得胜利，根本没有机会！'"可见羌人对老将军赵充国的畏惧程度。

赵将军果然不负众望，采取软硬兼施的手段，打击与招降相结合，不出一年的时间，便平定先零叛羌，为安定边境立下大功。

唐朝老将军郭子仪堪与赵充国媲美。郭子仪与李光弼率军血战八载，平定了来势凶猛的安史之乱，对李唐江山有再造之功，因此声名远播。唐代宗时，吐蕃兵屡屡进犯，震动了京师长安。郭子仪率大军前往征讨。吐蕃的盟军回纥军曾应唐朝邀请跟随郭子仪平定安史之乱，他们听说郭子仪来了，非常吃惊，就要求见一下郭子仪。

郭子仪打算单骑前往，众部将为他的安全担心，纷纷要求他带五百名铁骑作为护卫。郭子仪不答应，认为那会弄巧成拙，引起回纥兵的疑虑。

郭子仪带几名亲兵前往回纥大营。回纥兵一开始刀出鞘，弓上弦，戒备森严。回纥首领见到郭子仪一不穿甲胄，二不带大枪，单骑进入营帐，纷纷叫道："是郭大帅！"然后纷纷抛刀弃剑，甩蹬下马，纳头便拜。

郭子仪拉起回纥首领，给他们讲解不应叛变大唐的道理，回纥首领均大喊中了吐蕃人的计，吐蕃人说郭大帅已死，他们才敢叛变。今天郭大帅还在世，我们真心想与郭大帅歃血为盟。郭子仪欣然赞同，各个首领都很高兴，说道："前些时日随军的两个巫师曾预测：此次行动非常可靠，不会和唐兵交战，见到一个大人即可回家。果真如此啊！"

立誓结盟之后，回纥人立马调转枪头，协同唐军对抗吐蕃人。吐蕃人接连战败，黄龙向西逃走。此次边境险情，全靠郭子仪的声威。这一年郭子仪已经七十岁了。

范正辞治饶州

江西饶州（今江西波阳）一直是个难以治理的地区，各类案件积累了一大堆，百姓受苦受难，民怨沸腾。宋太宗太平兴国年间（976～984年），朝廷决定挑选一位有才干的官员派到知州任职。挑来选去，选中了范正辞。

范正辞走马上任后，他大刀阔斧地大干，果然气象大变。那些因为不能结案而被关押在监牢的无辜者得到了释放，六十二个庸碌无能、徇私舞弊的官吏被革职。饶州政事渐渐恢复了正常。

不久之后，朝廷颁布了一道诏令，让饶州选派一批军人进东京开封入伍。军人王兴不愿意离家远行，用了一个苦肉计，挥刀砍伤了自己的脚，一瘸一拐地来见范正辞，表明自己不能北上。范正辞是何等人物？岂能容忍他来这一招。范正辞愤然而立，命令刽子手将王兴斩首。

事情闹大了。王兴的妻子上诉朝廷，控告范正辞随便杀人。宋太宗传旨，宣范正辞进京。面对皇帝的训斥，范正辞争辩道："东南各州，饶州人口和财富都很多，人心浮躁，很容易被扇动。而王兴竟敢违令闹事，如果不对他严厉处治，极可能引起骚乱。那时，我的罪过可就大多了！"

宋太宗听了，觉得有道理。对他的果断反而很赏识，不但不处分，反而官升一级，任命范正辞为江西路转运副使。

返回江西后，范正辞便巡行各州，处理问题。到了饶州，正赶上一件抢劫民家的大案，十四名罪犯已经审理完毕，即将处以死刑。范正辞进行复审时，发现罪犯纷纷泪下。经过观察，认为这些人不是真正的罪犯，下令把他们转移出州牢，另行查阅。

不久，有人揭露真正罪犯的藏身之所，范正辞秘密派兵前去缉拿，谁料盗贼闻风而逃，范正辞独自一人骑马追捕，出城二十里才追上。盗贼们转身弯弓搭箭，持矛向范正辞逼来。范正辞大喝一声，扬鞭甩过去，击中了一个盗贼的双眼，此人瞬间倒地。余下的人一看形势不对，吓得慌忙渡过长江逃窜了。

被刺伤的盗贼还活着，附近又找到了被丢弃的赃物。经过审问，抓到的盗贼被处死，而原来的那十四位无辜者被全部释放。

国初救弊

张齐贤上任江西地方长官前，上殿面见圣上，行完大礼后，恭敬地听皇帝的命令。

宋太宗悉心教导说："江西刚刚统一，有许多割据政权统治时的弊政还遗留着。你任职以后，看到什么对老百姓不利的事情，要一一告知朝廷，予以根除。"

肩负重任的张齐贤辞行圣上后，立即赶赴南方任职。走到蕲州（今湖北蕲春），迎面走来一群人。一看，原来是押送的囚犯。听口音不像这个地方的人，经过询问，十分惊讶，原来是福建南创州（今福建南平）和建州（今福建建瓯）的。

"你们到这里来做什么？"张齐贤问道。

衙役们回答："途经此地，押解他们进京。"

张齐贤又一惊："这些人犯了什么大罪？"

南剑州的衙役说："这两个犯人，因为路上碰见贩卖私盐的，替他们担盐，得了二斤盐的报酬；那一个呢，原来和其他五个人一伙，曾看见有人贩私盐，但没有告发。所以，他们都犯了法，行过杖刑、脸上刺字后再押送东京开封府。路太远，已有五个罪犯在半途死了！"

建州的衙役说："本州的两个犯人，原来是佃户，因为在地主家鱼塘里偷捕了一斤半鱼，所以被杖脊、黥面，押解京师。"

张齐贤越听越生气，这点儿小过失，哪至于处以如此重的刑罚，非要送到京城不可！随即上书朝廷，阐明自己的看法，建议："等犯人押解到后，请派官审问。如果犯人确实冤枉，应该对上述两州的官员予以惩处！"说完，发走奏章，继续赶路。到了虔州（今江西赣州），又遇见三个犯人被押解上京，同时被押解的还有十二个罪犯的家属。取来公文一看，仅仅是因为买了牛肉。当时法律严禁屠杀耕牛，但杀牛的罪犯没抓到，却用买牛肉的充数，这算什么呢！张齐贤很可怜他们，当即下令，释放了十二名被押解的家属。再次向朝廷上书：以后南方地方押解犯人上京，只许押解犯人正身。

自此，押送进京的囚犯缩减了一大半。

张齐贤更改了以前的弊政，替百姓办了很多好事。他是太平兴国二年（977年）中进士做官的，太平兴国六年（981年）任职路转运使，太平兴国八年（983年）被召回朝廷，担任了执政大臣，晋升的速度可谓迅速。

沈季长进言

在宋神宗元丰年间，沈季长负责给皇上讲解经史，充当皇帝的顾问。

有一次，沈季长被派去当主考官，在开封考试进士。考试完毕，他就拜见神宗皇帝报告考试情况。神宗开口第一句话就问："谁写的那篇《论不以智治自》的文章？"沈季长回答说："是李定所写。"神宗听后说："听说李定想借这篇文章来讽刺我，有这种事吗？"沈季长听到此处才了解了皇上问话的意图，于是从容不迫地说："李定跟随陛下您已经好多年了。不久前御史上书揭露李定摒弃人伦道德，不为父母服丧。陛下力排众议，李定才得以和以前一样做人，不久之后又破格提拔了他。李定即使怀有争利之心，也还应该知道陛下对他的大恩大德。臣以此就敢认定李定写此文没有讥讽陛下的意思。《诗序》说：'说话的人没有罪，听到的要以此为戒。'《尚书》中说：'小人怨你骂你，而你要更加恭敬修德。'陛下您为什么要相信那是一篇讽刺您的文章呢?"神宗听后面露微笑,他对沈季长说:"爱卿的话说得太好了。我已经明白了,爱卿真是个忠厚长者,喜欢为别人辨清诽谤。"沈季长机智地说:"臣并不是喜欢为别人辨清诽谤,而是为陛下您辨得清那些谗言啊!"

一天,宋神宗论到前代的帝王君臣,对沈季长说:"汉武帝学习那些长生不死的方法,爱卿可明白他的目的吗?这只不过是他贪生怕死,想长期保住皇位罢了。所以在他晚年干的一些事情就十分荒谬,以致祸及他的亲骨肉,几乎使国家宗族覆灭。人主想长期保住皇位,祸害尚且这样的大,更何况作为臣子想要稳固地位,那么他遭受的灾祸会无处不在。因此我经常为天下读书人追求爵禄而忧虑啊!"沈季长听后说道:"读书人藐视官爵俸禄,对于读书人而言,是可以的。然而对于国家而言,可不是福泽啊!如果皇上有尊德乐道的立场,那么读书人都以得不到爵禄为耻,哪能还藐视爵禄呢?至于上书违抗了皇上的圣旨,皇上不采纳劝谏,读书人有了辞官归隐的意愿,这才是藐视官爵俸禄。"神宗听完,点头称是,夸赞道:"爱卿说得非常正确。"

文潞公平章重

文潞公文彦博在宋神宗元丰六年(1073年),以太师的官衔退休了。那时,他已经七十八岁了。

两年后,宋哲宗登基,因为年龄太小,太皇太后垂帘听政,任用司马光为门下侍郎。司马光上奏疏请求召回文彦博,让他担任百官的首长,用以镇服国内、安定四海。太后看到这个奏疏,就派遣宦官梁惟简对司马光宣布旨意说:"文彦博的名声和官职已经很重,又人心所向,现在皇帝年幼,恐怕那样做会有功高震主的危机。何况在辅臣之中已经无法安排,他又退休了,再召回来任用他很难了。"显然太后没有同意,由于司马光刚刚被任用,也就没有再上奏请文彦博回来辅政。

哲宗元祐元年(1085年),司马光被任命为左仆射,于是再次上奏说:"《尚书》中说:'用人只求老人'。大概是因为老年人经历的事多,经验丰富。文彦博沉静机敏,有计谋策略,深知国家的政体,又能决断大事。从仁宗以来出将入相,功劳卓著，这是天下人所共知的。现在他虽然已经八十岁了，但他精力仍很旺盛，臣当初曾经奏请起用他，不久承蒙太后派人宣谕旨意，知道了不起用他的原因，一是因为他名位已高，无处安排；二是怕他位高震主。臣以为文彦博只不过是一介书生，年过古稀，富贵达到了极点，还会有什么其他的要求呢？并且他一没兵权，二没死党，没有什么可以畏惧的。假使重新任用他做宰相，一旦想罢免他，只不过麻烦一位学士，让他起草一道制书，制书一下，他马上就会成为一名普通百姓，有什么难的呢？所谓位高震主是防范过头了。如果按照现在的官制，用他做宰相，以太师兼任侍中，行左仆射，有什么不行呢？如果不想麻烦元老重臣，那么一般的日常上呈的文书，只让右仆射以下的人批阅下发就可以了。只在事情难以决断时，再向文彦博禀报咨询。自古退休之后，又被重新起用做官的，不只一个人。文彦博今年已经八十一岁了，任用他就是因为他有丰富的阅历，希望朝廷趁他身体还健康赶快任用他吧，臣只以门下侍郎的身份来辅佐他。这样会对局势十分有利。现在不任用文彦博做宰相，而任用臣做宰相，就好似舍弃骐骥那样的好马不用，而任用驽马一样。我深为朝廷这种做法感到痛惜！如果任命我为左仆射，其他人很难取而代之，而臣愿意举荐文彦博来代替我。"

奏折上去后，没有得到批准。后来给事中范纯仁也上奏请求太后召回文彦博。不久以后，右仆射韩缜请辞，太后才赐予司马光一个密诏，想要封文彦博为右仆射兼任侍中，那些应当执行的封赏礼数，让司马光列出来上奏。司马光接到密诏后，以名位不正，不敢居于文彦博之上，请求让文彦博做左仆射（首相），自己则做右仆射（副相）。朝廷特意颁布诏书给司马光说："让文彦博的官职居于你之上，不符合朝廷待你的厚恩。希望爱卿能够仔细想想，深思熟虑。"司马光上奏解释说："臣在京城为官时，文彦博已经当上宰相了，现在让他位居臣之下，不符合公正严明的社会公德。"朝廷看了这个奏折之后，就下诏书命文彦博回到京城。

不久以后，御史中丞刘挚、左正言朱光庭、右正言王觌都相继上奏说："文彦博年龄太大了，不适合在担任三省（尚书、中书、门下）的长官了。"司马光看此情形又上书说："如果朝廷下令让文彦博当正太师平章军国重事，就足够能体现朝廷敬重元老重臣了。"这一年四月，按照司马光的提议，朝廷下制书任命文彦博为平章军国重事。命他每月到经筵为皇上讲授定国安邦的策略两次，六天上一次朝，顺便上都事堂（宰相办公的地方）和执政大臣商议国家大事。

　　文彦博的这个任命可以说是几经辗转。究其根源，这个任命不是出于太后的本意。

　　后来，文彦博身居高位五年多，曾有五次因病请求退休，最终才得以准予。然而到绍圣年间，竟然因此遭到贬职。

景华御苑

　　北宋哲宗元符年间，朝廷中正发生残酷的党争。一个名叫崔德符的官宦上书，触犯了当朝权贵，被斥责为"邪党"，遭遇贬职。

　　到宋徽宗时，崔德符才慢慢得以任用，在西京河南府洛阳担任监管稻田事务的职位。一年寒冬季节，他在会节园为一位客人饯行，并欣赏盛开的梅花。

　　第二年，朝廷命令修整西京皇宫大内。负责这项工程的宦官叫容佐，将会节园归为皇家所有，更名为景华御苑，变成了常人不得入内游戏的禁行之地。

　　崔德符从来不和容佐打交道，也不知道会节园的身份已变，只知道这里是赏梅游玩的好地方。晚春之时，他骑着一匹骨瘦如柴的马，带一位老兵随从，又一次来到园内游玩。信步走近梅树，不禁想起去年送客时的情景，感慨万分，诗兴大发。遂下马坐在树下，赋诗一首："去年白玉花，结子深枝间。小憩藉清影，低鬟啄微酸。故人不可见，春事今已阑。绕树寻履迹，空余土花斑。"

　　叹息良久，上马而去。他根本没在意那匹瘦马刚才拉下一堆粪便。

　　凑巧，第二天容佐也来景华御苑游玩，偏偏又发现了那堆马粪。这不是对皇家的侮辱吗？这不是给他脸上抹黑吗？他琢磨一番，打听之后，得知是崔德符所为，更恼火了。暗想，我，一个堂堂的中贵人，皇帝身边的亲信，来到洛阳后，大小官员哪个不争着来巴结？唯有这个崔德符，从来没有登门拜谒过自己！这次可要狠狠报复一下他了。随即上奏皇帝，弹劾崔德符擅自闯入御苑，作践皇家之地！

　　朝廷不知实情，下达了对崔德符罢官除名的惩处命令。

　　崔德符家中原本就很贫穷，加之遭遇此灾难，更是连温饱都成难题了，只好依次去到那些仁慈的士大夫家中讨口饭吃。

宋钦宗靖康年间，崔德符去世。因为他原本是小官，不应当为他立传。我细致地查究了他的一生，专门为他写传记，特别是回忆其上述这件事，准备写入传记，以此来哀恸君子的不幸。

徽庙朝宰辅

奸臣蔡京在宋徽宗时，断断续续专权长达二十多年。当时的达官显宦，无一不是依靠奉承蔡京爬上去的，后来在公众言论的压迫下，并不一定都能够与他信念一致。现在举几个例子。

张康国曾跟随蔡京，在谋划"元祐党人籍"等事件中，也参与了密谋。任职知枢密院后，逐渐产生了不同的政务意见。宋徽宗觉察到蔡京独断专行，一意孤行后，曾私下里偷偷委派张康国监察蔡京的不法行为，并承诺日后要提升张康国当宰相。当时，西北边境上的领兵将领，蔡京多数采取举荐的方式委任，根据是否愿为自己效力，而并非看其人才能高低。张康国说："任命官员当选择有才能的人，为什么专挑与自己关系好的人呢？"于是，便根据阙员多少，挑选有才能的人上任，并定为规矩。蔡京指使御史中丞吴执中攻击张康国，张康国已经预先知道了，便把此事上奏给了徽宗。

温益镇守潭州，凡是哲宗元祐年间贬往湖南的大臣，全部遭到他的侵扰和刁难，温益因《爱莫助之图》受到蔡京重用。官至中书侍郎后，立场便有了变化。蔡京一次任命监司、郡守十人，正准备交给徽宗批准执行时，温益在后面写上批语说："收回。"蔡京派和温益关系不错的中书舍人郑居中问他为什么这样做，温益说："你在中书省任职，每次见讨论任命的事，中书舍人推荐的人，哪有被中书侍郎否决的呢？如今丞相所推荐的十个人，统统都是他的姻亲，怎么能使人同意呢？"

刘逵凭借攀附蔡京当了中书侍郎，等到蔡京被罢免相位后，首先劝皇帝摔碎蔡京所立的《元祐党人碑》，宽宥了对那些因上书被列入"邪党"者的监禁，但凡蔡京所实施的错误政策，逐渐得到更正。

侯蒙担任执政大臣时，宋徽宗曾随意问他："蔡京这人怎么样？"他回答说："假如蔡京端正品行，即便是古代的贤能宰相也比不上他。"宋徽宗点了点头，让侯蒙私下窥察蔡京的一举一动，蔡京知道后对他耿耿于怀。

张释之柳浑

西汉文帝时，张释之任廷尉，成为全国最好的司法长官。一次，汉文帝率军出行，有个人在马队前经过，使皇帝的马队受到惊吓。汉文帝大发雷霆，当即命令御林军将那个吓得慌乱逃跑的人抓回来，大声勒令道："将贼子交给廷尉，务必给其治死罪！"

张释之查明情况后，禀告汉文帝，说此人惊了銮驾，按法律不至于问斩，罚他些银两才对。文帝听后大怒，张释之赶紧解释道："陛下先别生气，听我详细给您讲明原因。当那个人惊了銮驾时，陛下当时传旨，把那个人砍头示众，那是陛下的权力，没人会有异议。可是，陛下把那个人交给我审理，那就不一样了。我只能按国法量刑治罪，否则，法律还有什么威严呢？望陛下明察。"

文帝无言以对，只好作罢。

唐朝德宗时，柳浑当了宰相。有一天，德宗得到一块珍贵的美玉，高兴得不得了，就命令宫中的玉工把它镶在腰带上。

玉工不小心，把一个銙弄坏了，只好到街上买一个类似的补上。完工后，捧献给德宗。德宗接过玉带，兴高采烈地欣赏着美玉那璀璨的光华。猛然，他发现玉带上一个銙与周围的玉石成色相差甚远，顿时龙颜大怒，拷打玉工后，诏令把玉工交给掌管京都治安的京广府，要求治以死罪。

柳浑听了以后，向皇上进言："玉工把銙弄破了，假如皇上下旨即可杀死，臣不反对。陛下现在没有这样做，要交给京广府定罪，按国家法律，不能定其死罪。法律规定，因失误毁坏乘舆器服，只能处以杖责。请皇上依法处理玉工，不然法律还有什么威信呢？请陛下明鉴。"

德宗没办法，只好免了玉工的死罪。

张释之和柳浑情急之下救人，言语非常机智灵活。但是，两人都认为皇上可以杀死冒犯之人，这样岂不是引起皇上过失杀人吗？由此看来，二人所言，并不是至妙之论。

用兵为臣下利

北宋真宗时期，北方契丹族创建了强盛的辽国，多次派兵南侵，一直打到黄河南岸。宋真宗在宰相寇准的敦促下亲自征战，宋军斗志大增，在澶州（今河南濮阳）几次击败辽军的攻击，射杀了辽军的主帅挞览，辽军迫于无奈向北撤兵。不久，双方讲和，结为盟友，史称"澶渊之盟"。自此，双方和平共处，天下太平。

仁宗庆历年间，辽国趁着宋夏之间交战，双方筋疲力尽之时，派兵到宋朝要求奉还被后周世宗占领的关南地（相当今河北白洋淀以东大清河以南至河间县一带），并以派兵南侵胁迫。富弼受命出使契丹来处理这件事。富弼到契丹后，辽国皇帝会见了他。寒暄后，辽国皇帝就说："如果你们宋朝不归还关南地的话，我们就要举兵南下。"富弼听后神情自若地说道："北朝和我们大宋通好，其中的好处都归陛下，而臣民下属得不到什么。假如举兵南下，则好处都归臣下，而皇上您独受其祸。所以北朝的群臣都争着劝说陛下举兵南下，这都是出于为自身谋划，并非是为了国家。"辽朝皇帝听后大惊问道："此话怎讲？"富弼回答说："晋高祖石敬瑭上欺天，下叛君，传到末帝时，因其昏庸，疆土狭小，上下叛离。所以契丹能攻而胜之，然而壮士健马以及军用物资伤亡丢失过半。现在大宋封疆万里，精兵有上百万，法令修明，上下一心。如果北朝想拥兵南下，能保证一定获胜吗？即使能获胜，所伤亡的士兵战马，是群臣承担呢？还是陛下承担呢？如果彼此通好，每年大宋送来的岁币都归陛下，群臣又有什么利呢？"丹皇帝听后恍然大悟，连连点头称是。后来经过交涉，辽国同意北宋增加岁币了事。

实际上，这段慷慨陈词，不是富弼的独创。当时，富弼的语录流传四方，苏洵读到此段语录后，问儿子苏轼："这一段议论，古人是否有？"当时苏轼还不满十岁，随口答道："记得严安上书说：'现在使南夷屈服，使夜郎来朝，攻略秽州，建立城邑，深入匈奴之地，焚烧龙城，人们认为这十分好。但这只使臣下得利，不是治国安邦的长久之策。'正符合这段话的意思。"苏洵听后，连连点头说："你说得对。"

北魏太武帝时期，也有这样的言论。当时北魏和南朝的刘宋交战，南部边境的将帅奏请说："宋人严于戒备，将要进攻，请求在宋人进攻之前发兵出征。"北魏公卿大臣都觉得此建议非常稳妥。只有崔浩很不同意，他对魏太武帝说道："朝廷众臣以及西北的守将，随从陛下南征北伐，向西平定了赫连，向北攻破了柔然，获得了诸多美女珠宝。南部的将帅听到这个消息之后十分羡慕，也想着南侵，去掠夺财富。他们都是为一己私利，为国家滋生祸端，万望陛下不要轻信他们的话啊！"魏太武帝听了之后，认为他说的话合乎情理，也就没有赞同边关将领南侵的奏请。

李彦仙守陕

宋钦宗靖康二年（1127年），金兵攻伐中原，占据汴京，掳走宋徽宗、宋钦宗两位皇帝，逼迫大宋京城迁移到临安。当时为了抵抗金兵的入侵，誓死守城而被史书载录者，有汾州（今山西汾阳）的张克戬，隆德府（今山西长治）的张确，怀州（今河南沁阳）的霍安国，代州（今山西代县）的史抗，建宁寨的杨震，振武（今内蒙古和林格尔西北）的朱昭。而宋高宗即位以来，士大夫名垂后史，为国而死者不在少数，李彦仙就是一个典范。有人把王灼的著作《李彦仙传》进献给皇上，然而实录、正史不曾采用，因此我将李彦仙的故事记录下来了。

李彦仙，字少俨，本名李孝思，先祖是宁州人，后来迁移到巩县。他年少有志，喜好钻研兵法，精通骑射，他所经过的山川形势都能够详细观察并熟记于心。这个人重情重义，一诺千金，结交的都是一些英雄豪杰。

金兵南下入侵时，趁着各地郡县募集勤王军队之机，李彦仙用尽家中财产，集结三千壮士，援助京都汴京（今河南开封）。后来，金兵困住太原，李纲为宣抚使，李彦仙曾上书诽谤李纲，受到司法部门的缉拿。李彦仙无奈之下只好将原名李孝思改为现在的李彦仙，弃官而逃。不久以后，又随从种师中抵抗金兵。种师中败北而死后，李彦仙逃亡到了陕州（今河南三门峡），跟从陕州守将李弥大。李弥大向李彦仙讨教西北防务问题，他回答得非常细致，着重建议弥大守住崤关、渑池（今河南渑池）之间。

金贼再围困汴京，陕西范致虚率领六路大军援助。动身前，李彦仙建议范致虚："崤、渑是险峻关隘，军队难以驻守，前进后退都容易使军队溃败，应当分道齐头并进，找机会出关。还应该保留一半士兵驻守陕西，这才是最好的计策。"范致虚听后说："依你而言，那就变成了停滞不前了。"李彦仙说："兵分两路，正好可以快速抵达汴京。"范致虚不听，李彦仙竭力为自己争辩，使范致虚大怒，就罢免了李彦仙的官职。范致虚独断专行，不久就败北，最终未能为国家建功立业。

建炎元年（1127年）四月，金兵进攻陕州，陕州经制使王燮抵御不了，就带着部下逃跑了，余下的官吏也慌慌张张，四处逃亡了。此时，李彦仙做石壕（今河南三门峡东）尉，只有他像平常一样沉稳，父老乡亲都投奔他。他就让老弱病残者躲进土花岩、三觜、石柱、大通这几座山中，再挑选出英勇的人分别保护他们，他自己则亲身驻守三觜山。他激励众人道："金贼并不恐怖，现在我们占据了有利的地势，只要牢牢守住就可以了。"

过了不久，金贼再次占领陕州，派军队来进攻李彦仙率领的义军。有个凶悍的金将站在山寨前的小山上高声骂阵，李彦仙抖擞精神，单枪匹马冲下山寨，以迅雷不及掩耳之势，把那个家伙生擒活捉，挟回山上，两军看得目瞪口呆。李彦仙接着指挥将士，进入阵地迎战。金贼以数万军队围攻三觜山，李彦仙运用奇谋，派一部分精兵埋伏停当，就同金贼正面拼杀。双方拼斗正酣，伏兵猛虎般从金贼阵后的山中掩杀过来，金贼大吃一惊，狼奔豕突，义军乘胜杀敌万人，夺取战马三百匹。金贼吃了大败仗，匆忙撤围而去。李彦仙声名大振，开封、洛阳之间，群众争相投靠，队伍迅速扩大，势力更加雄厚。不到一日，李彦仙的义军就攻破金军营垒五十余座。

最初，金贼进占陕州城时，让当地人做官，让他们去召集老百姓回家重操旧业，并且给这些回去的人发一个牌子以示区别。李彦仙暗地里派去一些义军，约定好日子，以求里应外合攻打陕州城。建炎二年（1128年）三月，李彦仙率兵攻打陕州南门，城中弟兄放起了大火，金贼慌忙到城南抵抗义军的攻击。这时，义军的水军从新店出发，夜里顺流从靠近城东北的蒙泉坡中的龙堂沟潜入城中，内外夹攻，给金贼以惨重打击，终于收复了陕州城。

河东有人倡议抗击金兵，李彦仙招了一个名叫胡夜圣的首领来帮助自己，任命他为沿河提举。胡夜圣不满足，叛逃到南泉，后被李彦仙设计诱杀，他的五千部众被李彦仙收编。邵隆、邵云本是胡夜圣的同党，想为他复仇，但是在李彦仙派人多方劝解下，二邵反而投靠了李彦仙。

李彦仙乘胜渡过黄河，在中条山安营扎寨，蒲城（今陕西蒲城）、解州（今山西运城西南）至太原（今山西太原）的老百姓听说后，都起来响应。李彦仙就分派邵隆、邵云等率军攻打安邑（今山西运城东）、虞乡（今山西永济东）、芮城（今山西芮城）、正平（今山西新绛）和解州，都被顺利攻下了。蒲城在快要被攻下时，因为金贼派来强大援兵，终于没被攻克。李彦仙因功被朝廷升为阁门宣赞舍人，兼任安抚司公事，并让他把所获战俘押送皇上住地。宋高宗见了李彦仙，大加赞叹，赐给他袍带、枪剑，允许他直接向自己奏事，可以不向朝廷汇报就根据方便处理事情。这时，潼关以东只有陕州在大宋手中，李彦仙就加紧修筑城墙，深挖护城河，扩充军队，制备军需、大力屯田，并且组织农民进行农业生产。彦仙的家属一直都留在巩县，这时也搬到陕州，并且说："我的父母妻子要与陕州城同存亡啊！"听说这件事的人都很感动，提高了斗志。

建炎二年（1128年）十二月，金贼大将乌鲁撒拔率军包围陕州城，李彦仙出城与敌人鏖战七天，金贼死伤惨重，仓皇逃离。建炎三年（1129年），金贼大将娄宿孛堇从绛州（今山西新绛）移屯蒲城、解州，义军密探获得了这一情报后，李彦仙就在几个山谷中设下埋伏，战鼓喧天，俘虏金贼将领十八人，娄宿孛堇侥幸逃脱了。

制置使王庶调李彦仙与其形成掎角之势，李彦仙率军到达虞乡。金贼以万名铁骑在石钟鼓口拦阻，李彦仙率军苦战一天，杀敌二千名。因功被朝廷提升为武功大夫、宁州观察使、河解同耀州制置使。这时，河东的豪杰秘密与李彦仙结盟，期望朝廷兵马来到以做内应。李彦仙加紧练兵，想请朝廷诏令陕西诸路各援助他步、骑兵两万。这时，张浚主持川、陕大政，没有答应李彦仙的请求。

建炎三年（1129年）十二月，金贼大将娄宿孛堇率十万大军再次包围陕州城。李彦仙让士兵夜里挖地道，从城里一直挖到金军大营，突然焚烧了金军的攻城工具，金军大营乱作一团。李彦仙趁机率军从城中冲杀出来，金贼败退，在离城很远的地方扎营。建炎四年（1130年）正月，金军加强攻势，鹅车、天桥、火车、冲车等攻城工具一起使用，一时形势危急。李彦仙随机应变，顽强抵抗，被金人的大炮、火药所伤，身上都靡烂了，仍没打退金贼的围攻。张浚派来的援军，被金贼挡住前进不了。张浚令驻守泾原的曲端从鄜州、坊州绕道袭击敌后。可是，曲端平素嫉妒李彦仙声名高于自己，这次李彦仙败了他才如意，就谎称无法出兵。不久，陕州城被攻破，李彦仙率亲军与金贼拼死巷战。他身上中箭无数，左臂被砍了一刀，全身血人一般，却越战越勇，最后壮烈殉国，全家也跟着遇害。

刚开始，金贼曾任命他为河南元帅为钓饵引诱李彦仙投降，被李彦仙一口回绝。等到围困陕州后，金贼提出如果李彦仙接纳这个条件，金兵就撤兵。李彦仙却呵斥道："我宁愿成为大宋的鬼魂，你们的荣华对我有何用？"金贼珍惜他的才干，竭力想让他降服，攻破城门后，还下令军中，生擒李彦仙者，可以得到赏金万两。李彦仙同士兵一样穿着旧军服，混于军中，金兵根本辨别不出来。

李彦仙为人刚正不阿，有违反命令者，即便是亲属也必绳之以法。诸将犯了错误，都会受到处罚。对那些驻守外地的，他就让手下的人，拿起自己的鞭子，代表自己到异地去执行处罚。那些受罚者都裸体挨鞭子，没有一个敢反对或有怨言的。

这时，同州（今陕西大荔）、华州（今陕西郑县）和长安（今陕西西安）都被金兵占领，陕州就是一弹丸之地，李彦仙临时组织的军队没有经过正规训练，整天与敌交战，都靠他鼓舞士气。李彦仙将每次上朝得到皇上的赏赐以及和敌军交战所获得的金银财宝，都分给将士们，一文钱都不会装进自己的口袋，所以，他手下的三万军队，先后经历大小战争二百余次，每次都能英勇杀敌。军中大事，都由李彦仙一人决策，州郡其他事务，每件事都要依法处理。所到之处，百姓们都非常拥护。

李彦仙殉国后，朝廷追赠他为彰武军节度使，并命令在商州（今陕西商县）为他建造了祠庙。

裴潜陆俟

曹操任命裴潜当代郡太守，平定了乌丸三单于的叛乱。后来曹操把他召回来，夸赞他治理代郡的功绩。裴潜对曹操说："我治理代郡对老百姓宽广仁慈，但对胡人却不这样。现在我的继任者必定认为我治邦严谨，会对邦内的胡人广施恩惠。而这些胡人向来飞扬跋扈，对他们过于仁慈，就等于放纵他们，回头还得用严明的法令束缚他们，这就是叛乱频繁发生的原因。代郡还会出事的。"

曹操听后，认为他分析得很有道理，对这样迅速召回裴潜十分悔恨。没过多久，代郡真的传来了单于叛乱的消息。

后魏时陆候任怀荒（今河北张北县）镇的守将。当时高车（今河北、内蒙一带）各部上诉陆候严苛无恩，要求让原来的镇将郎孤代替他。魏帝听说后就把陆候撤换回朝了。陆候回来后告诫魏帝："不过一年，高车必反。"魏帝很生气，狠狠责备他一顿。

第二年，高车各部果然杀死郎孤反魏。这时魏帝又想起了陆候的话，便问他："你怎么知道高车必定会反呢？"陆候说："高车各部不懂得君臣大礼，我就用国法来约束他们，使他们知道怎样去做，以后再慢慢对他们施恩。他们告我严苛，称赞郎孤，听到称誉后郎孤只以宽仁相待。等到后来这些人出现骄慢举动，郎孤必定会重新以国法制裁他们，这就产生了怨恨对立的情绪了。以后积恨深了，就会生出祸害的。"魏帝这才深有所悟。裴潜、陆候这两人算是真正懂得治邦策略的。

郑国子产病重时，对替代他担任丞相的子大叔说："有仁德的人才能够以宽容的政策服人，其次再也没有比严厉更好的策略了。"子大叔后来不忍心实施严苛的政策，萑苻（今河南中牟北）就发生了打家劫舍的祸乱。子大叔派兵镇压，费了好大劲才平定下来。他非常后悔没有听子产的话。

孔子有软硬兼施的说法。宽仁要以严猛来辅助，严猛要与宽仁相联合，这样国家才会长治久安。乌丸、高车等不懂礼法，裴潜、陆候先用威猛，使他们习惯法度，必定会再用恩德，这样就能达到天下太平的目的。

元正父子忠死

唐代安史之乱发生时，有几位忠烈人士，值得记载。他们是权皋、甄济、元正父子、张诚和卢巽。

权皋，字士繇，他考中进士，当上了临清（今山东临西）尉。安禄山听闻他名气非常大，就向皇帝奏表，让他担任蓟（今北京）尉，并将他纳入自己的幕府中。权皋经过考察，认为安禄山很快就会叛变朝廷，而安禄山又疑忌残暴，自己不可能规劝他洗心革面，就想着离开安禄山。但是又害怕灾祸牵连自己的母亲，迟迟不能行动。唐玄宗天宝十四年（755年），安禄山派权皋到京师长安押送俘虏。在回程途中，权皋诈死，被装入棺材后，权皋悄无声息地从棺中逃走了。权皋手下的人回去后，将权皋死亡的消息告诉他的母亲。权皋的母亲以为自己的儿子真的死了，声泪俱下，乡邻们听见以后都禁不住掉眼泪。安禄山信以为真，就让权皋的母亲回老家。权皋在半路接到母亲后，陪着母亲昼夜向南奔去。刚刚渡过长江，安禄山就起兵叛变了。天下忠臣听说了权皋的故事后，都争相请他做幕僚。

甄济，字孟成，他是一位隐士，隐居在卫州青岩山十余年。官府五次请他出山做官，下了十次诏书请他为朝廷效力，他都坚决不出山。唐玄宗天宝十年（751年），朝廷用左拾遗的职位，再次诏令他出山。诏书还未到青岩山，范阳节度使安禄山这时到了长安，请玄宗授甄济为范阳掌书记，玄宗答应了。安禄山派卫州太守郑遵意到青岩山请甄济，甄济不得已赴任。甄济到任后，发现安禄山准备反叛朝廷，就在一个夜晚把羊血洒在自己周围，佯装自己呕血不止，要求归山。安禄山无法，只好命人把他抬回青岩山旧居。安禄山造反后，使蔡希德捧着刀去招请甄济，并传话说：“如果甄济不来，就割下他的头见我。”甄济仍作病重状引颈待戮，蔡希德无奈收刀，只好据实回报安禄山，安禄山只好作罢。后来，安禄山的儿子安庆绪派人用轿子把甄济强行抬到洛阳安国观中。广平王收复了东都洛阳后，甄济就到广平王军中哭诉自己的遭遇，广平王大为感动。唐肃宗听说后，就让那些归顺了叛军的官员站成队拜见甄济，目的是让这些人感到羞愧。

《新唐书》把权皋和甄济列入《卓行传》，大加褒奖，流芳千古。但是元正父子的遭遇就不同了。

元正曾供职河南节度使崔光远幕下。史思明攻下洛阳，元正用车把父亲推到山中以避贼。叛军因为元正名声大，就到处搜寻他。元正考虑到事情已到危急关头，就对弟弟说：“叛贼的俸禄不能用来奉养亲人。叛贼搜录我，是想利用的我的名声以稳固其统治。忠义名节不失，我即使死于贼手，也会像活着一样受人尊敬。”

叛贼终于搜捕到了元正，以高官厚禄引诱他。他横眉冷对，大义凛然，宁死不从贼。叛贼恼羞成怒，把元正兄弟一起杀害。元正的父亲听到消息，肝胆皆碎，喝毒药死了。路上行人听说这件事，都掩面痛哭。

平定了安史之乱后，皇上下诏考察，一共有十一姓人家不屈服于叛贼的淫威，保持着忠贞名节，其中元正是第一人。权皋、甄济死了以后，与元正一样都被朝廷追赠秘书少监。我认为权皋、甄济二人虽然磨难重重却保住了性命，而元正父子三人都为国捐躯，所以当时人们会觉得元正是保持贞节者之首。可是《全唐书》没有将元正列入"忠义"，或"卓行"类中，只是将他附列在"文艺"类，在他祖父元万顷的传记之后。司马光的《资治通鉴》一书也不记载元正父子的事迹，使元正的名字默默无闻。这真让人愤慨。

白居易在著作《张诚碑铭》中记载道：张诚官拜左武卫参军一职，负责镇守东都洛阳，安禄山攻下洛阳后，用高官厚禄和严刑拷打两种方式，诱惑和逼迫士大夫们归降与他。张诚和同僚卢巽悄悄逃到了陆浑山，依靠采摘山中野果和饮用泉水过了两年，最终没有被叛贼的淫威玷辱了自己的忠贞名节。唐肃宗下诏派河南节度使搜访那些拒绝到叛贼中当官而隐居山林的忠义之士，有六个人应诏出山，其中包括了张诚和卢巽。所以，张诚的名节在朝廷中广受称赞，皇上也下诏给予其赞许和嘉奖，并授他为密县主簿。

疾风知劲草，国难见忠臣。上述诸位的忠义风范，值得后世当作学习的典范。

二、以史为鉴

苏张说六国

战国时期，苏秦和张仪同时拜鬼谷子为师，但是他们关于合纵、连横的观点却是水火不容，这是由于他们根据观察时势所制定的谋略不同而导致的。苏秦想联合六国共同抗衡秦国的吞并，因此在论六国的国势时总是强调六国如何强大。而张仪想要六国各自投靠于秦国，求得自保，因此他在论六国的国势时总是着眼于不利因素，将他们各自的劣势指出来。然而，齐、楚、燕、赵、韩、魏六国的君王却能够听从对他们的话，将国家命运托付给他们，无一人能够站出来与他们争辩利弊。这些人都是国家的主人，在相当长的时间里执掌国政，到了国家有难之时，却没有了主张，行动被别人摆布，到这一步，国家没有灭亡就是很幸运的事了。

从形势上说，一个国家就像一个家庭，主持家政的一家之主，要衡量谋生之道，势必要计算私家的田产有多少顷，每年收获谷粟多少，园林有多少亩，每年所收桑麻有多少，房舍有多少，值多少钱，甚至牛羊猪狗，一切都要做到心中有数，只要不是孩童呆傻的人，谁都能一件件进行分析，何必要等待远方来的游客，借用筷子指指点点为他指画呢？如果一个人认为多，一个人认为少，又将如何比较而完全相信两个人的话呢？

御史大夫晁错与汉景帝论事说："高祖大封同姓为王，分出齐地七十多座城池,楚地四十多座城池,吴地五十多座城池,封地占了汉江山的一半。"凭汉朝地域的广阔,这三国怎能分封天下的一半泥?这是晁错要削减诸侯,所以说话时夸大其词。

胶西王将要联合吴国反叛,他的臣下劝他说:"诸侯的地盘还没有汉室的十分之二,凭这样的力量去干叛逆的事,不是聪明的举动。"这时要反叛的是吴、楚、齐等国,力量不算小,但是胶西王的大臣要制止他们叛乱,所以故意说力量极小。

从这两件事可以看出,苏秦、张仪、晁错、胶西王的臣下,他们的话基本相同,但用意却不尽相同。听取别人的论断固然重要,可是自己也要做到知己知彼,这样才是最好的。

燕昭汉光武之明

燕国上将军乐毅率领赵、楚、韩、魏、燕五国的军队攻下了齐国的七十多座城池,唯有莒(今山东莒县)、即(今山东平度)两座城池没有攻破,这其中有一定的目的和作用。有人向燕昭王进谗言,说:"这两座城不是不能攻破,乐毅想要长期掌握兵权,在齐地威慑民众,早晚要借助这一块地盘自立为王。"燕昭王不相信他的谗言,说他挑唆君臣,就把他杀了,并索性根据功劳封了乐毅为齐王。乐毅不敢接受,对燕昭王的知遇之恩誓死相报。

东汉初年,冯异平定汉中,长年征战在外,很快落下心怀异志的罪名。恰巧有人上告说冯异拥兵自重,笼络民心,要自立为"咸阳王"。光武帝根本不信这一套,把这人奏章拿给冯异看。冯异大为惊恐,急忙上表请罪表白。光武帝下诏书说:"冯将军对国家和我来说,恩德如父子,有啥嫌疑,何必害怕呢?"于是,光武帝力排众论,始终信任冯异。后人只知道乐毅、冯异是史上名将,然而如果不是昭王、光武用人不疑,付以重任使其成名,这两人怕是难逃谗言厄运的。

齐国的田单,魏国的信陵君,西汉的陈汤,东汉的卢植,三国的邓艾,晋朝的王浚,东晋的谢安,后燕的慕容垂,隋朝的史万岁,唐代的李靖、郭子仪、李光弼、李晟等,都是为江山社稷立下汗马功劳的名将,却都被毁于谗言,最终丢官、放逐甚至断送了性命。那些昏聩的君王听信谗言,就连英明的唐太宗也有失误的时候。奸佞阿谀之人谗言作祟，真是害人不浅啊！

世事不可预料

常常听人说："人算不如天算"，这句话听起来不尽如人意，但其中还是有一定道理。

秦始皇是一世之雄，称霸天下，志得意满。他以胜者的骄横，东游会稽山（今浙江绍兴内）再渡浙江水，脚踏神州大地，真乃万人之上啊！他认为自己给子孙创下了万世基业，但他哪里知道，项籍已经在暗地里做扳倒秦王的准备，此时的刘邦也产生了暴秦可灭的慨叹！

东汉末年，曹操灭掉北方军阀，独揽汉朝的大权，时刻准备取而代之。可曹操哪里知道，司马氏已经走近其卧榻了！南北朝时，梁武帝萧衍杀了东昏侯萧宝卷，夺取了南齐的江山，这个时候，候景在汉北出生了，后来梁的江山就断送在他的手里。

唐太宗诛杀自己的亲兄弟李建成和李元吉，然后逼父亲李渊让位，自己当上皇帝，开创了"贞观之治"，而这时武则天已经出生于并州（今山西晋阳），李氏政权四十多年后由武则天取而代之。

唐宣宗李忱，收复黄河两岸，四方的蛮夷已经无力再攻伐中原，各路藩镇俯首听命。但是朱温出生以后，一切都在悄悄发生着改变，当他三十多岁时，已手握重兵，称霸一方，最后夺下了唐朝的江山。

看这些世事风云，果真是瞬息万变，不是凭借智谋就可以料想到的！

曹马能收人心

在统一北方的过程当中，曹操决心北上降服塞外的少数民族乌桓。这个举措非常危险，各位将领纷纷阻拦，但是曹操十分执着，领军出战，将乌桓打得四处逃窜，大致完成了统一北方的大业。班师回朝，那些当初劝曹操北伐的人心里非常害怕。谁料，曹操却给那些人以非常丰厚的奖赏。将领们觉得奇怪：事实证明阻止北伐是不正确的，怎么反而得到奖赏了呢？

曹操说："北伐之事，当时确实十分冒险。虽然侥幸打胜了，是天意帮忙，但不可当作正常现象。各位将军的劝阻是出于万全之计，所以要奖赏，以使他们今后敢于发表不同意见。"

魏国计划攻伐吴国，连续三次征求臣下献计献策，并单独询问尚书傅嘏。傅嘏说："将领们贪图奖赏，争夺功劳，没有必胜的可能而只管先打仗，都不是妥善安全的策略。"把持朝政的大将军司马师置若罔闻，下令兵分三路，大举进军吴国，结果大败而归！

朝廷内议论纷纷要求贬斥出征的将领。司马师却说："诸将有什么罪过？当时我没有听从傅嘏的意见，才导致这次失败，这是我有罪过啊！"结果宽恕了所有将领。唯有司马师的弟弟、监军司马昭，受到了革去爵位的处分。

雍州刺史陈泰请求司马师给并州下命令，把力量合并在一起讨伐胡人，司马师采纳了这个建议。战斗还没有开始，而两州的胡人因为行军路程太远便逃回去了，司马师对着朝廷上的官员说："这是我的过错，不是雍州刺史陈泰的责任。"所以人们都惭愧而又喜悦。到寿春讨伐诸葛诞，王基刚到，对寿春城的包围圈还没有形成，司马昭命令王基收拢军队坚守营地。王基多次请求进攻，诏令却让他率各支军队转移占据北山。王基根据实际情况，没有服从命令，上奏说："如果转移依靠险要，人心动摇，对于形势大有损害。"奏章递上去后被批准。等到寿春被攻克，司马昭写信给王基说："当初，议论的人说这说那，请求转移的人很多，当时我没有亲临前线，也认为应该转移。将军您深入地考察了转移的利弊，独自怀着坚定信心，对上违抗诏命，对下顶住众人议论，终于战胜敌人，俘获贼军首领，即使是古人记述的战例，也没有超过您的。"然而东关战败，司马昭向众人问道："责任在谁？"司马王仪说："责任在元帅。"司马昭发怒说："司马想把罪过加在我头上吗？"说罢就把王仪推出斩首。这事就做错了。

曹操、司马师都是史上的奸雄，这是毋庸置疑的。可是他们在兴兵打仗之际，把好处归于别人，把过失归于自己，还有谁不愿意尽心竭力为他们卖命呢？反之，东汉末年袁绍不采纳田丰的计谋，却说道："我没有听取田丰的话而失败了，会被他笑话。"竟然杀死了田丰！他后来遭遇彻底败北，看来是必然的结果啊。

汉唐三君知子

历史上明德的君王，当看到自己有才干的儿子，必定会喜欢他、欣赏他。汉代、唐代有三位皇帝就是这样。

汉高祖刘邦之子赵王如意，与刘邦在诸多方面都很像。刘邦曾有意废除当时的太子——后来的汉惠帝，将赵王如意立为太子，大臣们纷纷反对，劝说刘邦放弃这一有失国本大体的想法。后来，汉高祖去世，如意遭到吕后的迫害，由于汉惠帝懦弱仁慈，刘氏宗族基本上都被吕后杀害了。

汉宣帝看到淮阳王刘钦形象高大，喜欢研究经书和法律，聪明畅达而富有才华，屡次叹赏道："真是我的儿子！"于是，就经常有立他为继承人的心思，可是现在的太子出生于贫贱之时，并且早年丧母，所以不忍心废掉他。太子即位后成为汉元帝，却是个优柔寡断的君主，皇权旁落，被宦官们把持朝政，汉王朝从此日趋衰落。重臣刘钦则被陷害而死。

唐代又重演了这一幕历史悲剧。唐太宗李世民觉得儿子吴王李恪英武果断，与自己很相像，也曾有心让他取代太子，但没有如愿。李世民去世后，太子李治即位，这就是唐高宗。李恪被长孙无忌所害，唐高宗则平庸懦弱，受制于专权的武后。最终使武则天大肆杀害李氏宗亲，并改唐为周，自己当起了女皇！

由此可见，这三位太子后来确实都不能巩固自己的皇权，继承父皇的事业。当时意欲废除他们继承权的想法是有道理的。汉高祖、汉宣帝、唐太宗大抵是根据三个儿子的才能来说话，并非专指他们的相貌，真可说是知子莫若父了。

唐代大臣明崇俨曾说过，英王李哲（即后来的唐中宗）与唐太宗长得非常相像，张说也指出唐太宗的画像与忠王李亨（即唐肃宗）很像，他们单是从相貌上判定的。如果论才干，唐中宗的能力与唐太宗相比，简直差得太远了。

汉成帝所宠爱的嫔妃曹宫产下一个儿子以后，曾居心叵测地说道："我儿子额头上头发浓密，极像孝元皇帝啊！"就算他真像汉元帝，目前还只是个孩子，谁知道长大以后会变成什么样呢？

无名杀臣下

《左传》中有句话："想要害死一个人，就不愁没有理由。"古时候，想要置人于死地，必定能找出千奇百怪的理由来。如此一来，想要杀死一个无罪的人，就一定能够编织出种种荒诞的罪行来。

就如汉武帝时，张汤义务制造"白鹿皮币"，等到造好以后，大司农颜异觉得钱和实际价值不相符。汉武帝听后非常生气，对张汤产生了不满。这样一来，颜异就得罪了张汤。除此之外，张汤平时就与颜异有点嫌隙，张汤便找机会报复他。

有一次，颜异与客人谈论起皇上有一次下的诏令不太合适，颜异没有逢场迎合，并稍微反驳了一下。于是张汤上奏皇上判其死罪，因为颜异明明认为诏令不合适，却不直说出来而在心里反对，罪当处死。

从此以后，法律上便有了所谓"腹诽"的罪状。

曹操起初比较重用崔琰。后来有人向曹操说崔琰的坏话，崔琰便被曹操罚为徒隶，并且还派人监视他的一言一行。监视者有一天回报说崔琰有不服气的神色。曹操于是下令说："崔琰虽然已经受到刑罚，但对我的部下，还怒目而视，好像要怪罪他们似的。"不久便赐崔琰自尽。

隋炀帝杀掉高颎后，讨论新的政令，总是迟迟做不出决断。薛道衡对那些大臣们说："假如高颎没有死，这项政令早就颁布实施了。"说者无意，听者有心，一个爱弹劾的人给隋炀帝打了小报告。隋炀帝听了之后龙颜大怒，把薛道衡交给执法官治罪。此时，裴蕴趁势进谗言于隋炀帝，说："薛道衡目无君王，并且污蔑国家，制造祸乱。假如定了他的罪名，似乎难定断，但对其动机进行探究，却着实离经叛道。"隋炀帝听了以后非常赞赏地说："你对他罪行所作的分析，真是切中要害，力透纸背！"

这三位大臣，实在是死得冤枉啊！

汉唐封禅

做君王，高高在上，一言九鼎，说话办事更需要讲求自身的尊严和信义。但有许多皇帝是言而无信的。

汉光武三十年（54年），光武帝刘秀准备东巡。这时，一些大臣上殿进言说："陛下承袭大统三十年，理应去泰山封禅祈福。"光武颁布诏书，说："我登基三十年来，国家遭遇过很多战乱，天下百姓满腹怨气，我去做这事干吗呢？我去蒙骗谁？去蒙骗上天吗？为何要去做这样对历史有辱的蠢事呢？"并宣称以后谁再用祝寿等名义极力去美化称颂，就惩罚他去千屯田做差事。自此以后，谁都不敢再提这件事了。

建武三十二年（56年），有一天光武帝读了《河图会昌符来》，上面有"赤刘之九，会命岱宗"一句话，使他受到了触动，忘记了两年前的圣言了。就下诏让中郎将梁松等人，按照这个谶文查找前代皇帝封禅的事。梁松等人上报了有关封禅的三十六件事。于是按照汉武帝初封泰山的事，定在建武三十二年（56年）三月举行封禅大礼。后来，他果然到泰山举行了封禅活动。

唐太宗贞观五年（631年）。群臣以天下太平为理由，上表请太宗举行封禅礼。太宗亲下诏书表示不同意。第二年，这些人又上表请求。太宗对大家说："你们都认为封禅是皇帝的一大盛事，我可不这样看。如果天下的老百姓都安居乐业，生活富裕，即使不封禅又有什么损害呢？秦始皇封禅泰岳，汉文帝却不去，后世的人难道会说文帝没有秦始皇圣贤吗？况且敬天祭地的事，有必要去登泰山峰巅、封它几尺山土，这样才说明对天地诚敬吗？"

众位大臣听了唐太宗此番圣言，能不让人从内心信服吗！但是，不久他就后悔了。下边又有人上书请奏这件事，他便准许了。魏徵却觉得这样做不行，上书陈述封禅的六害并与赞成封禅的人进行辩论，说这是推崇虚名，有百害而无一利。这时正赶上河南、河北发大水，这件事就此搁置了。贞观十年（636年），唐太宗又让房玄龄制定封禅礼仪，决定在贞观十六年（642年）二月到泰山封禅，结果遇到彗星过太微的星象，封禅的事才算作罢。

光武帝、唐太宗都是世间少有的贤明君主。他们明白封禅是荒诞的，并诏告臣民，自己的想法是多么的圣明啊！但没过多久，又自食其言，非要去做这么一件荒唐的事情。这是为什么呢？原因便是光武帝被谶言谶语迷乱了；唐太宗则是因为他好高骛远，这损害了他善于执政的盛名。

曹操唐庄宗

曹操在做兖州牧之时，曾亲自率领大军向东攻打徐州牧陶谦。这时，吕布战败后来到兖州。曹操的部下陈宫听说吕布是当世的英雄豪杰，就拥立他做兖州牧。兖州各郡县大部分都叛变曹操，拥立吕布。曹操的两个谋士程昱和荀彧保住了东阿（今山东阳谷）、范（今山东梁山北）、鄄城（今山东鄄城南）三处地方。曹操战胜陶谦归来后，平定了兖州叛乱。他握住程昱的手说道："没有你的辅助，这里的局面将无法收拾，我曹操去哪里落脚呢？"曹操上表汉献帝，封程昱为东平相，来为自己辅助事务。这便是曹操对手下有功之人的提拔和赞赏。

后唐庄宗李存勖与梁兵在黄河两岸对峙不下。梁将王檀带领一支奇兵奔袭李存勖的老巢晋阳（今山西太原西南）。这时候，后唐的主力都被李存勖带走了。敌兵突然来到，一点防备都没有，要不是在家养病的外任刺史安金全率领子弟兵在城上拒敌，梁兵就会攻进城中。后来李嗣昭的牙将石君立带五百骑兵和安金全里应外合大破王檀。按说石君和安金全二人有保家卫国的大功，应该大力嘉奖。但是李存勖心眼太小了，他认为这次战斗的策略不是由他设计的，竟然对他们的功劳始终不给予奖赏。

后来，尽管庄宗李存勖剿灭梁兵合并了梁国，但他的国家不久以后也被别的国家吞灭了。从曹操奖励功臣、李存勖忌惮功臣来看，两种行为必定产生两种截然不同的结局，这是历史发展的必然。

楚怀王

秦始皇灭除齐、楚、燕、赵、魏、韩，统一中国后，帝位只传了一代，即二世胡亥。因为秦始皇晚年和秦二世统治时期，实施了非常严苛的政策，激起了百姓的反抗。先是陈胜、吴广在蕲县大泽乡揭竿起义，紧接着刘邦、项梁起兵响应号召。项梁和项羽作为楚将项燕的后代，为了使起义军反秦具有正义的号召力，项梁在谋臣范增的提议下，举荐楚王的一位后裔做了楚怀王，使得反秦各同盟军有了一个共同的主导者。楚怀王从被项梁拥立到被项羽所杀，共计在位三年。而在这三年当中，大有作为的楚怀王，也不失为一名有为的君主。后人苏东坡就十分推重楚怀王，称其为"天下之贤王"。

在秦军的反击下，陈胜、吴广、项梁先后死于战争中。为了统一指挥权，楚怀王合并了大将吕臣、项羽的军队。这时项羽对年轻有为的共主楚怀王还不敢有违命的行为。楚怀王又十分善于用人，他发现宋义谈论兵法不乏真知灼见，便破格提拔他为上将军，军事地位在项羽之上。在楚怀王军事力量的进攻下，秦军转攻为守。楚怀王为了鼓励军队尽快消灭秦的残余势力，决定分兵进取咸阳。并与诸将相约：哪位将军首先拿下关中，就封他为关中王。由于自己的祖辈、父辈多人都死在秦统治者的手中，所以项羽对秦怀有刻骨的仇恨，力争要和刘邦一同向西进政。但项羽生性彪悍、鲁莽、嗜杀成性，因而楚怀王果断阻止了项羽与刘邦一起向关中进军的请求，有意指使刘邦率先入关。

在向关中进军途中，刘邦纪律严明，战略得当、士兵作战勇敢、对百姓秋毫无犯。所以，很快破关入咸阳，灭亡秦朝。项羽一路过关斩将、攻城略地，每前进一步都要付出巨大的代价和一定的时间。当他进入关中时，刘邦早已安定了三秦。若论军事力量，刘邦当时不及项羽人多势众。项羽也早有独霸天下的野心，为了不让关中落入刘邦之手，项羽有意威逼楚怀王，不让楚怀王践约封王，但楚怀王为不失信于诸将，仍坚决主张如约封刘邦为关中王。最终由于项羽反对而没有兑现，却也从中显示出楚怀王的明断之处。

以上几件事，楚怀王都可以自己把握处事的主动权，做出较为明智的决定，这远不是一位一事无成被强臣牵制的弱主所能够做到的。虽然项羽羽翼丰满后再也无法容忍楚怀王调兵遣将，然而联合诸将，派遣宋义、项羽救赵，进取关中消灭秦朝不都是在楚怀王的直接率领下才取得成功的吗？

司马迁所著的《史记》，本应像对待其他帝王一样将楚怀王列入《本纪》，排在秦始皇、秦二世的后面，汉高祖刘邦的前面。可是，太史公为项羽做了《本纪》，把义帝楚怀王只附在项羽事迹的后面，这不是太史公的一个过失吗？汉高祖刘邦即位以后，曾下诏书，派人为没有后人的楚隐王（陈胜）守冢，甚至连秦末魏、齐、赵三王的坟墓也派人守着。而楚怀王曾为汉高祖的旧君主，在诏书中唯独没有提到他，难道是史书记载时将其遗漏了吗？

刘项成败

刘邦、项羽当初起兵时，都是楚怀王手下的得力干将。等刘邦入关攻破秦国，秦王子婴投降之后，刘邦手下的将士劝说刘邦杀死子婴。刘邦说："楚怀王教导我们，做人要宽厚容人，既然人家已经归服投降了，杀了则不吉利。"于是把秦王子婴交给了官吏治罪，而项羽则不以为然，他不仅杀掉了子婴，还在秦朝咸阳（今陕西咸阳）肆意屠戮那些已经归顺自己的人，并派人向楚怀王报告了自己的"战果"。楚怀王让刘邦和项羽恪守起兵时的约定，先进入关中者即可统治这块京畿之地。项羽却说："楚怀王，是我的叔父武信君项梁所拥立的，没有任何攻伐之功，凭什么得以擅权专断主持盟约呢？今天天下被平定，都是靠各位将领和我项羽的力量，怀王没有功劳，本来就应该把他的地盘瓜分开来归我统治。"于是他表面尊称怀王为义帝，后来便将他杀害了。

由这两件事来看，刘邦虽顺利攻入咸阳，但仍然遵从楚怀王的约定，而项羽却违背怀王主定的盟约，导致诸侯分裂那样的后果，刘、项的最后成败，就连平平常常的人也能预料得到！

汉高祖刘邦以前穷困潦倒的时候，曾在咸阳服苦役。那时，他远远地看到八面威风的秦始皇后，长叹："男子汉大丈夫应当做这样的人啊！"而项羽早年时期见到秦始皇时则对叔父项籍说道："那个人啊，我将来可以代替他！"这虽然是记录史事之人艺术化的记录，但大概其就是这个意思。

汉景帝忍杀

历史中有"文景之治"的说法。汉景帝刘启承袭了汉文帝的事业，做了盛世君王。世人称景帝是一位贤明的皇帝。

然而究其天性，他却是个尖酸刻薄、冷酷暴戾、残忍凶暴的人。他在东宫做太子时，吴王刘濞的儿子和他赌博玩耍，二人争执不相上下，他竟然产生了用赌具杀死吴王儿子的念头。吴王刘濞怨念在心，从此种下了祸害的种子。

继承帝位后，禀性还是不改。任用晁错时，把国事托付于他，晁错帮他削藩收权、整治朝政，他坐收其利。后来袁盎鼓舌要杀晁错作为各叛王撤兵的条件时，景帝下令以大逆不道的罪名查处晁错，一下子把晁错的全族给灭了。七王大乱后，景帝下诏书：凡是勇进多杀人者立上功；参加叛乱的人，食三百石以上俸禄的全杀掉；胆敢有不同意见和执行不力的都处以腰斩弃市。其残忍的本性可与秦皇、隋炀相比。

周亚夫平叛立功出任丞相，因议事不和称病退职。汉景帝嫉恨周亚夫功高震主，除掉周亚夫是他早就算计好了的。

有一次，给周亚夫赐宴，却没有给他准备筷子，并讽刺周亚夫，说："这里没有你家里方便吧？"汉景帝用心恶毒，不惜用上这样背离君臣之义的权术。最终还是编织了借口将周亚夫打入大牢，周亚夫满腹悲哀，绝食而亡。可怜他两代忠勇、一生征战，却死在了汉景帝的手下。

光武帝任命冯异讨伐赤眉军，敕告冯异说："征伐并不是侵略城池，屠杀市民，而是恩威并重，安定人心。你的将领个个骁勇善战，但是也好掠夺。你必须要节制，不要让郡县人民遭到刀兵祸害。"光武帝以仁治国，体恤人民，与汉景帝的平定叛乱所下的诏书相比，差别很大。

一言升官一言受戮

西汉时，上官桀任未央宫厩令，汉武帝曾经身患疾病，病好后到马厩察看，发现官马大都很瘦弱，非常恼怒，说："厩令莫非以为我不能再看到官马了吗？"说完，打算将上官桀交给有关部门治罪。上官桀马上叩头谢罪，说："我听说圣体不安，日夜忧愁，牵肠挂肚，心思确实没用在官马身上。"话没说完，已泣不成声，泪流满面。汉武帝认为上官桀一片忠心，从此把他作为近臣看待，甚至于让他奉遗诏辅佐少主。

无独有偶，西汉另一位大臣金日䃅，早年入宫在黄门养马。汉武帝游宴观马，后宫的人都随从而来。大多马官牵马从皇帝眼前经过时都禁不住偷眼看上汉武帝几眼。唯独金日䃅接受检阅时容貌威严、目不斜视，马又养得肥壮高大。汉武帝深为金日䃅的态度感动，当即封金日䃅为马监。后来，金日䃅作了驸马都尉，在汉武帝死后受遗诏和上官桀、霍光一起作了辅政大臣，受到汉皇室的特别宠信。金日䃅和上官桀都由养马而受到知遇，从中可见武帝选取人的英明，不会遗漏哪个角落。

与此相反的例子是，汉武帝属下的另一位官吏，右内史义纵，虽然他曾为稳固刘汉政权效过不少力，但最终却由于一时疏忽，做错一件事而受到无辜的杀害。这件事是这样的：汉武帝不仅喜爱马，而且喜欢巡游全国各地，以壮君威、国威。有一次，汉武帝驾幸鼎湖，因为生病，在那里住了一些时日，病好了以后，又到义纵治下的甘泉一带巡视。汉武帝看到他通过的甘泉宫道路坎坷难行，显然没有经过事先整治。他一时间犯了猜疑臣下的毛病，气愤地对随从吼道："难道义纵认为我必定在鼎湖归西，连临幸甘泉的机会都不会有了吗？"

自此以后，汉武帝渐渐冷落义纵。最终，汉武帝以妨碍"告缗令"（奖励告发逃避财产税、打击富商大贾的法令）为由杀掉了义纵。

上官桀、金日䃅、义纵都因为一件很小的事情碰触了武帝的神经，但结果，上官桀因一言之故破例提拔，而义纵则遭到诛杀。

汉法恶诞谩

西汉名将李广曾抵御匈奴战功显赫，得到朝廷的赏识，匈奴军队称之为"飞将军"。而后，李广成为武骑常侍，曾经做到了陇西、北地郡太守。一次，他由于个人的恩怨擅自杀害了霸陵尉，事后认识到不合法理，主动上书引咎自责。他认为，皇帝必定不久就会治罪，没想到汉武帝用书信回答他，说："为了个人的恩怨报复一个人，作为皇帝的我也会做这种事，将军的行为并没有到负罪的那一步，至于上述中所说的要免冠赤脚、负荆请罪，又怎么会是我所期望的呢？"李广这才如释重负。

汉宣帝时臣僚张敞，曾无辜杀死下属絮舜。他觉得自己未免把事情做过了头，于是决定把事情的原委说一遍，听任皇帝处罚。下面是他当时的上书："臣在京兆做官时，对一个属吏絮舜十分厚爱。后来因为臣被别人弹劾应当免去本职，记录这件事时，絮舜竟戏谑地称臣为'五日京兆'。臣觉得他不仅背恩忘义，而且侮辱了臣，臣十分气愤。不久便找借口把他杀了。臣滥杀无辜之吏，为官不直，判狱不明，向您申明真相，愿受诛罚，死而无憾。"

宣帝有感于张敞的坦诚，不仅没有怪罪于他，反而提拔他作了刺史。可见，汉代的法令，最厌恶欺君罔上的行为。李广、张敞虽然错杀了人，但事后却毫不隐瞒地向帝王陈情、请罪，帝王赦免不再问罪。这不但鼓励了李广、张敞等的忠直行为，也是对其他大臣欺上瞒君的思想行为的一种警告。

汉武帝时期的大臣张汤曾历任廷尉、御史大夫官职，对汉武帝时期的诸多政策方针的拟定做出了巨大的贡献，因此汉武帝对他非常钟爱。之后，普竭居的案子发生了，汉武帝就这件事向张汤进行了征询，张汤没有依据实情进行上报，并对这件事抱持模棱两可的态度。他的态度立即引起汉武帝的不满，竟然不念及张汤的才干和战功，毅然决然地杀了他。汉武帝杀害张汤和赦免李广是前后相连的两种处理方式，从这当中可以看出汉武帝精明的统治之术和古代帝王为稳固皇权的良苦用心。

汉文失材

汉文帝召见李广，慨叹道："只可惜你时运不济啊，像你这样的人，假如生在高祖年间，封个万户侯又算什么呢？"汉文帝认为李广是个人才，但在他手中壮志难酬，只感到可惜，不知道如何让他展露本领。

贾山上书谈论治理乱世的方法，借用秦朝的事打比方，他的言论忠烈正直、明白畅晓，不比贾谊差，可他竟然没有得到一官半职。但是史官们仍然称誉赞颂汉文帝，认为贾山的言辞过于激烈热切，最后也没有受到责罚，这是汉文帝用来为劝说帝王广开言路的方法。

从以上两件事可以看出，汉文帝埋没的人才是够多的。

汉景帝时，吴楚七王叛变，李广当时只是一个都尉，率军（今江西永修县北）与叛军大战，一时名声大噪。平定叛乱回来后，李广私底下接纳了梁王授予他的将军称号，并收下了将军印。此事被汉景帝知道后，认为他私下接受梁王的加封是有罪过的。所以，尽管他平定叛乱立下功劳，也没有嘉奖他。汉武帝时，李广被封为大将军，先后五次率军攻打匈奴，使匈奴数年不敢侵犯汉朝。最后因为打仗时迷路，耽误了战机，被降罪自杀，之前的功绩一概不计。李广一生历经文帝、景帝、武帝三朝，战功赫赫，这样的豪杰，不但没有加官晋爵，最后落了个被逼自杀的结果，这莫非是他命中注定吗！

巫蛊之祸

汉朝的巫蛊之祸，一向都被人们认为是从江充与太子的冲突引起的。祸害虽然是从这里开始的，但是事情产生的原因估计还有许多人不清楚吧！

汉武帝住在建章宫时，有一天亲眼见到一个男人带着剑走进了中龙华门。汉武帝疑心他是刺客，下令手下人把他抓住。这人扔下剑撒腿就跑了，追赶他的人也没有追到他。汉武帝非常愤怒，下令斩杀了守门官，将长安所有的城门都关闭了，在城内搜捕了十一天，结果丝毫没有线索。这时，江充进言说，没有抓住那位佩剑之人，主要原因是太子使了巫蛊术。巫蛊之祸便由此产生。

又有一次，汉武帝白天睡觉，梦见十几个木人，拿着棍子要打自己。惊醒后出了一身冷汗。从这以后，汉武帝就开始烦恼，以致健忘了。

这两件事都够怪异的。树木将要腐烂，是因为里面生了蠹虫；物体将要被破坏，是因为里面生了蛀虫。当时汉武帝年事已高，残忍好杀，正如李陵所说的，那时法令变化无常，本来没罪的大臣被抄家灭族的就有几十家。由于心思已经淫乐放纵，伴随着各种杂念招来了形形色色荒诞不经的事，男子和木头人这两件事是一个先兆，都陷于迷乱而无法解释，可见这是上天要谴责时，鬼怪就要来窥视你的房室。

巫蛊之祸产生以后，牵涉到了很多人。他的妻子卫皇后，儿子戾园、侄子屈牦、女儿诸邑、阳石公主、子媳史良娣、自己的孙子史皇孙等都遭受此害。骨肉至亲尚且如此残酷，还能顾到他人吗？所以，巫蛊之祸根本就不完全是因江充荒诞离奇的话语引起来的。

汉二帝治盗

刘汉天下有两个"武帝"。"武"的意思是"威武德"。这两人一个是西汉的武帝刘彻，一个是东汉的光武帝刘秀。

汉武帝末年，全国各地大都不太平，盗贼祸乱危及百姓。这些人搭帮结伙，大股的几千人，小股的数百人。武帝亲自派使者捧着圣旨，命令各地出兵剿匪。一场残酷的屠戮发生了。由于是朝廷严格的命令，又有赏赐，一场大肆屠杀必不可免。有时候杀掉的是盗贼，可也有很多人为了立功邀赏，杀害了很多老百姓。这一场杀戮下来，有的竟然能够"斩贼"万余人。

后来，武帝又定了一个《沈命法》昭示天下。法律规定："地方出现盗贼，地方官员没有发现或者发现后没有抓获到，按规定二千石以下的官员以及下级主持这件事的人都得判死刑。"这以后下级官吏害怕被杀，即使有盗贼也不敢上报，唯恐不能捕获，违犯规定连累郡府，郡府也让他们不要上报。因此盗贼渐渐增多，上上下下却相互隐瞒，好躲避法令条文的制裁。

汉光武帝时，成群的盗贼到处兴起。光武帝出台法令，并派遣使者到盗贼频发地进行监督，法令规定盗贼们只要相互揭发，五个人共同斩杀一人的，可以免除他们的罪行。官吏们即使停留拖延、回避不前、故意放纵盗贼的也不加追问，只以捕获讨伐盗贼的成效论处。那些郡守、县令犯了管辖区域内有盗贼而不收容捕捉的罪过的，仅因为害怕、软弱丢弃城池和职守的人，都不看成过失，只根据捕获盗贼的多少来评定优劣，只有包庇隐藏的人才判罪。于是互相追捕，盗贼们都解体逃散了。

这两件事都是关于国家治安的战略，但是汉武帝以严惩不贷为特点，光武帝以宽宏大量为特点。汉武帝的作为比不上光武帝的作为，这从实际效果的好坏中就可以看到。

高德儒

唐高祖李渊起兵太原时，派了儿子李建成和李世民率军攻打隋朝的西河郡（今山西临汾）。两人攻破了西河郡，俘获了郡丞高德儒。李世民奚落高德儒，说："你指鸟为鸾，讨好和蒙蔽隋炀帝，以此博得他的欢心，才获得高官，我行兵讨伐你，就是为了杀掉你这个欺上瞒下的奸佞之臣！"于是当即就将高德儒斩首，而对其他俘虏则一概不诛戮。后代不太知道唐史的人，只以为修史之人编造了这段故事，是为了和赵高颠倒黑白相对照罢了。

然而，历史上确实有高德儒指鸟为鸾的事。隋炀帝大业十一年（615年），有一天，天上飞来两只孔雀，翩翩栖落在宫城朝堂前，亲卫校尉（皇帝皇边韵护卫武官）高德儒等十余人目睹了这一景观。高德儒趁机借题发挥，隐瞒真相，上奏炀帝说，有两只鸾鸟飞落堂前，这是个吉祥之兆！而此时孔雀已经飞走了，炀帝没法亲眼看见，高德儒的话也就无从验证了。昏庸的炀帝竟下诏表彰高德儒对隋朝的一片诚心和预知吉祥的才能，并提升他为朝散大夫（五品以上的高等文官），其他与高德儒一起看见"鸾"鸟的人都被赐予丝绸，还在二"鸾"栖落的宫城朝堂前建造了一座"仪鸾殿"。

两年后，唐代温大雅所著《创业起居注》载录了建筑"仪鸾殿"的故事，却没有记载建造这座殿的缘由。《新唐书·太宗纪》只记载道："建成、世民率兵进攻西河郡，杀掉了郡丞高德儒。"非常简要。只有《资治通鉴》详细地记录了这件事的所有细节，而北宋范祖禹的《唐鉴》也只记载了高德儒被杀这一段故事。

唐二帝好名

唐太宗贞观年间，一天，有两只白鹊突然飞到太宗寝殿前槐树上筑巢。所筑的巢四周合抱，看上去就像一个腰鼓一样。唐太宗的随从见此情形争相跪拜跳舞，连声称道这是"吉祥之兆"。唐太宗说道："我经常嗤笑隋炀帝迷信吉兆，因为真正的吉祥在于能够得到贤能之士辅佐大业。这种杂乱无章的东西又有何可道贺的。"于是下令毁掉鹊巢，让白鹊飞向野外，来表示自己不迷信所谓的吉兆。

唐玄宗即位初年，有感于当时社会风俗奢靡，人们竞相购制华丽的马车、华贵的服饰和金银器皿及手工艺品，于是下令搜集销毁所有的金银器皿首饰，铸成兵器，以供军队使用。而收集来的珠玉丝绸则在宫殿前当众焚烧，并且下令天下人不准再织制、买卖这类东西、关闭长安和洛阳的官营丝织作坊，以此显示自己禁奢华、治天下的英明。

在我看来，太宗和玄宗都可称得上是唐代的贤明君主，他们的言行，也足以给后世留下较好的传统。不过，从另一方面看来，他们的所作所为又都是为了沽名钓誉，让天下的人称赞自己。因为殿前槐树上白鹊筑巢，虽说有点奇怪，群臣们借此献媚皇上，太宗若真不信，斥退他们便可以了。何必一定要捣毁鹊巢呢？对珠玉丝绸，不过分珍视和推崇就行了，又何必在殿前当众焚毁，并使天下之人家喻户晓呢？处理事情贵在不偏不倚、恰到好处，像太宗和玄宗两人的做法恐怕不可认为榜样。何况在玄宗晚年，杨妃得到专宠，杨贵妃所用织绣工匠就有七百人之多，唐朝上下及与唐交往的邻邦都争相献上各式各样的珍奇器皿、服饰古玩。因此出现了一些历史上鲜见的怪事：岭南经略使（总管边境重镇政治、经济、军事大权的长官）张九皋、广陵长史王翼，由于所奉献的东西异常精致，张九皋官加三等，王翼被提升为户部侍郎。自那以后，天下人更是争相进献，盛极一时。同一个唐明皇，前后的表现竟是如此不同。

朱温三事

唐朝末年，刘仁恭任卢龙（今河北北部内蒙南部）节度使，他的儿子刘守文驻防沧州（今河北沧州），遭遇朱温的围攻。城内的粮食吃完了，仍然坚持抵御。朱温派人劝告刘守文及早出城投降，刘守文回答说："我和刘仁恭是父子，梁王你以正义降服天下，假如做儿子的叛变自己的父亲而向梁王投降，你将如何任用他呢？"朱温听此义正词严，深感心中有愧，便延缓了攻势。

后来，朱温撤军，准备把各军营中的粮草全部烧掉，河中的粮船也都凿沉在水中。刘守文写信给朱温，说："沧州城中几万军民，已好几个月没东西吃了，你与其把粮草烧成烟灰，沉没在水中烂成泥，不如发点慈悲，把剩余的粮草用来救活沧州城中的军民。"朱温就留了几座粮仓没有烧，沧州城中的军民靠此得以活命。

到了朱温篡夺唐朝江山，做了后梁皇帝后，苏循和他的儿子苏楷，自以为对后梁有功，应该被破格提拔重用。而朱温却看不起他父子俩的人品，认为他们是唐朝的罪人，卖国求荣，牟取私利，便勒令苏循辞官回家，苏楷削职为民。

有一次，宋州（今河南商丘）节度使献上了象征祥瑞的麦穗。朱温看到以后非常生气，他说："宋州今年遭遇水灾，老百姓食不果腹，为何还要进呈祥瑞？"并派遣宫中的宦官到宋州去谴责节度使。

这三件事，对他人而言是微乎其微的小事，但对于坏事做尽的朱温来说便是值得长篇大论的，这便是所谓憎恶某人之时也应该了解他的善行。

朱梁轻赋

从唐朝灭亡到赵匡胤建立北宋，这段时间是兵连祸结、军阀混战的五代十国时期，中原地区在短短五十年内，就走马观花似的更换了五个朝代。因为这些皇帝均是军阀出身，所以大都凶狠毒辣，但唯有第一个朝代——后梁，有点奇异。

唐末黄巢的将领朱温归顺唐朝后，又背叛倾覆唐朝而建立了后梁。朱温仅当了五年皇帝，就被他的儿子朱友珪杀害，夺走了皇位。他们父子的不仁不义，历来被后人所贬斥，尤其是欧阳修的《新五代史》，更是将他们说得百无一是。但奇怪的是，这样暴戾的皇帝，对老百姓却榨取得不多，只是征收很少的租赋。

《旧五代史》对后梁轻赋一事有明文记载：梁太祖开国之初，正是黄巢大乱之后，太祖能注意恢复民业。就拿开封一镇为例，一方面于边疆严密警卫国土，一方面于内地开荒种地，奖励百姓从事耕桑，而薄收百姓租赋，以便使百姓能安居乐业。所以当时虽然战争艰苦，但百姓也乐于向国家交纳税赋。两年之间很快成就霸业。即使后来末帝（后梁最后一个皇帝朱友贞）与政敌李存勖的军队对抗于黄河西岸，后梁有亡国危险的时候，河南的百姓也宁愿不辞艰辛地为后梁军队运输粮草，而没有出现过逃亡现象。这里没有别的原因，就是因为税赋轻，百姓不忍饥挨饿，所以特别留恋自己家乡，不愿因李存勖的入侵而远赴他乡。李存勖灭了后梁，建立后唐后，却一改过去轻徭薄赋的政策，任命酷吏孔谦为专职搜刮百姓租赋的租庸使，残酷剥削下层百姓，横征暴敛以满足其奢求。虽然百姓被搜刮得家破人亡，但军粮仍然不够。再加上兵荒马乱，天灾人祸，不到三四年，百姓们便背井离乡、流离失所了。这里没有别的原因，就是因为赋役太重，以致使百姓饥寒交迫、人民失望罢了。

以上均为《旧五代史》所载录的事实，经过我的查究，的确如此。但是《新五代史》却将这一节给删除了。后梁皇帝虽说暴戾，但却能使国泰民安，这不正是统治国家的一面最佳的镜子吗？可是连司马光的《资治通鉴》这样一部专门总结，并提供历史借鉴的鸿篇巨著也不加记录，实为一件憾事。

周世宗

后周世宗柴荣，性格刚烈，有勇有谋。在局势动荡的年代里，仅用了五六年的时间，就扬名四海，震慑天下，可以说是一代贤能之主。然而，他不到四十岁就丧命了，他死后不到半年，后周又随之灭亡。虽然赵宋王朝注定要替代后周，但是查究周世宗生前所做的事情，错就错在他喜好杀戮，使用刑法过于残酷。百官稍有过错，他就要用最重的刑法进行处罚，即使平时有特殊才干和较高声誉的官员，也不赦免。这是他的不足之处。

薛居正主编的《旧五代史》记载有翰林院医官马道元曾进状子给世宗，诉说自己的儿子在寿州（今安徽寿县）境内被贼杀死，现主犯已在宿州（今安徽宿县）被捕，当地州官不认真断理此案。世宗大怒，派大臣窦仪乘驿站快马去处理此案。审理结果，牵连处死了二十四人及其家属。这是因为窦仪奉命的时候，世宗的旨意十分严厉，所以窦仪用刑便过于严苛，知州赵砺亦因此被撤职。

这件事本来只有马道元的儿子一人被强盗杀害，将凶手依法处决就可以了，怎么也不应该诛杀二十四家人啊！由此可见，周世宗在其他事情上也是这样的残忍暴戾。

《宋太祖实录》中的《窦仪传》记载了这件事，修史的官员却只归罪于窦仪一人，这似乎太不公平了。

存亡大计

　　国家的战略方针和国家的生死存亡，二者紧密地联系在一起。当天下有灾患危难之时，幸亏有才智的人筹划出最佳的策略。圣明的仁君如果能够听取并加以实施，不愁国难排除不了。可是愚昧的君主，对事理的始末昏庸无知，又经常被那些阿谀奉承的奸佞小人所迷惑，难免遭遇灾祸。这样的君王，从古至今，已经很多了。

　　三国时，曹操亲自率领大军讨伐刘备。袁绍的谋士田丰劝袁绍趁着这个好机会，突袭曹操的后方，袁绍假借儿子有病的理由拒绝了田丰的提议，错失了进攻曹操的良机。曹操讨伐北方乌桓，刘备动员刘表拔掉曹操的大本营——许昌，刘表不采用刘备的计策，曹操又获得了一次取胜的机会。袁绍、刘表最后都被曹操杀害了。

　　唐朝时唐兵去洛阳攻打郑国的王世充，窦建德从河北出兵来救援，唐太宗李世民把军队屯于虎牢关来阻挡，窦建德攻打不进，他的部下凌敬献计让建德把兵渡过黄河，占领怀州、河阳（今河南沁阳、孟县），再翻过太行山，进入山西上党（今山西长治）境内，沿汾水、晋州（今山西临汾）直指蒲津关（今山西永济西），这一段路没有唐兵，必然如入无人之境，是取胜的万全之策，使关中地区（今陕西西安一带）震动，洛阳之围就可以解了。可是，窦建德部下的将军们却说："凌敬不过是个书生，懂得什么军事，他的话怎能采用？"窦建德便谢绝了凌敬的建议。窦建德的妻子曹氏，又劝他趁唐军后方空虚，集中兵力，稳扎稳打，夺取山北地方，再向西包抄关中，唐兵必然要回来救援，郑国的包围便自然而解。窦建德仍未听从，而领兵与唐兵进行硬拼，结果被唐兵活捉，他的国家也随之灭亡。

　　五代的后唐庄宗占领河北地方后，屯兵于朝城，梁国君臣商议，决定分兵几路大举进攻，让董璋领陕州（今河南陕县）、虢州（今河南灵宝）、泽州（今山西晋城）、潞州（今山西长治）四州之兵攻打太原，霍彦威领汝州和洛阳的兵攻打镇定（今河北石家庄一带），王彦章率领禁军攻郓州（今山东郓城），而以招讨使段凝统率主力去抵挡唐庄宗。庄宗得知这消息，十分担忧，但是由于段凝不能当机决策，梁国国君又优柔寡断，拖延不出兵，结果导致灭亡。

石敬瑭在河东叛变唐朝，后唐军队进攻石敬瑭。耶律德光（后来的辽太宗）率兵援助，打败唐军并围困了他们。后唐皇帝向大臣们询问应对的策略。这时候，耶律德光的哥哥耶律赞华因为在国内夺权失利后，逃到了后唐，吏部侍郎龙敏请求将耶律赞华立为契丹国王，命令天雄、卢龙两镇分别抽出兵力护送耶律赞华，表面上是护送，实际就是出兵，大军自幽州进到西楼，朝廷下发讨伐德光的檄文。如此一来，敌人就会有后顾之忧，然后挑选精兵猛将趁机突击，这是突破眼前被困局面的一个上上之举，后唐皇帝认为他说的非常在理。如果是这样，后唐就会转被动为主动，只可惜，那些文人谋士又怕不能成功，白费军力，结果只是商议却不下决断，又拿不出好的计策。石敬瑭派强兵攻入洛阳。后唐就这样被葬送了。

靖康蒙难，金兵进犯中原，同样是孤军深入，后面没有援军。当时也有人出奇谋，请求挥师北上，直击燕地。但是最终没让宋军北进，结果国土落入敌人手中。南宋君臣，悔不当初，这又怨得了谁呢？真让人感慨万千啊！

真宗末年

宋真宗晚年时，身体衰弱，疾病缠身，每天上朝时很少说话，发号施令时也不假思索，他的行为显然不够严谨。以前的人在诸多文章中对此有很多议论，大多数人认为是真宗手下手握重权的官员假借皇上的名义，从中挑拨离间，其实不完全是这样。钱惟演当时是翰林院学士，著有天僖四年（1020年）的《笔录》，里面记录了每天朝廷里的奏议对话和他所听到的一些传言。我从中摘录了一些内容，可以看到当时一些事情的实情。

寇准罢相的那天晚上，钱惟演担任起草制书的工作。真宗召见钱惟演问："给他什么官职好呢？"钱惟演回答真宗说："王钦若最近调出，可任命他为太子太保。"真宗说："什么官职更高一些？"钱惟演说："太子太傅。"真宗说："让他担任太子太傅。"又说："再给他一些丰厚的礼遇。"不过，钱惟演觉得加封国公就足够了。

当时枢密院有五个枢密长官，而中书省只有中书参政李迪一人。过了一个多月，真宗召见翰林学士杨大年，宣布说："冯拯为吏部尚书，李迪为吏部侍郎。"没有再说别的话。杨大年想了想说："如果只是调级，应该让中书省下令调整，只有任命枢密使、平章事这些官员的时候，学士院才负责起草诏书。"真宗说："那就让他们两人做枢密使、平章事这类官吧。"杨大年感到困惑忧虑，但也没有再说什么，回去以后，就起草了一个任命状，任命李迪为吏部侍郎兼集贤相，冯拯为枢密使。又过了四天，真宗召见了知制诰晏殊，晏殊出来后，又召见钱惟演。真宗问："冯拯当枢密使的事，你有什么看法？"钱惟演回答说："外边的议论很好，只是枢密院现在已有三员正使、三员副使，而中书省仍旧是一个人。这种现象，外边的人感到疑惑不解。"真宗说："现在怎样安排才好？"钱惟演说："如果把冯拯再调回中书省，那就更表明了原来的安排是错误的，不如在曹利用、丁谓这两个人之中再选一个人到中书省，也不会影响别的事。"真宗又问："这两个人中谁更合适？"钱惟演回答说："丁谓是文官，入中书省比较合适。"真宗说："就让他入中书省吧。"随即就授给丁谓平章事——宰相官职。钱惟演又上奏让丁谓兼玉清宫使和昭文国史，真宗都同意了。又上奏请求加曹利用平章事，真宗说："给他平章事。"

从以上这些人事安排、官职调动的事请可以看到，这些事情是真宗提出的，最后也是经过他同意的。至于其中曲解皇帝的意思，权柄掌握在起草制书的官员手中，他们可以趁机徇私舞弊，皇帝是不会发觉的。

寇准免除相位四十天后，周怀政的事才发生。司马光的《涑水记闻》，苏辙的《龙川志》，范缜的《东斋记事》都误认为是因为周怀政的事才免除了寇准的相位的，实则不然。我曾把钱惟演的《笔录》拿给李焘看，李焘赞同我的观点，但是李焘又误认为寇准罢相的那个晚上，真宗召见了晏殊，这也是不正确的。

昏君禁忌多

北周宣帝宇文赟称自己是"天元皇帝"，他严禁全国人民使用天、高、上、大等字。如果官府和个人的名字中有上述几个字，就一定要改掉。如将姓高改为姓姜，九祖亲属称高祖的改为长祖等。

北宋徽宗赵佶政和年间，下令禁止中外人士使用龙、天、君、玉、帝、上、圣、皇等字作为名字。违犯者以触犯帝王的尊严论处。诏令一公布，全国上下顿时慌乱起来，为了不触犯皇帝，凡是名字中有上列诸字的人，纷纷改换自己的姓名。如：毛友龙改称毛友；叶天将改称叶将；乐天作只称乐作；句龙如渊改为句如渊；卫上达改称卫仲达；葛君仲改为葛师仲；方士佐改为方大佐；方天若改为方元若；余圣求改为余应求；周纲的字由君举改成元举；程振的字由伯玉改成伯起；程瑀的字由伯玉改成伯禹；张读的字由圣行改成彦行等等。当时蔡京正把持政权，禁止人们学习和研究历史，所以没有人知道周宣帝时也曾发生过类似事情。

宣和七年（1125年）七月，宋钦宗登位以后，下诏书说："之前，由于大臣的建议和要求，禁止臣僚百姓的名字中有天、玉、君等字，这些字既不是先帝的名讳，也没有书作凭据，禁用之令，都是那些阿谀奉承的人毫无事实依据伪造出来的，这样只会遭到后人的嘲讽，今后，不再禁止使用这些字。"

自此，从前改了名字的人又相继使用了原来的名字。

王居正封驳

给事中一职，专为负责审查皇帝下达的诏书，如果觉得不恰当，有权退回给皇帝，不准予下达。宋高宗绍兴年间，这一职务由正直的王居正担任。

太医王继先，经常给皇帝治好一些病症，很受皇帝的喜爱。为了嘉奖他的功劳，宋高宗决定提携他的女婿任职浙江的税务官。圣旨传到王居正手中却没能通过，予以驳回。宋高宗召见宰相，问道："你们也常请医生看病吗？"宰相们回答："是的，我们都请过医生看病。"宋高宗又问："那么，你们是怎么答谢的呢？"回答说："有时给钱，有时送酒，有时给绸绢。依据病的大小，治疗的效果好坏给予不同的酬劳。""可是！"宋高宗大声说道，"我在宫中用了医生反而不能答谢吗？圣旨我就不再给了，你们告知王居正，让他自己起草一份诏书下达吧！"

宰相们小心翼翼地退下，连忙找来王居正，劝说："皇上圣意就是这样了，这是件小小的事儿,你就不要再坚持了吧!"王居正听了,不置可否,请求面见皇帝。宋高宗见了他,十分生气地重申了刚才的话。

王居正一点也不害怕,反驳道:"臣僚之家给医生的报酬和朝廷不大相同,是按医生的功劳大小给予报酬答谢的。但宫内就不一样了。王继先这类人,以卑贱的一技之长,领着朝廷的俸禄,享受着做官的荣耀,难道不正是为了使用他们的医术吗?一旦他们失职,重则处以刑法,轻则赶走!就算医疗有效,也仅仅是能应付本职工作而已,赏赐他们的钱财,想必已经很多了。但如果因此使国家平白无故地增添一个官职,那就很不妥当了!我不愿陛下轻易开放这个门路。"

宋高宗幡然大悟:"你说得很对啊!"当天就下令收回成命。

王居正的刚正不阿,高宗虚心地采纳意见,史书中记载得不够详细,因此我诚心敬意地写了下来。这件事情,是前段日子我听张九成说的。

炀王炀帝

南宋高宗时,金主完颜亮曾经兴师出兵,进犯南宋,谁料军中叛乱,完颜亮被部下在广陵(今江苏扬州)杀死。后来被金朝废止了他皇帝的称号,降其为王,封了一个"炀"的谥号。

我奉命出使金国时,最先得到这个消息。归国后,向高宗皇帝做了汇报。高宗听了,十分高兴,说:"完颜亮去年南侵本朝,落个死尸回国。人们都说他和前秦的皇帝苻坚很相近,唯独我认为他与隋炀帝相似:他俩都死在扬州,现在连谥号都是'炀',这难道不是天意吗?"

这一段圣语,在史书中可能不会有记载,因此我记录下来了。

李后主梁武帝

后主李煜是五代十国南唐的亡国之君,梁武帝萧衍是南朝南梁政权的创建者。梁武帝原本是南齐政权的尚书左仆射、都督征讨诸军事。南齐统治末年,萧衍趁着南齐局势动乱抢夺皇位。他统治初期,对政务比较看重,又注重开疆拓土。晚年时期，收服东魏大将侯景。不久之后，侯景叛变，杀死了萧衍。李煜的江山是继文祖之业得来的，他工词、善律、精于书画，但唯有对处理朝政没有兴趣，对渐渐强大起来的北宋政权处处屈意迁就。北宋建立十几年后灭除了南唐，李煜被押送到汴京。

李后主离开南唐故宫时有一首词写道："最是仓皇辞庙日，教坊犹奏别离歌，挥泪对宫娥。"

在这首词下，苏东坡评论说：国破家亡之后，李后主首先想到的应是自己丢掉了祖宗创下的基业，应到宗庙前痛哭，并向百姓谢罪。但是他根本没这么做，而是去倾听教坊乐手演奏的《离歌》别曲，惋惜自己再也没有机会与宫娥彩女寻欢作乐了。这样的国君，南唐不亡才怪呢！

梁武帝在侯景叛乱后，被困在台城（宫城），内无储粮，外无救兵，眼看性命不保，梁武帝却不思己过，反而说："江山是我自己打下来的，今天即使再从我手里丢掉，又有什么可遗憾的呢？"

假如再往前查究，很容易发现与此类似的另外一件事。汉武帝时，由于窦婴与汉武帝的母后窦太后是姑侄关系，所以他受到皇室器重，并官至丞相。窦婴与大臣灌夫交好，灌夫后因辱骂权势极大的丞相田蚡，被人抨击为不敬，依据法律应该灭族。窦婴为灌夫求情。窦婴夫人觉得求情已经无用，说不定还会带来灭顶之灾。窦婴却说："丞相是我自己得到的，假如因为灌夫丢掉乌纱帽，也不觉得遗憾。"

想不到时间相隔了六百年窦婴和萧衍的言行竟是如此惊人的相似，而梁武帝硬套窦婴的话，实在不能同日而语！

绛侯莱公

西汉吕后死后，太尉（执掌全国军事，为全国军队首领，与丞相、御使大夫并称"三公"）周勃诛杀了专权一时的吕氏家族，拥护立文帝刘恒为皇帝，并稳定刘氏的江山社稷。之后，周勃当上了丞相，每次朝见文帝之后走出宫廷，总是显得一副得意扬扬的状态。朝中的许多大臣对他唯命是从，汉文帝对他也是毕恭毕敬，每次退朝都目送他离开。

对此，大臣袁盎非常忌妒。他看在眼里，恨在心中。一天，他在汉文帝面前说："丞相周勃是什么人？你没有必要那样对他。"汉文帝说："他是社稷大臣，关键时刻挽救了汉朝的江山。"袁盎不屑地说说："周勃只可称得上是有功之臣，但并算不上社稷之臣。社稷之臣，应该是和皇帝同生死共患难的。当年吕后执掌政权时，吕氏诸将争相篡权时，周勃作为太尉，执掌着兵权，却不制止他们。而吕后死后，大臣们共同诛戮吕氏家族，周勃手握军权，正好碰上诛杀吕氏成功，因此也只能算是有功之臣，而并非社稷之臣。丞相在皇帝面前如此蛮横，而陛下对他却这样恭敬，这样大臣和皇帝的礼节便本末倒置了。我认为陛下不应该这样对待他。"汉文帝觉得袁盎的话有理，便渐渐改变了对周勃的看法。随着汉文帝对自己权力的巩固，周勃便被疏远，甚至入狱，差点丢了性命。

北宋丞相寇准因决定了与辽国议和澶渊（今河南濮阳）之策，宋真宗对他非常信任，凡事都请他参与决断。对此，奸臣王钦若很是恼火。有一天，大臣们朝见皇帝，寇准先退了下来，王钦若趁机向真宗进谗言说："陛下敬畏寇准，是因为他立过社稷之功吗？"真宗回答："是这样。"王钦若进一步挑拨说："我没想到陛下竟说出这样的话！与辽军在澶渊作战，我军被打败，才签订了澶渊之盟，陛下不以此为国家耻辱，反而以为寇准有社稷之功，为什么呢？"真宗听后，感到愕然，问道："为什么这么说呢？"王钦若回答说："敌人兵临城下而制定和议盟约，连春秋时的小国都以此为耻。如今陛下以万乘之尊这么做，正是'盟于城下'啊，还有什么耻辱比这更大呢！"真宗听后脸色大变，却回答不上来。从此以后，真宗对寇准渐渐疏远，不久便罢免他的宰相之职，最后寇准因故被贬到了海康（今广东海康）。

唉！周勃和寇准的功绩，有目共睹、日月可鉴，而袁盎和王钦若两个奸佞之臣却以几句慢条斯理的闲言，更改了两个明君的主意，甚至使两人获罪丢官。谗言应有尽有，真的很可怕！

奸臣好处

夏竦是宋仁宗时的大臣，职位高至主管全国军政的枢密使。此人官职虽很大，也很有才能，但是贪得无厌，好玩弄权术，世人将他看作是奸佞之臣。不过，他也并非一无可取。

宋仁宗宝元、康定年间,党项族首领元昊公然叛逃宋朝,建立了西夏王朝,宋夏两国开战。这时,任职陕西军队统帅的是夏竦,副帅是韩琦。有一次,西夏军队进犯陕西,韩琦下令大将任福从怀远城进军得胜寨,绕道到西夏军队的后方。根据具体情况,如果能够突击,就可以打胜仗;如果不能把握,就要在险峻的地方潜伏起来,等西夏军队返回时打一场伏击战。关于这场战争的规划,韩琦向任福再三叮嘱,又通过军事文件严正警告:"假如不按计划行动,即便打了胜仗立了功,也不会饶恕!"

然而,任福却中了敌人的计谋,被引诱到好水川,遭到西夏兵的伏击。宋军惨败,任福也阵亡了。

消息传来,举国震惊!一时间,朝野上下纷纷指责具体指挥对夏战争的韩琦。韩琦岌岌可危,有口难辩。

夏竦派人收拾残兵,并在任福尸体的衣带里找到了韩琦下达的那份至关重要的文件。然后向朝廷报告说:好水川之败,并不是韩琦的指挥失误,韩琦无罪!

这么一句话,挽救了后来成为名相的韩琦。韩琦仅受到降一级的轻微处分。

夏竦确实做了件好事,但后来的士大夫们不一定知道,所以我写出来予以宣传。

唐代的李峤,在唐中宗时当宰相,一味地阿谀奉承,取悦皇帝以保相位,受到世人的责骂,然而他也曾做过好事。

武则天执政时,酷吏来俊臣诋毁狄仁杰,将其打入大牢,打算处死。武则天下令当时担任给事中的李峤、大理寺少卿张德裕和侍御史刘宪三人重审此案。张德裕和刘宪心里知道狄仁杰有冤情,但是害怕武后、来俊臣的淫威,不敢为他辩护。李峤却说:"明明知道有冤情而不申诉,这是袖手旁观啊!"最终劝服他们,三人联名为狄仁杰辩护冤情。

此举果真惹火了武则天,将李峤逐出朝廷,贬官为润州(今江苏镇江)司马,狄仁杰却因此免了牢狱之灾。

王嘉荐孔光

王嘉是汉哀帝刘欣时的丞相,由于忠言直谏触犯了汉哀帝,汉哀帝把这件事摆在朝堂上,让朝中的官员讨论。光禄大夫孔光为了奉承皇帝,就上书揭发王嘉迷乱国政,迷惑皇上,犯了欺君乱国之罪,要求联合主管刑狱的廷尉一同提审王嘉。孔光的提议,得到了汉哀帝的准予。

王嘉被捕入狱后,他对狱吏说:"我身为宰相,却不能进用贤臣,黜退恶人,有负于朝廷,我就是死了也推卸不掉罪责。"

狱吏问王嘉所说的贤与不贤指何人?王嘉说:"我所说的贤臣是指前丞相孔光,有才德而没能提拔任用。"

王嘉死后,汉哀帝看到王嘉的奏章,想起王嘉在狱中对狱吏所说的话,就重新任命孔光为丞相。

王嘉入狱是因孔光奉承汉哀帝的错误而导致的,而王嘉在死之前,还赞颂孔光的贤能。王嘉因为刚正不阿而丢了性命,他名声显赫一时,但却不了解人的内心。孔光的阴险奸诈是连鬼神都要鄙弃的,他卑躬屈膝地侍奉董贤,阿谀奉承王莽,是腐蚀汉朝的害虫,还能说是贤能之士吗?

父子忠邪

西汉末年,外戚王莽把持朝纲,著名谏臣王章、梅福曾上奏弹劾王莽。刘向不敢直接弹劾王莽,暗地里向元帝上奏说:"天下形势不能两大,王姓与刘姓不可以共存。陛下是先祖的子孙,统治着先皇的江山社稷,国家让外姓管理,服从别人的安排,这会给后辈人带来灾祸的。"刘向的话是如此的恳切深刻!刘向的儿子刘歆却被王莽任为侍中,专门为王莽写文章,领头倡议王莽做君主,赞颂和宣扬他的功绩。"安汉"、"宰衡"的封号都是刘歆与王莽一同策划的。辅助王莽谋权篡位后却为自己引来杀身之祸。

魏东郡侯陈矫奉事曹家,经曹操、曹丕、曹睿三世,为曹氏竭尽忠心。魏明帝忧虑社稷的命运，问他："司马懿忠诚正直，可称得上国家的重臣吗？"陈矫回答说："他是朝廷中有威望的大臣，至于是不是能保卫国家的大臣，我就不知道了。"到最后司马懿还是从曹家手中夺走了权力。到他的孙子司马炎篡魏为晋，陈矫的儿子陈骞却被司马氏用为辅佐政令的大臣，地位在众臣中最高。

晋郗愔对王室忠心耿耿，而他的儿子郗超却和桓温勾搭在一起密谋篡晋。郗超死后，郗愔哀痛成疾。郗超的门生奉遗嘱把一箱子书信呈送郗愔，大都是和桓温来往谋反的密信。郗愔看后大怒，骂他说："只恨这小子死得太晚了！"以后再不为他伤心了。《晋史》认为，郗愔有大忠大义的风范。

刘向、陈矫和郗愔对国家忠心耿耿，而他们的儿子却恰巧相反，不忠不义，不能不被世人所鄙弃。

汉武唐德宗

一代名君汉武帝，曾有一位宠臣名叫张汤。张汤善于审判文书的写作，善于迎合汉武帝的旨意办案，善于通过巧言枉法博得汉武帝的欢心。他办理案件，残酷无情，例如遵循武帝的旨意办理陈皇后所谓的巫蛊一案，被株连而死的人多达三百多人！其他的案件，杀害罪犯宗族的也非常得多。张汤为人城府很深，表面忠心，实际狡诈，勾结朋党，翻云覆雨。博士狄山曾向武帝弹劾他"诈忠"的真面目，结果狄山反而被武帝穿了小鞋，调到了西北边塞任职，后来被匈奴杀害。张汤的所作所为，最终激起了公愤。丞相府三长史联合上奏张汤触犯法令，汉武帝无奈，只好下令逼迫张汤自杀。

张汤死后，汉武帝对他的儿子张安世特别照顾，寻找机会提拔其为尚书令，后又升为光禄大夫，成为朝廷大员。张安世做事与其父截然不同，史称其"辅政宿卫，肃敬不怠"，"忠信谨厚，勤劳政事"，他深得汉昭帝、汉宣帝的重用。张安世长期做股肱大臣，群臣敬服，他也确实是栋梁之材，但汉武帝任用他的原因，却仅仅因为他是张汤的儿子而已。

唐德宗时宰相卢杞父子的情况与此相同。

卢杞的父亲卢奕，忠义刚烈，在安史之乱时被叛军杀害。卢杞少有口才，但他体貌丑陋，然其内心更加险恶。卢杞善逢迎，深得唐德宗宠信，他奸邪险诈，心狠手辣，贪赃枉法，陷害忠良，被天下人视为祸国奸贼，忠良畏之如蛇蝎。

平定安史之乱的大功臣郭子仪，对唐王室有再造之功，深得天下敬仰，被皇上封为"尚父"。他病重时，别的大臣去探视，他都不让侍姬回避，唯独卢杞来时，他不但屏退侍姬，还强撑着身体，恭坐以待。家人问其中的原因，郭子仪解释道："卢杞外貌丑陋，内心险恶。你们见了他，会忍不住笑他丑陋。他肯定忌恨在心，有机会必定报复，要是到了那样的话，我们的宗族就可能被诛灭！"——卢杞之奸险横暴，由此可见一斑。

后来，卢杞终于激起公愤，在众人的弹劾之下，唐德宗只好追令卢杞自杀。可是，唐德宗觉得对不起卢杞，于是就将对卢杞的负疚转到他儿子卢元辅身上，提拔他当高管，迁升至兵部侍郎。然而，卢元辅却未遗传他父亲的奸邪之气，而是像他的祖父卢奕一样，清正廉洁，忠心报国，而百官也没有因为他父亲的奸邪而迁怒于他。

张安世、卢元辅都因其父受到皇上宠信而得到高官，然而二人品行端正，与他们的奸邪父辈相比，真是天差地别。

然而，汉武帝时期，大臣们不幸被杀害的，如庄助、朱买臣、吾丘寿王等人，以及寿终正寝的名医汲黯、郑庄、董仲、卜式，他们的遗孤都未像张安世那样被武帝厚待。唐德宗时，名相重臣如崔祐甫、李泌、陆贽等，他们的后代也没有像卢元辅一样被德宗优待。究其缘由，是张汤、卢杞由于善于奉承皇帝旨意而得到宠信的缘故。这真是让人感慨万千！

蔡京除吏

本朝之前，最出名的奸臣要数唐代玄宗天宝年间的杨国忠了。他凭借堂妹杨贵妃的势力而独揽朝政，既是右丞相又兼任吏部尚书，控制着当时的官吏选任大权。他改变过去在吏部选拔官吏的制度，竟然把想做官的人都集结在自己家中，随便授予官位。只是他还算不上太肆意妄为，因为他在选官时还把门下侍中、给事中以、吏部侍郎等这些按例必须经手的官员们都邀请到家里，与他们一起商讨。

杨国忠的行为表面上征求他们的意见，实际上是走个过场罢了。这样虽然说是一种形式，但杨国忠至少还没有武断到把相关人员排除在外。

到了本朝徽宗时，蔡京的专权行为就比杨国忠更肆无忌惮，他连这种虚伪的形式都不要了，干脆就一个人在家授予官职，他的做法成为历史上少有的一大奇事。

徽宗政和年间，蔡京以太师身份掌管着三省大权（三省指中书省、门下省和尚书省等中央最高行政机关），他位高权重，竟然可以在自己家中办公。

有一次，蔡京的弟弟蔡卞（当时是专门侍候皇帝的经筵官）带着一位叫吴悦的亲戚来到蔡京府上。二人坐在便室里，只见便室里着放一张桌子，桌子上放着长宽为三寸大小的十片洁白的宣纸以及精制的笔砚。这时，蔡京刚处理完其他事情，从外面进来，蔡卞先告诉蔡京，说：“常州有一位教授很有才识，但官职升迁太慢。他中举登科后就做教官，现在官阶已升至朝奉郎（宋代正六品文阶），可官职却一直不变。”

蔡京听后便问：“你认为应该给他升个什么官？”

蔡卞回答说：“应该授给他一个总管学校教育的提举学事司。”

蔡京立即从桌上拿起一张纸片，书写上这位教授的姓名和"提举学事"的字样，而空下"路"一栏，回头又问蔡卞说：“你认为应该把他派往哪一路合适？”

蔡卞回答：“他家现在很贫穷，必须让他到一个俸禄最优厚的地方去。”

蔡京便又在空缺处填上"河北西路"四字，然后交给一个老兵拿出去。

不一会儿，又有一个士兵捧着一封书信和一只紫色的精致小盒走出来。蔡京打开书信一看，原来是福建路转运判官、直龙图阁郑可献上来的最新产出的茶叶。蔡京一见大喜，随即就在郑可的书简上书填"转运副使"四字交给来人，这样，郑可就由原来的转运判官荣升为转运副使了。

郑可的事一办完，蔡卞开始向蔡京介绍他领来的这位亲戚说：“这位名叫吴悦，是司谏官吴安中的儿子，很有才能和主见。而且他又是王逢原的外孙，与舒王（王安石）夫人有姻亲。他的母亲年事已高，需要在身边照顾，所以想求一个中央部门里的官职。”

蔡京就询问吴悦，说：“你现在是不是已经相中了一个适当的部门？”

吴悦回答道："我已经探听到打套局现在还缺人。"打套局是宋代专门负责挑选市舶香药杂物等级以及打套工作的，掌握着海外贸易，额外收入很多，因此吴悦选上了打套局。

蔡京听后，就毫不犹豫地提笔挥毫，又填写了一张纸片给身旁的办事人员送出去了。蔡卞用眼色暗示吴悦，意思是说：事情办妥了，你可以先回去。因为他自己还有私事要和哥哥讲呢。

吴悦离开蔡京的府第后，直接来到了他的姐姐家，其姐夫是时任门下侍郎薛昂，吴悦这次进京就住在薛昂家。薛昂一回来，吴悦就将他今天晋升的事告诉了姐夫，并惊叹蔡京在家选任官吏是如此的急速。薛昂则说："你刚才提及的那三张纸片，已经送到朝廷里了。已经成为皇帝的号令了，只要下诏执行就可以了。"这更加让吴悦始料不及。

这也让我长了见识。原来只是觉得唐代杨国忠是独断专行，史上无人能比，但现在才知道：杨国忠若与本朝蔡京相比，只不过是相形见绌罢了。

张天觉为人

北宋末年，张商英曾经担任宰相。话说他做官正派，很有声望，死后皇帝赐予他的谥号是"文忠"。此人究竟是不是贤良，估计一般人无从知晓。

张商英在宋徽宗朝大观政和年间，升任宰相。那时，蔡京刚刚被贬，人们对蔡京恨得咬牙切齿，恨不得连骨头带肉煮熟吃了。张商英代替蔡京之后，略微消灭一些弊病，官场风气有所好转，便取得了好名望。

宋钦宗赵桓登位后，就对司马光、范仲淹和他给予封赏，与贤能之士并列。如此一来，他的名声就更大了。

我根据事实考证，他可称得上是外忠内奸的佼佼者。他的外孙何麒在所做的家传中说他："熙宁时做御史，他被当时所不容；元祐时做廷臣，又为当时所不容；绍圣时做谏官，又为当时所不容；崇宁时做监察御史，又为当时所不容；大观时做宰相，到政和年间又不为所容。"这样一看，他真是一个耿直的人了？其实不然。

他当御史时，因判案不公，被枢密院治罪，他并不甘心。这时正好博州的监狱里逃走了犯人，他无中生有，竟说是枢密院检详官刘奉世与下边勾通，故意放纵犯人。文彦博等三位枢密院官员实在气愤不过，向皇帝表示要辞职不干。张商英因此被贬了官。当谏官时，首先对内侍陈衍发难，借以攻击宣仁皇太后高氏，把皇太后比作吕雉和武则天；又上请皇帝罢去司马光、吕公著的赠谥，砸烂两人的墓碑，拆毁祠庙，无所不作；指责文彦博背负国恩、吕大防执政诋毁先王和大臣。吕惠卿朋比为奸，蔡确诽谤宣仁太后，而张商英居然为两人做无罪辩解。元符末年，张商英被任用当中书舍人，上表诽谤元祐时期的贤良大臣，诬告他们在元祐八九年中，提携党羽二十多人。将一肚子怨气，假借朋党的名义宣泄出来了。之后上任宰相，因和方士郭天信亲密往来，而被罢职不用。

张商英一生如此反复无常，诡异离奇，说话办事不近情理，但是能在当时得到政治的美名，主要是蔡京的作为无法和他比拟。他们都是章惇的门客，晋升的路径都是相同的。蔡京出任宰相时的任命诰词就是张商英所写，因此才能够升任为执政大臣。

李林甫秦桧

唐代宰相李林甫，奸诈狡猾，妒贤嫉能。他曾因为裴耀卿、张九龄的才干比自己出众，李适之与自己争夺权力，便使诡计将他们驱逐出朝廷。但对自己任用的亲信，还可以共处，牛仙客、李希烈都与李林甫共事六七年之久。这两人除了与李林甫一起谗害忠良，对李林甫阿谀奉承之外，还因为李林甫虽然残忍，却不是变化多端、朝三暮四之人，所以对顺从自己的人尚且能够接纳。

本朝的秦桧则不然，一开始，他如果发现谁可以为己卖命，不出二三年的工夫，就可以将此人从一个不为人知的闲散小官，越级提拔为执政大臣。如史才由御史检法官跳过右正言一级直接升任谏议大夫，紧接着就任签书枢密院事。施钜由中书检正、郑仲熊由右正言，一同被破格提拔为权吏部侍郎。正当他们受命谢恩时，施钜被任命为参知政事，郑仲熊被任命为签书枢密院事。宋朴本是殿中侍御史，秦桧想尽快提拔他，便授意御史台提出建议，说本台缺少检法主簿，只有本台的正副长官才可以推荐人选。秦桧随即趁御史台的建议呈上之机，向皇帝建议任命宋朴为御史，宋朴所荐举的人选也就顺利通过。很快，宋朴又被任命为御史中丞，谢恩之日又被委任为签书枢密院事。在如此之短的时间内，宋朴竟连升数级，其速度之快，着实令世人惊讶不已。然而，这些人没过几个月就被秦桧罢免了。

杨愿善于阿谀奉承，连秦桧的饮食动作都顶礼膜拜，并悉心仿效。一次，秦桧吃饭时不小心连打喷嚏且大笑不止，杨愿机敏过人，仓促间随机应变，也故意地喷饭大笑不止，那些侍候的佣人见此情景，躲到一旁，捂着嘴巴偷偷地笑。秦桧见他逢迎自己，十分高兴。然而，一年以后，便开始讨厌他了，并指使御史排挤他。杨愿知道后，涕泪交流，像死了爹娘一般。秦桧见状说："士大夫升迁和降职是常有的事，何必这样呢？"杨愿回答说："我杨愿出身微贱，能混到这一步，已非常知足了，只是受太师的再生之恩，待我超过亲生父母，一旦离您而去，不知何时再能见您老人家一面尽尽孝心呢？我正是为此而伤心啊！"秦桧听后，动了恻隐之心，更喜欢他了，让他按原职任宫观的闲差，仅仅三个月后，又任命他为宣州（今安徽宣城）知州。

后来，参政李若谷被罢免，有人说："你为什么不学学杨愿大哭一场呢？"李若谷是河北人，性情耿直，有正义感，他听这话后讥笑道："即使打死我，也哭不出那假惺惺的眼泪。"秦桧听说后，非常恼怒，立即把他贬到了江州（今江西九江）。

有一次秦桧因病没有上朝，朝中只有余尧弼受命辅佐，宋高宗向他询问一些机密事务，余尧弼上奏时，有些事回答不上来。

秦桧病愈后朝见皇上，高宗说道："余尧弼既然也参与朝政，朝中一些机密事务也应该让他知道。"

退朝后，秦桧拉着余尧弼的手，问道："前几天皇帝问了些什么事？"余尧弼一一告诉了他。秦桧命省吏把公文取来看了一遍，发现都已由余尧弼签阅。于是，气愤地质问道："你既然已签了字，为什么又在皇上面前说不知道呢？是不是故意出卖我？"余尧弼站起来申辩，秦桧也不理会。第二天，余尧弼便被解除了职务。

段拂这个人爱犯糊涂。有一次，秦桧在殿中奏请的时间有些长，段拂便垂头打盹。秦桧退朝后，他才睡醒。醒后即尴尬又害怕，而皇帝却安慰他，并询问他老家在哪个地方。他回到殿廊幕中之后，想向秦桧赔礼道歉，秦桧正在闭目念佛，不搭理他，传达官员再三作揖，秦桧才回过头来。回到政事堂，秦桧故意追问他很多问题，他都回答不了。段拂不久便被弹劾，贬职回家了。

汤思退在枢密院时，又一次皇帝偶然看到他，问了他一些事。他的回答与秦桧当天奏请的内容有些不同。秦桧听后，对皇上说："如果陛下觉得我汇报的不正确，以后就请问汤思退好了。"皇帝生气地说："难道我不能问汤思退吗？"秦桧退下后看到汤思退，非常生气，想找机会诋毁他，正好汤思退生了一场大病，气息奄奄，才放过了他。

祸福有命

秦桧一手遮天，长期把持朝政，设立了许多严苛的刑法，来压制当时反对他的士大夫。由于说错了一句话、用错一个词而被处罚、严刑逼供甚至被贬职到偏远地区的士大夫，在当时数不胜数。同时，很多奸佞小人，依靠出卖、诬陷忠良而升官发财。例如，赵超然因为说了"君子的恩泽，五代而绝"而被人弹劾，贬职到了汀州（今福建长汀）。吴仲宝因写《夏二子传》被流放到容州（今广西容县）；张渊道因作《张和公生日诗》差点被贬到柳州。

我在福州（今福建福州）时，有一次去拜谒何大圭。言谈之间，他突然问我："你认识天上的星星吗？"我说："没有专门学过。"他又问："难道你不认识所能看到的那些星宿吗？"我回答他："略微知道一些。"于是何大圭说："你今晚抬头看看荧惑星（即火星）在哪个方向？"当时我抬头看天，火星正在南斗的西边。

一个多月以后，我又见到了何大圭。那时天气阴雨连绵，持续了几十天。所谓的火星，已移到斗魁星的东边去了。何大圭说："如果火星移到南斗星里，自然会有不平凡的事情发生。"我听了这话后，觉得毛骨悚然，没有吱声。第二天他又来拜访，见面就说："我们原本不精通天文。昨天夜里叶子廉来我家，谈到了那颗星星。叶子廉皱了皱眉说'那是魏星，没人认识它，不是火星啊！'"我问他："十二国星只在牛郎、织女星下，按常规是不动的，怎么能够移动呢？"何大圭说：

"天象要显示人间的变故，有什么不能改变呢？叶子廉说：'后汉建安二十五年这颗星亦曾出现过。'"当时秦桧正被封为魏国公，何大圭的意思大概是把秦桧比作曹操。我听后非常害怕，没敢再和他说什么。

之后，我和谢景思、叶晦叔谈到此事，并说："假如让我干那些揭发他人而升官的事情，是不可能的。但是这件事万一散布出去，怎么办呢？"谢、叶劝慰我说："听天由命吧，你与何大圭认识，便是不应该的。如今只能静静地等待了。"这一年是绍兴十九年（1149年）。

又过去六年，秦桧便死了。我知道免除了一场灾难，才舒了一口气，不再胆战心惊了。

狐假虎威

俗语有云"狐假虎威"一词，我的小儿子求教我这一词的意思。我就把《战国策》、《新序》两书所载录的相关内容拿给他看。

《战国策》中记载：楚宣王曾问群臣："我听说北方诸国很害怕昭奚恤将军，果真如此吗？"群臣中一时无人应对。江乙回答说："老虎天天捉各种动物以充饥，一天，它捉住一只狐狸，狐狸就对老虎说：'你不敢吃我！上帝让我做百兽之王，今天你要吃我，这是违逆上帝命令的。你如果不相信，我可以在前面走，你紧随我后，看看百兽之中有谁见了我敢不逃跑？'老虎信以为真，所以就跟随它一起走。百兽见到它们都慌忙逃窜，老虎不知道百兽是害怕自己而逃跑，还认为它们是害怕狐狸。现在大王您的属地方圆五千里，有百万强大的军队，而把军队委托给昭奚恤指挥，所以北方诸国畏惧奚恤，其实他们害怕的是大王强大的军队，就像是百兽害怕老虎一样。"

《新序》一书中的记载与《战国策》相同，只不过该书最后说道："所以，人们害怕在朝廷中当官的官员，实则是因为惧怕君王的威势。如果君王不重用这个臣子，那么这个臣子的威风也就没有了，大家也就不用害怕他了。"

俗语"狐假虎威"就来源自这一记载。

知人之难

霍光在汉武帝时为官，只当了奉车都尉。武帝外出时，随着护卫；武帝居住在宫廷中，侍奉左右。由于他处处谦和小心，受到汉武帝的宠信，但起初他很少干预国家大计。可是在汉武帝驾崩之前，因被遗命托孤，霍光瞬息之间高居百官之首，从大司马、大将军升至首席执政大臣。

金日䃅本为匈奴休屠王之太子，因其父屡败于汉军，匈奴单于欲诛之，就与匈奴昆邪王计划投降汉朝。休屠王后来反悔，被昆邪王所杀，昆邪王独自降汉。金日䃅因为父亲没有投降汉朝而被汉朝罚做官奴，为朝廷养马。很久以后，汉武帝游宴时，发现金日䃅养的马膘肥体壮，进而发现金日䃅是个人才。顷刻之间，加官晋爵，日加宠信，以致托孤时任命为车骑将军，成为霍光的副手。两人都才能卓越，没有辜负汉武帝的重托。

汉武帝遗命托孤之时，除了霍光、金日䃅为辅佐大臣以外，还有左将军上官桀，御史大夫桑弘羊。上官桀、桑弘羊并不合格，甚至想要害死霍光，如果不是汉昭帝圣明，没有听取两人的谗言，反而立即铲除两人，那么大汉的江山社稷将有被颠覆的危险。

由此可见，汉武帝考核大臣优劣之时，是得失各占一半，远远未能达到完美程度。

知人善任并不是容易的事，即便是如尧帝一样的圣贤之人，也感到很难做到啊！

李晟伤国体

将帅在外执掌兵权，当国家遇到灾难，他们崇奉君王，遵守使命，是将帅理所应当做的事情。

唐德宗时期的西平王李晟杀死朱泚，收复京城，功绩卓著。德宗曾称赞说："天降李晟，是为了李家的万里河山，可不是为了我呀！"可是，李晟做事放纵，曾率领神策军驻扎蜀地，待到回军之时，军营里有许多歌妓。节度使张延赏让李晟把这些人送回去，李晟因此对张延赏有了看法。皇帝任命张延赏做宰相时，李晟就上奏弹劾张延赏的罪行。皇帝看到这种情况，就无法任命张延赏了。过了一年多，皇帝派韩混劝说李晟放弃对张延赏的怨恨。这时韩混就出了个主意，让李晟上表推荐张延赏做丞相，这样张延赏才当上了丞相。由此看来，国家辅相的任用与罢免，都要看大将的好恶了。李晟伤害国体的行为太严重了。德宗这个人好猜忌，性情刻薄，难道能不记在心上吗？李晟到最后失去兵权，正是因为这件事。

宋朝的武成王庙中，原本将李晟列入十贤哲之中。乾道年间孝宗皇帝下了圣旨，将他从十哲降到从祀的地位。孝宗的想法，难道不也是本着对李晟伤国体而持斥责的立场吗？

国初人至诚

宋真宗时，并州、知州缺少官员。宋真宗召集群臣挑选合适的人选。宋真宗说："像张齐贤、温仲舒都足以担此重任。但是这二人都曾经在枢机构任过职，估计他们不愿意外调。你们应当先征求一下他们的意见，然后再确定派谁。"张齐贤、温仲舒被召到中书堂之后，张齐贤怕离开京城后遭受谗言而极力推诿，温仲舒则说："皇上有意让我担任，我不敢有什么推辞。但是，我在尚书省已经任职十多年了，假如把我的级别提升为尚书令，再赐予补给，这样我就愿意前去赴任。"

辅政大臣具实报告给宋真宗后，宋真宗沉思了一会，说："看来他们俩都不愿前去赴任，那就不要勉强了。"

王禹偁曾做过翰林学士、刑部郎中、黄州知州等职务，他打发儿子王嘉佑向中书门下省上了一份奏章："朝廷任用官吏，不论是升还是降，一定要合乎礼仪。一旦任官不当，那就是朝廷的不对。我曾一度任翰林学士，三次担任制诰舍人（掌草拟诏书）。如果按照本朝的惯例，我现在不是给事中或者中书侍郎，也应当是谏议大夫了。但到我这儿却打破了惯例，被排挤在外，一级也得不到升迁，与一般管理钱粮的小官吏已没有多大差别了。执政的人不秉公处事，叫人们依靠谁主持公道呢?"

相比之下,温仲舒曾经在两个要紧的部门任过职,以至敢于公然自求升迁、增添补贴。王禹偁是一位刚正不阿的名臣,认为自己受到不公平的待遇,也想向朝廷报告问题,请求迁转。这些都是因为他们非常诚恳而不做作。后世的人当了官,表面上说得好听,不求功名利禄,但暗地里却好大喜功,利欲熏心,丢弃了诚笃的本性。这都是人心不古、世风日下导致的啊!

奸雄疾胜己者

自古奸雄当道,心怀不轨,日夜觊觎皇位,他们为扫除障碍,常常嫉恨才干比自己高的人。所以,奸雄都有一个座右铭:"宁我负人,毋人负我。"如东汉时蔡邕遭遇董卓专权,孔融、祢衡、杨修碰上曹操专权;曹魏时嵇康、阮籍遇到司马昭、司马师专权;西晋温峤遭到王敦专权;东晋谢安、孟嘉碰上桓温专权,可以说他们都很倒霉。

蔡邕幸免于董卓的毒手,最终还是因为董卓而毙命。祢衡因裸衣怒骂曹操,被曹操送给刘表,后又被刘表转送给性急的江夏太守黄祖而遇害。孔融被曹操灭了全家,杨德祖也遭曹操毒手。嵇康被司马兄弟杀害于东市,阮籍为避祸沉湎于酒,佯狂装疯,最后还是在司马师篡位的劝进表上签了命才免遭杀身之祸。温峤曾机智地离间了王敦与谋士钱凤的关系,并且逃离了王敦的魔爪,但其危险程度,胜似脚踏猛虎尾巴!

桓温时,谢安与孟嘉的遭遇比刚才所讲的几位也好不到哪里去。谢安因为高名达识,德高望重,因此桓温很敬畏他,不敢萌生篡位的念头。尽管如此,谢安仍然有"为性命忍须臾"和"晋祚存亡在此一行"的忧虑。孟嘉为人旷达淡泊,在当地很有名气。他在桓温府当官时,历任征西参军、从事中郎、长史,在朝中沉稳持重,不像郗超之流轻易与桓温同流合污。然而,他自己觉得不能平安地离开桓温幕府,就借酒消愁。值得一提的是,有一年九月九日重阳登高时,桓温在龙山大宴宾客,一时觥筹交错,好不热闹。一阵风来,孟嘉的帽子被吹落在地,孟嘉竟没有觉察到。桓温欲考察孟嘉的行为,不让众人提示他,过了很长时间,孟嘉出去如厕，桓温这才让人将帽子捡起来，并让孙盛当即写一篇嘲笑他的文章，然后放在孟嘉的座位上。孟嘉重回座位看到此情形，很快写了一篇应对的文章，该篇文章文辞优美华丽，得到众人的称赞。依我看，龙山落帽，孟嘉怎么会没有察觉？只不过是他心中愁闷而已。

桓温有一次甚至说："人不可以没有权势，有了权势，我就可以操纵你。"老贼的肺腑之言，在此显露无遗啊！虽然孟嘉能假借沉溺于酒而求全性命，并且寿终正寝，却只活了五十一岁，这是愁闷酗酒导致的下场啊！陶渊明是孟嘉的外孙，慨叹于孟嘉"道悠运促"，真是令人悲恸啊！

盗贼怨官吏

秦末，陈胜和吴广刚刚揭竿反抗秦朝时，早已苦于秦朝官吏残忍统治的人们，不断揭竿而起，你追我赶杀掉了本地的官员，以此来支持陈胜和吴广。

东晋安帝司马德宗时，孙恩集结人马，在东部地区发动叛变。他们所及之处，杀掉当地的县令，并将尸体剁碎，逼迫士兵将这些县令的老婆和孩子吃掉，不愿意吃的人就要被砍掉四肢。

隋炀帝大业末年，反抗隋朝统治的队伍风起云涌，他们捉到官吏和贵族家的子弟后，就全部杀死。

唐朝末年，黄巢带兵攻占了唐朝的都城长安（今陕西西安）后，他手下的士兵四处抢劫，被杀死的人躺满了街道，黄巢也制止不了。他们特别憎恨官吏，抓住就把他们杀死。

宋徽宗宣和年间，方腊叛乱，攻占了东南好几个州郡。所到之处，只要捉到官吏，就一定砍断他们的肢体，割成肉片，把五脏都挖出来，或者熬成人油，或者乱箭射尸。用尽各种残酷毒辣的手段来发泄他们心中的怨恨。

杭州人陈通发动叛乱时，每抓住一个朝廷官吏，便斩首示众。

发生以上这种事情，难道不是因为凶残恶毒的人当了官后，仗势欺人，欺凌百姓，使人人恨之入骨的结果吗？

盛衰不恒久

苏轼曾有言，兴废存亡，变幻莫测。我每次阅读典籍及史书时，哀伤往日之事，经常掩卷慨叹，对苏轼的话深感赞同。伶玄在创作《赵飞燕传》时，记录了赵飞燕在受到皇帝宠爱时，姐妹一时得意的情形，最后慨叹飞燕失宠自杀后埋于荒郊野外的凄凉悲惨，从而得出盛衰无法挽留、兴旺不可测算的道理啊！

宋朝初年，工部尚书杨玢在长安的旧居有不少被邻居们侵占去了，杨家的后代想状告这件事，杨玢在状纸下面批了几句话，有一句说："试上含元基上望，秋风秋草正离离。"唐朝灭亡还不到一百年，而故宫旧殿就变成这般模样，几乎和宗周《黍离》的歌咏差不多了。慈恩寺的塔壁上有荆叔题写的一首绝句，字很小但很端正遒劲，写得非常感人。这首诗写道："汉国河山在，秦陵草木深。暮云千里色，无处不伤心。"寓意深沉高远，不知作者荆叔是什么人，但肯定是唐代诗人的笔墨。

唐代李峤在《汾阳行》中写道："富贵荣华能几时？山川满目泪沾衣。不见至今汾水上，唯有年年秋雁飞。"唐玄宗李隆基当年听闻该诗，竟然潸然泪下。

唐代诗人杜甫《观画马图》诗云："忆昔巡幸新丰宫，翠华浮天来向东。腾骧磊落三万匹，皆与此图筋骨同。自从献马朝河宗，无复射蛟江水中。君不见金粟堆前松柏里，龙媒去尽鸟呼风。"杜甫的另一首诗作《公孙大娘弟子舞剑器行》这样说："先帝侍女八千人，公孙剑器初第一。五十年间似反掌，风尘鸿洞昏王室。梨园弟子散如烟，女乐余姿映寒日。"另一个大诗人元稹的《连昌宫词》说："两京定后六七年，却寻农舍行宫前。庄园烧尽有枯井，行宫门闭树宛然。""舞榭歌倾基尚存，文窗窈窕纱犹绿。""上皇偏爱临砌花，依然御榻临阶斜。""寝殿相连端正楼，太真梳洗楼上头。星光未出帘影黑，至今反挂珊瑚钩。指似傍人因恸哭，却出宫门泪相续。"像这样抒发盛衰的诗作，历朝历代多很多，简直多得数不胜数！

深沟高垒

韩信率军攻打赵国时,赵国的陈余将军负责抵御。陈余军中有一个姓李的小军官对陈余说:"此刻,韩信的军马是乘胜而来,他们离开本土来攻打我们,他们的气势正旺,我们恐怕难以抵挡。我请求率领一支人马,趁他们不注意,沿着小路前进,截下他们的粮草,然后挖深沟、筑高墙,围而不攻,韩信的头很轻易就可以挂在你的军旗下。"陈余没有听取这一计策,便与韩信大战,结果双方刚刚开战,就被击败,并成了韩信的俘虏。

东汉景帝刘启前元三年(前154年),以吴王刘濞为主的七个诸侯国发动了叛乱。景帝派周亚夫等率大军前去镇压,两军在荥阳(今河南荥阳西)相遇,有一个姓邓的都尉对周亚夫说:"叛乱部队现在的锐气正盛,我们很难战胜他们。我们先引诱他们攻打梁国让,而我军主力可驻扎在昌邑,然后挖掘深沟高筑壁垒,派轻装的军队阻断他们运粮的道路,等他们在来攻击我们时,我们就可以用全盛之气来消灭疲惫之敌。"周亚夫采纳了这一建议,叛乱军队果然被打得大败。

上面两位谋臣所献的用兵计策几乎是一样的,但采用与否,其结果却大相径庭。

战国时期,秦国攻打赵国,把部队驻扎在武安(今河北武安)的西面,准备先占领阏与(今山西和顺境内)。赵国派大将赵奢领兵前去救援,在距邯郸(今河北邯郸)三十里的地方。赵奢修筑了坚固的防御工事,把部队驻扎下来。驻守了二十八天,仍然不前进,并接着修筑城墙,给秦军造成赵军只是消极抵抗的假象。不久之后,赵军趁其不备,发起强烈猛攻,秦军被打得丢盔弃甲。赵奢的计策,可称得上是"玩敌于股掌之上",在还未开战之时,夺取胜利的情形已经显而易见了。

袁盎温峤

汉文帝时,宦官赵谈常常在皇帝面前说袁盎的不是,袁盎非常担心。他的侄子袁种出计策说:"你不如和赵谈公开大干一场,当着众人的面侮辱他一下!这样一来,以后他再说你的不是,皇帝就不会信他了。"袁盎听后,决心依此计策实行。

有一天，汉文帝出宫，赵谈也在车上随同。袁盎一看是个好机会，便扑上去跪在地上说："我听说和天子同乘一辆车的人，都是天下豪杰人士，陛下怎么可以和被刀具阉割的人同乘一辆车呢？"

汉文帝一听有理，笑着让赵谈从车上下来。赵谈又羞又气，哭着下去了。

东晋明帝时，中书令温峤在朝廷主持政务，受到在外带兵、专横跋扈的王敦的忌恨，想办法将温峤调到身边担任左司马。温峤不愿久留，准备到丹阳（今江苏南京）任长官。临行前，担心王敦的谋士钱凤阻拦陷害，便在饯行宴会上要了个花招。

温峤起身一一劝酒时，来到钱凤跟前，打落了钱凤的头巾，变了脸色，说："钱凤，你是什么人，温太真劝酒竟敢不喝！"等到温峤出发以后，钱凤进来劝说王敦道："温峤跟朝廷联系非常紧密，不可轻信。"意思是让王敦把温峤追回，以免后患。

谁料王敦竟厌恶地说："昨日温峤喝多了，对你态度差，怎么就因为这事说他的坏话呢？"他当然不听取钱凤的提议。

以上两人，就是这样有才智！

晋燕用兵

世上之事，因果缘由各不相同，因此处理时也不能用上同样的方法，尤其是用兵之道更是如此。

晋文公率兵围攻曹国，攻城的将士死了很多。曹军将晋兵的死尸置于城墙上，借此浇灭晋军的士气。晋文公心中十分焦急，这时他的谋士们向他献了一个计策说："我们可以假装着在曹人的祖先墓地中驻扎，就说要挖开曹人的坟墓。"晋文公听取了他们的计策。部队就向后转移到曹人墓地。曹国人非常担心祖坟被毁，士兵都显得十分恐惧。晋军趁着敌军魂不守舍，重整旗鼓攻击曹军，很快就攻破城门。

燕将骑劫来攻打齐国的即墨城，齐将田单巧施反间计，故意透信给燕人，说很害怕燕军掘我们城外的冢墓。燕军果然上当，把城外齐人的坟都给挖了，并且当着齐国士兵的面焚烧死人。齐人看到后悲痛不已，于是出城反击，真是化悲痛为力量，个个争先杀敌，以报掘墓之仇。果然大败燕军。

晋燕用兵计策一样，他们的结果恰巧相反，这是为什么呢？晋军驻扎曹人墓地，表面上要掘开坟墓，因此曹兵惧怕，这是为消灭对方的士气，而燕军却当真这样做，正是中了同仇敌忾的计策，惹怒了齐军。

治盗法不同

一向有"虽位将相，身听狱讼"之称的崔安潜，在唐僖宗时代，代替高骈担任四川节度使。当时四川境内盗贼非常多，崔安潜上任后却不下令捉拿。他的想法是："这些盗贼假如不是有人姑息养奸，他们是不会如此猖獗的。"于是，他就采用了一个奇异的计策。拿出库中的一些钱放在各地的闹市中，并且张贴榜文说道："凡是揭发、捉拿盗贼的赏钱五百缗；假如同伙告捕的，和常人一样赏赐，并且无罪释放。"

这个榜文发出后不久，有人送来了一个盗贼。盗贼很不服气地向捕捉他的人嚷道："你和我一同为盗十七年，赃物都平分，你怎么能捉我呢？"崔安潜说："你既然知道已经出了告示，为什么不将他捉来？如果你把他捉来，那么他应当被处死，而你则要受到奖赏。现在你既然已经被人家告发了，就应当处死，还有什么可说的呢？"随即下令付给捕盗者赏钱，然后将这个盗贼在街市上处死。于是，盗贼们与其伙伴们相互猜疑，竟然在一夜之间纷纷逃散出境，从此境内再无一人为盗了。我每读此事，总认为崔安潜的做法的确是治盗贼的上策。

后来李公择治齐州（今山东济南），采取的是严加捉拿、严加处罚的方法。但这样，齐州境内的盗患却屡禁不止。他不能理解这到底是怎么回事。后来有一次捉到一个很狡猾的盗贼，就饶他无罪，留在自己的身边，并问他："为什么盗贼一旦作案就被抓获，但仍屡禁不止呢？"这个盗贼看李公择重用他，就把原因说给李公择了。原来是那些有钱人家为盗贼提供保护，若是遇到官府找到他们，就拿住其中的一人交官，其他人就避免了被捕。李公择这才恍然大悟。下令：凡是窝藏盗贼的人家，必定严厉治罪，没收财产，查封房舍。盗贼这才无处藏身，齐州境内也就平静了。

从这两件事中可以看到，治邦的法令，要因地制宜，不能生搬硬套。像崔安潜的办法是好的，但是齐国的盗贼却将告发无罪当成了挡箭牌，因此，只要根据实际情况随机应变，就可以达到很好的效果。

裴行俭景阳

带兵打仗，将领要上通天文，下知地理，不然的话，在还没有与敌人开战之前，自己就已被某些自然灾害所打败。以下这两则故事就证明了这一点。

唐朝将军裴行俭任定襄道大总管时，奉命讨伐突厥。经过几天的行军后，一天晚上大军驻守下来。天黑时，营帐已经扎好，为了预防敌人偷袭营帐，在其周边有挖了深沟。裴行俭巡查一遍后，照例地向天上望了一眼，只见他思考了一阵，果断地命令将营帐迁移到高岗上去。手下将官面露难色回报说："士兵们已经安歇，不能再打扰他们了。"裴行俭大怒道："我命令你们马上迁移，否则以军法处治！"将士们不得已把营帐迁到了附近的高岗上。到了夜里，忽然阴云密布，电闪雷鸣，下起了暴雨，以前安营扎寨的地方，积水深达丈余。天明后，将士们望见这一切，没有不惊骇叹息的，对他们主将的神机妙算佩服得五体投地。后来将士们问他怎么知道要下暴雨。裴行俭把手一挥说道："从今后只要你们听从我的指挥，不要问我是怎么知道的。"

战国之时，也有类似的事情。当时齐、韩、魏三国联军攻打燕国，燕国派人向楚国求救。楚王派大将景阳带兵前往援救。经过一天的行军，天将黑时，就下令将士们安营扎寨。经过一番忙碌，高高的大旗树立在营帐上方起来。

手下后勤官员禀报景阳，营帐已经安好，请求检查，景阳巡查一番后，看到驻扎的地方处于低谷，勃然大怒道："你们所扎营的地方，我敢肯定不到明天，大水将会淹没旗杆，怎么可以作为驻扎之地呢？"于是命令将营帐迁移到高地。第二天果然下大雨，爆发山洪，之前扎营的地方，洪水浸过了旗杆。到此，将士们对景阳是心悦诚服。

陈轸之说疏

东周末年，诸侯逐鹿，兵荒马乱，一些巧言善辩的权谋之士，出于对自己生活的考量，凭借三寸不烂之舌，游走于各诸侯国之间，或挑起矛盾，或消除兵祸。

这就出现了战国时期如张仪、苏秦、鲁仲连、虞卿等许多有名的纵横家。随着时局的发展，渐渐出现了以苏秦、公孙衍为首的针对秦与齐等大国保存实力的合纵派，还有以张仪为首的联合秦齐等大国攻打弱国的连横派。这些纵横家为争一时之利，不顾忌是非曲直而妄自邀功，做出了一些不合理的事情。

战国晚期，秦、齐、楚势力渐渐壮大，秦国想要雄霸天下，消灭六国，而它最强劲的对手自然是楚国和齐国。为了应对秦国的威逼，楚国与齐国结为军事政治联盟，秦对楚束手无策。

楚怀王即位后，被拜为秦相的张仪企图破坏齐楚联盟，就游说楚怀王，让楚国跟齐国断交并把秦国的商於之地（今陕西商南县、河南淅川县及内乡县一带）献给楚王。陈轸劝谏道："张仪一定会背弃大王，商於不能得到，而齐国、秦国却会联合。这样做就是在北边断绝与齐国的交往，在西面又滋生对秦国的忧患。"这些话可以说是正确的，但是，他又说道："不如暗地里跟齐国联合而表面上跟它断交，派人跟着张仪，如果给我们土地，再跟齐国断交不迟。"这些话显示出了他的阴谋。

陈轸没有深刻地认识到秦的险恶用心和齐楚联盟对楚的重要性，只以能否得到商於之地为出发点。

楚怀王绝楚齐之交后，派人向秦讨取六百里商於之地，秦拒不交付，楚怀王才知上了张仪的当。他盛怒之下，准备马上发兵攻秦，这时陈轸不仅没有吸取"失策"的建议，反而继续向楚怀王进献一条更加荒谬而对楚的生存更加不利的计策，他说："我们何不将计就计，不再去索要商於之地，而用一名都拉拢秦国，秦楚合兵共同攻伐齐国。齐国必定不是秦楚联军的对手，如此一来，我们在秦国丢失的土地不就可以从齐国那里得到吗？"

楚齐本是联盟，楚怀王不明白利害关系，与齐国断绝关系，本应恍然大悟，向齐国自责请罪，重新复原楚齐联盟关系，以防止秦国对楚齐逐个攻破。而作为谋士的陈轸却相反，建议楚国联合秦国攻打齐国，真是错上加错，这不正中了秦的奸计吗？陈轸当时应该可以假设一下，如果秦、楚果真联合打败了齐国，那么更加强大的秦国进攻的下一个目标不就是楚国了吗？陈轸未能在繁杂的形势中分辨是非曲直、利害关系，他的纵横术相比于其他纵横家鲁仲连、虞卿等无疑有天壤之别。

三、宦途记事

将帅贪功

廉颇一生建功立业无数，到了晚年，他仍贪功不退。秦国后来进攻赵国，这时廉颇正在魏国，赵王派兵去看廉颇还能否率兵征战。廉颇还想建立功勋，彰显英雄本色。但最后还是由于仇家郭开从中作梗，不要说立功了，故土都未能回去。

汉武帝讨伐匈奴，老将李广几次自荐。汉武帝见他态度十分坚定，不得不批准他担任卫青的前将军，但最终因为迷路误军而自杀。宣帝时先零羌反叛，营平侯赵充国已经七十多岁了，仍然非常自信，认为当时的汉将中无人能够超越自己。他在金城（今甘肃永靖西北湟水南岸）接受诏命，平定了羌族的叛乱，可他的儿子却因为平羌之事惹来杀身之祸。

汉光武帝时，五溪的少数民族反叛，马援请求出征，光武帝怜恤他年老，没有同意。马援请求说："我还能够披甲跨马。"光武帝让他试一试，马援跨上马鞍左顾右盼来表示可被任用。光武帝笑道："这个老者真是勇健啊！"于是用他为将，结果在壶头山遭到厄运。

唐朝代国公李靖本来是告病在家。这年正遇上吐谷浑族侵犯边境。他听说后马上去见丞相房玄龄，并对他说："我虽然年迈了，平叛还是没问题的。"但他平叛归来后却差点死在高甑生设计的圈套中。唐太宗打算攻打辽东，召他进来对他说:"高丽还不臣服,您也有出征的意思吗?"他回答说:"现在我有病,虽然身体衰弱,但陛下真的不嫌弃我的话,我的病就快好了。"皇帝怜悯他年岁大了,没有同意。郭子仪八十多岁,还当着关内副元帅和朔方、河中节度使,没想到辞职退居,最后被唐德宗下令罢免。

历史上这几人,哪一个不是文韬武略、人中豪杰?然而他们都被功名所牵累,何况是比不上他们的人呢?文臣以运筹帷幄辅国,武将凭借骁勇善战定邦,人们成就功名的欲望就是因为这个名声的存在才产生的。从古至今,贤卿大夫们极少去探究这个道理,不爱惜自身,真是让人慨叹急流勇退的人太少了!

人臣震主

作为臣子,为江山社稷立下战功,名扬四海,如果长时间伴随君王左右,连君王都会对他感到敬重的话,那么他大多会招来君王的猜忌,一般不会有好下场。这在历史中举不胜举。

先说说韩信。他年轻时承受胯下之辱,就是为了自己的雄心壮志。后来投靠西楚霸王项羽,没有受到重用,几次三番向项羽献计献策都不被采用,韩信只好投靠汉王刘邦。起初,在刘邦那里也没有得到好的待遇,仅为治粟都尉。后经萧何大力举荐,刘邦才拜他为大将军。韩信的才干和智谋才有了用武之地,做了许多震天动地的大事,例如:明修栈道,暗度陈仓,平定三秦;背水列阵,大破赵兵;兵不血刃,收复燕地;突发奇兵占领三齐,后又十面埋伏,大破项羽,逼霸王别姬自刎垓下留下了千古浩然的英雄美名。可以说没有韩信,刘邦难以完成统一天下大业。韩信对于刘邦可称得上忠烈,楚汉相争之时,韩信有好几次自立为王的机会,完全可以消灭刘邦和项羽,但他都弃之不用,为的就是报答刘邦的知遇之恩。

然而,当了皇帝的刘邦,生怕战功赫赫、兵权在握的韩信总有一天会叛变,以至于食之无味,夜不能寐,最后终究以谋反罪名杀掉了韩信。

与韩信下场类似的还有汉朝的霍光与周亚夫。大司马大将军霍光有拥立昭帝、宣帝之功,其权势和皇帝一样威重,宣帝谒见宗庙时,霍光陪宣帝坐在车的右端,宣帝内心很害怕他，如有芒刺在背一样感到不安。霍光死后不久，宣帝就找到一个借口将其全家杀掉。民间传说："威重震主者，没有好下场，霍氏灭族之祸，起自霍光和宣帝同坐一车之时。"

周亚夫是汉朝开国元勋周勃之子。周勃死后，其子袭侯位，后犯法被杀，汉文帝就想选择周勃儿子当中的贤者为侯。众人皆推周亚夫，于是亚夫袭侯爵、封条侯。

周亚夫因治军严明深得汉文帝赞许，以至于其驾崩前嘱咐继任的汉景帝："如果国家危机，周亚夫可以为帅。"

汉景帝继位不久，便出现了以吴王刘濞为首的七国之乱，叛乱来势汹汹，一时汉室告危。汉景帝遵文帝之嘱，果断地让周亚夫率军平叛。周亚夫临危受命，东征西讨，终于击败了七国联军，为保卫刘汉王朝立下盖世功勋，被景帝拜为丞相。

汉景帝欲废太子刘栗，周亚夫不同意，最终拗不过皇帝意志，刘栗还是被废了，景帝也从此疏远了周亚夫。周亚夫在平乱时得罪的宠臣梁孝王，此时又不断在汉景帝面前说其坏话。再加上周亚夫为汉朝社稷考虑，坚决反对汉景帝违背汉高祖刘邦"不准封刘姓以外的人为王"的规定，而封皇后之兄王信为侯的行动，深深得罪了窦太后与汉景帝，以至汉景帝认为自己死后，周亚夫不会做自己儿子的忠臣。于是，汉景帝借故罗织罪名，捕周亚夫入狱。周亚夫"不食五日，呕血而死！"

也许东晋的谢安的下场比周亚夫要好些。谢安风流倜傥，处事沉稳，曾不动声色地为挫败奸臣桓温的篡逆阴谋立了大功。桓温死后，谢安执政，使东晋内部出现了前所未有的和睦气象。

谢安打退了苻坚的百万军队，使晋朝再次生存下来，他的功劳名誉日益盛大，那些一心想往上爬的奸邪的人，经常诋毁他，说他的短处，使得晋孝武帝开始疏远猜忌他，又因相信了会稽王司马道子的奸猾的煽动，致使谢安辞职到外地去，以至于最后死于外地。

隋文帝时的功臣高颎就没有谢安这么好的运气了。隋文帝杨坚做北周的权臣，想要谋权篡位，看到同为北周大臣的高颎精明干练，就命人笼络高颎为自己出主意、定计策。高颎冒着灭门九族的危险欣然听命，为杨坚逼北周禅让而建立大隋立下功劳。在统一全国的过程中，高颎更是立下赫赫战功，被杨坚任为丞相长达二十年。

高颎知恩图报，为大隋江山勤勤恳恳地劳作，却触犯了皇后独孤氏，在她的挑拨离间下，隋文帝也怀疑并疏远了高颎，直至削官为民。

隋炀帝杨广即位后，又拜了高颎为太保，而高颎又因看不惯杨广淫靡颓废，被杨广冤杀。

唐朝的一代名将郭子仪的遭遇也令人慨叹。开元盛世后期，唐玄宗迷恋酒色，宠信奸佞之臣，穷兵黩武，挑起边境战争，引起了长达八年之久、给国家造成重大灾难的安史之乱。当边镇大将安禄山、史思明发兵毁掉东都洛阳和西都长安时，唐玄宗仓皇逃往成都，太子李亨即位，是为唐肃宗。唐肃宗重用李光弼、郭子仪平息叛乱。郭子仪临危受命，率领军队与叛军短兵相接数载，为平定安史之乱立下汗马功劳。唐德宗即位，却疑忌郭子仪名望权势太重，便罢免了郭子仪的兵权。

李晟靠孤军收复了京城，但不被庸主所信任，使得他日夜哭泣，眼睛因此都哭肿了，最后还夺掉了他的兵权，并百般猜忌他，使他差点不免于死。李德裕功劳卓著，声名威震四方，辅佐唐武宗中兴，威望特别高。唐玄宗登上皇位时，在太极殿奉册。皇帝事后对左右的人说："刚才行礼时在我旁边的那个人，不就是太尉吗？他一看我，我的毛发就因为害怕而竖立起来。明天就罢免了他，最后把他贬到海岛上直到他死在那里。"像郭崇韬、安重诲也都是如此。

晏子扬雄

齐庄公因行为放纵被大夫崔杼杀了，与其同死的还有八位大臣。大夫晏子听说此事后，就来吊祭庄公。左右的人问他："大夫要为庄公殉难吗。"他说："君主又不是我一人的，我为何要舍身为他殉难呢？"左右的人又问他："大夫要逃走吗？"晏子说："君主的死又不关我的事，我为何要逃呢？如果是为了国家而死我就可以死，为了国家的生存而逃我就逃走，若是为了个人私利这样做，不是那些阿谀奉承的臣子，谁会去这样做？"

崔杼和大夫庆封勾结，立年幼的杵臼为国君，胁迫大臣们宣誓服从。崔杼的家丁拿着兵器逼迫着晏婴，他誓死也不服从，说道："我不单单是为了忠于国君，而是为了忠于社稷。"铁骨铮铮、气贯长虹，以致崔杼、庆封不敢杀晏婴了。

晋国的豫让原先投靠危中行，后来智伯杀了危中行，豫让就为智伯效力。赵襄子杀了智伯，豫让隐姓埋名找机会刺杀赵襄子。后来被赵襄子捉住了，赵襄子问他："智伯杀危中行你不为他报仇，为什么你现在为智伯报仇？"豫让说："危中行待我像平常的庸人一样，所以我以普通人的身份回报他；智伯待我像国士一样，我就以国士的身份报答他。士为知己者死，我死而不悔。"

晏子的话和豫让的话差不多，但晏子不愿意用自己的死去殉庄公。这样看，晏子正气凛然以国家利益为重就是豫让不能相比的了。

扬雄在西汉做官，亲身经历王莽篡汉的变乱。他终生坚持正道，与晏子同等。社会上有些儒生拿他的《剧秦美新》来贬斥他，其实是不对的，因为这是扬雄迫不得已才写的。颂扬新莽的恩德，结果只能是美化残暴的秦王朝，其中深意不难体会。序中所说新莽与传说中圣明的五帝一样，甚至比夏禹、商汤、周文王、周武王还强之类的话，有史以来没有听人说过，这只不过是在戏弄王莽罢了。如果扬雄擅长趋炎附势，他可以写王莽是真命天子，去赞颂他挽救汉室的功劳，这样完全可以邀功，争得国师重臣一样显赫的地位，怎么也不至于那样抑郁不得志。

彭越无罪

韩信、英布、彭越都因为谋反而丧命。

其中韩信趁着汉高祖刘邦亲自率兵征伐陈豨的机会，企图假借朝廷的命令，释放官府的罪人，然后又调动军队袭击在京师的吕后和皇太子。

英布见汉高祖派使臣考察自己是否谋反，就出兵向东攻击荆地，向西攻打楚地，并对汉高祖刘邦宣称自己要当皇帝。他叛变的罪行已经很明显了。

只有彭越，仅仅因为刘邦讨伐在邯郸陈豨，要他出兵，他说自己有病不能亲自带兵去邯郸，只能派手下大将军率兵前去，就得罪了汉高祖。汉高祖既已下令将彭越削籍为民，而吕后又指使他人控告彭越还想谋反，彭越于是被杀。

韩信、英布、彭越谋反的事，只有彭越是冤枉的。扈辄曾经扇动彭越谋反，彭越不听劝告，但也没处死扈辄。有关机构认为彭越不杀劝说他反叛的人，就说明他心里想谋反。若是这样，就与贯高企图谋杀汉高祖而张敖不同意的事是一样的。彭越因为没有处死劝说自己谋反的人而被杀；张敖说自己不知道贯高谋反的事，便被宣布无罪，这是为什么呢？

乐说揭发韩信、贲赫告发英布，都被分封为侯。梁大揭发彭越却未受到赏赐，这难道不是因为汉高祖刘邦也知道彭越被杀是有冤情的吗？栾布是彭越的人，奉命出使回来之后，彭越已经被杀害了。栾布仍然对着彭越的尸首向他汇报出使的情况。刘邦知道以后派人把栾布叫来大骂一顿，想把栾布烹杀。栾布坚持彭越没有谋反的现象，朝廷却用无关紧要的事情把彭越处死了。后来，刘邦不但释放了栾布，还将他任命为郡都尉。如此看来，汉高祖在用刑上辜负了彭越，这真是太可悲了啊！

田横吕布

秦末，各地反秦起义如火如荼，田横也起兵反秦，想要重建齐国，自称齐王，后来被刘邦击败了。

西汉政权建立后，田横率手下五百多人逃到海岛上。刘邦派遣使臣到海岛上去劝降，并且说："假如田横归顺汉朝的话，最高可以封王，最低也可封为侯。"于是田横带着两个门客，去到洛阳。在将要抵达洛阳时，田横对自己的门客说："想当初，我和刘邦都是地位平等之人。现在，刘邦当上了皇帝，而我却沦为阶下囚。要让我做刘邦的臣子，对我来说简直是天大的耻辱！与其这样受辱，不如死了算了！"于是拔剑自刎了。

田横不羡慕王侯爵位，视死如归，所以汉高祖听后，流着眼泪称赞他的贤良。班固则认为田横是个"雄才"。唐朝的韩愈路过田横墓时，写了一篇文章悼念他说："自古以来死去的人太多了，先生虽死，光芒至今还照耀人间。"田横那种英烈凛然的气节，至今还有着强大的生命力。

东汉末年，军阀割据混战，吕布占据徐州，后来被曹操打败，做了俘虏。曹操准备处死吕布的时候，吕布对曹操说："你最大的心患就是我吕布，现在我已经归服你了，如果你饶我一条性命，让我带领骑兵，你自己带领步兵，我们互相配合，平定天下指日可待。"曹操最终还是把吕布杀了。

吕布的勇武未必在田横之下，可是他却想忍受屈辱投靠仇敌，所以苏东坡曾有诗说："犹胜白门穷吕布，欲将鞍马事曹瞒。"这是对吕布的嘲笑。

五代时期，割据燕州的刘守光吃了败仗，被晋王李存勖生擒。刘守光知道自己性命难保，便痛哭流涕，哀求道："晋王你想要收复唐朝的天下，成就霸业，我善于骑射，为何不饶我一死，让我为你效劳呢？"这便是更加庸碌、奴性十足的下等人才，不值得一提。

党锢牵连之贤

东汉后期发生的党锢之祸中，有声望和有才德的士大夫先后被杀掉了一百多人。全国各地均遭遇了这一灾难，其中那些有名望和有突出事迹的人，都已载入史书。而那些有较小牵连的，即被囚禁，又愿意主动接受灭门之祸的人，也都是有节操行义的士大夫。只是他们的地位和事迹不太凸显，很多人仅仅附载于别人的传记之中。

比如，李膺因党锢之祸死于狱中，他的弟子和原来的下属官员都受到连累，被削职为民，终身囚禁，不得再次为官。当时，侍御史景毅的儿子是李膺的学生，由于名册上没有他的名字，便没有被贬职。景毅大方地说："本来，因为李膺才德双全，我才将儿子送去做他的学生，怎么能因为名册上遗漏了我儿子的名字，就让他逍遥自在，得过且过呢？"于是就不准儿子回家。

高城（今河北盐山）人巴肃被列入党人名单以后，主动坐车到县衙去投案，县令很感动，打算扔掉官印和巴肃一起出逃。但巴肃甘愿接受法律的惩罚，不同意逃走。

征羌（今河南郾城东南）人范滂免官在家，后来朝廷下诏迅速将范滂逮捕入狱，本郡督邮（负责代表太守督察乡县、宣传朝廷命令，兼管狱案捕捉逃亡等事的郡吏）吴导拿着诏书来到范滂所在的县里以后，把诏书藏在怀里，关上旅馆的门窗，伏在床上痛哭，不忍心逮捕范滂。范滂听说以后，主动来到县衙的牢房。县令郭揖非常吃惊，赶快出来，扔掉官印，准备领着范滂逃走。范滂说："只有我死了，灾祸才会停止，哪里敢因为我的罪过使你受连累呢！"

张俭因为党祸逃亡在外，处境艰难、窘迫，但他每到一处，人们总是冒着家破人亡的危险收留他。张俭经过的地方，因窝藏他而被重刑处死的有十多人。后来流亡到东莱（今山东掖县）藏在李笃家里，外黄（今河南民权县西）县令毛钦，带着兵器来到李笃家。李笃对毛钦说："张俭逃亡在外，不是他的罪过。即使能够找到他，难道你忍心抓他吗？"毛钦拍着李笃的肩膀说："春秋时期，卫国的大夫蘧伯玉为一个人单独做君子感到耻辱，你为什么要独自讲求仁义而不让别人也为君子呢？"说完，他叹息着走了。张俭因此幸免于难。

几年后，上禄（今甘肃成县）县令和海上奏朝廷说："囚禁党人，逼迫他们五族之内的亲属也受禁闭，这不是合乎常理与法令。"因此朝廷下令，释放了党人祖父母以下的亲属。

上面提到的几位东汉君子如此贤能，这不正是当时士大夫推崇名节的最好证明吗？

杜延年杜钦

班固在《汉书》中载有这样两个姓杜的人物。一个是汉昭帝时期的杜延年。他原本是大将军霍光的部下，霍光辅佐政务时，杜延年常常给他出谋划策。霍光法纪严苛，杜延年宽怀为本，他们两个一严一宽，国家政务处理得非常得体，杜延年因此也被称为贤士。另一个是汉成帝时期的杜钦。他原本在大司马王凤的手下当差，曾经营救过大鸿胪冯野王、京兆尹王尊，使他们免受处罚。当时朝廷之中出台了很多好的政令，多数都是由杜钦帮着王凤制定的。

但是在我看来，这样评价他们两人有点夸大其词。别的不用说，举一两个例子看看他们的为人、辅佐政务到底如何？

霍光辅政时，侯史吴犯罪，霍光借机排除异己，株连无辜。因为侯史吴的罪杀了三个九卿部官。这样有关朝廷大政的事，杜延年却没有谏止，却于无形中帮了霍光。

杜钦是大将军王凤的幕僚，曾经拯救过冯野王、王尊，而当时一些好的施政措施，也大多出自杜钦之手。我认为霍光根据侯史吴藏匿桑迁之事，仅仅一个早上就杀掉了三个位居九卿之列的大臣，可是杜延年没能谏止。王章曾上书揭露王凤的罪过，圣上受到感动有所醒悟，想罢免王凤，杜钦叫王凤马上上疏谢罪。后来皇上又不忍心罢免他，可王凤却仍想着借机引退，杜钦劝说他打消了这个想法。

王章被谗告冤杀之后，朝廷上下都认为王章死得太冤枉，大家都更加怨恨王凤了。杜钦又出点子说："天下之人不了解王章真有罪过，都认为他是由于上言国事的缘故而死的，应该借着王章这件事提拔直言敢谏之人，使天下人都知道君主至明，不会因为陈述意见而治臣下的罪。如果这样做了，那么流言自然而然就会消释了。"王凤久经官场，见风使舵是拿手好戏，当然就绕过了险滩。

王莽谋权篡位时，授予王凤大权。王凤原本名声就坏，想辞官回家。杜钦劝说他进不失富贵，退可保性命，但是现在还未到时候。结果王凤就放弃了引退的念头，甘愿为王莽效劳。杜钦使了很多诡计，实际上是汉朝的奸贼。可史书中却说，当时好的政令都出自于杜钦，这难道不是很荒谬滑稽吗！

孙坚起兵

东汉末，董卓凭着自己的势力，进驻京城洛阳，杀死了少帝，毒死何太后，另立刘协为汉献帝。他的做法引起了各地州郡刺史和太守等长官的愤慨，纷纷举义兵，征讨董卓。各地的豪强霸王也争先响应号召。在这些义兵之中，只有长沙太守孙坚最先抵达，孙坚的征讨让董卓非常害怕，朝廷也认为孙坚有功。所以，为《三国志》作注的裴松之就称孙坚"最有忠烈"。

然而，当时长沙是荆州（今湖南常德东）下属的一个郡，长沙太守受荆州刺史王睿的监督管辖。最初，王睿曾和孙坚联兵攻打零陵（今广西全县北）的割据势力，因为孙坚是个武官，王睿说话很轻视他，这使孙坚怀恨在心。当董卓占领洛阳，控制国家政权时，王睿起兵准备讨伐董卓，这时，孙坚借助朝廷使臣，伪造檄文杀了王睿，泄了自己多年的私愤。

南阳太守张咨是和孙坚平级的邻郡长官，孙坚借口南阳的军备物资不齐备，把张咨也杀掉了。孙坚作为一个小小的郡守，凭借自己兵力强盛就敢任意杀害州郡长官，这哪里是一个小小郡守的行为呢？

刘表任职荆州（刘表把治所从湖南常德移到湖北襄樊）刺史之时，忠心为朝廷效劳。袁术是地方豪强中一个极具野心的军阀，一心想要称霸。孙坚追随袁术，服从袁术的指挥攻伐刘表，后来被刘表的手下杀掉了，他的这些作为该怎样评价，值得好好讨论一番。

四 李杜

东汉的太尉李固和杜乔，都当过丞相级别的高官，都是正派之人，后来都被奸臣梁冀所杀害。因此杨生曾经上书，请准予李、杜二公的骨灰归葬故乡。

梁冀被汉桓帝除掉后，朝政大权又落入宦官手中，这些人为所欲为。白马（今河南滑县一带）令李云向朝廷上了一本公开的奏章，指斥宦官，个别语言涉及了皇帝。汉桓帝看了以后，勃然大怒，将李云逮捕，投进北寺狱。弘农（今河南灵宝一带）五官掾杜众，为李云一片忠诚却成为罪人而悲伤，他也上了一书，表示愿意和李云同日而死！汉桓帝更加恼怒，派人把他抓了起来。两人果然都死在了监牢之中。后来襄楷上书议论此事，也并称为"李、杜"。

汉灵帝时，由于"党锢之祸"，李膺、杜密遭遇迫害。另外一个党人范滂在被处死之前，他的母亲前来道别，说："如今你和李、杜的名气一样大了，即使死了，也没有任何遗憾！"

唐代大诗人李白、杜甫，当时都是以写诗名扬天下。因此韩愈有诗云："李杜文章在，光焰万丈长"。

梁状元八十二岁

陈正敏《遁斋闲览》中有如下的记载："梁灏八十二岁时，考中了雍熙二年（985年）的状元。他在谢启文中说：'白首穷经，少伏生之八岁；青云得路，多太公之二年。'后来官至秘书监，死时已九十多岁了。"

这个记载影响甚大，士大夫们经常引用它。

据我从国史中考证，事实如下：梁公字太素，雍熙二年（985年）高中甲科进士。景德元年（1004年），以翰林学士的官位担任开封府知府，得急病而死，终年四十二岁。史臣写道："梁氏在朝廷正受器重时，却中途夭折了。"

史书中记载的都是这样清楚，《遁斋闲览》的纰缪不攻自破！

汉重苏子卿

汉朝对待士大夫缺少恩德，但唯独对苏武十分厚待。这是由于他持节出使匈奴时展现出了极大的爱国之情，因此要赞扬他的忠义气节。

上官安图谋造反之时，苏武的儿子苏元曾经参与谋划，结果被斩首了。司法部门上书，要求捉拿苏武，当政的霍光将此事给压了下来没有准许。

汉宣帝登基后，表彰拥立他为帝的各位忠臣，赏赐八人为关内侯，苏武就是其中一个。关内侯过去并没有封地，由于苏武在匈奴很有骨气，所以特地给他封了食邑。

汉宣帝很可怜苏武年迈而儿子又因犯罪处死，曾问身边的大臣："苏武在匈奴待了那么久，还有别的儿子吗？"

苏武听到这个消息后，就找到汉宣帝，说："以前我在匈奴时，曾经和一位匈奴妇女生下一个儿子，名叫通国，我回来后，他还曾联系过我。请朝廷再派使者去匈奴时，将他赎回来吧！"皇帝答应了。

苏通国被赎回来后，皇帝任命他为郎官。还任命苏武弟弟的儿子为右曹。又因苏武功高年迈，只让他每月初一、十五两次上朝，享受特殊待遇。皇后的父亲、皇帝的舅舅、丞相、御史、将军们，也都很敬重苏武。后来，在麒麟阁悬挂有功德大臣的画像，总共十一人，苏武就是其中之一。

苏武的官位最终只做到负责境外少数民族事务的典属国，这是因为朝廷认为他年纪大了，无力担负公卿大官的重任。

先父洪皓被囚禁在金朝十五年，能从金国带回显仁皇太后的书信，高宗夸奖他"即使苏武也超不过他的功劳",但是受制于有权势的大臣,回国后仅升了一级官职,在朝中为官不满一月,最后贬谪到南方荒凉偏僻之地,我的长兄被罢官。追读汉朝历史,比较先父和苏武的不同遭遇,怎不使人失声痛哭!又按《汉书·苏武传》说:"出使匈奴回朝,被任命为典属国之职,俸禄是两千石。汉昭帝时,被免官。后来他以原是两千石的身份和别人合谋拥立宣帝,赐关内侯爵位。张安世举荐他,宣宗马上让他等待任命,几次见到天子,恢复了典属国的职务。"可见,他在定策立宣宗时,只是以两千石的身份进行的,《汉书·霍光传》说他和苏武联名上奏说昌邑王不宜立为天子时,直接称苏武为典属国,《汉书·宣帝本纪》说苏武在这时也已封侯,恐怕都是错误的记载。

祢衡轻曹操

孔融敬佩祢衡的才气,多次向曹操举荐祢衡,说:"此人坦荡忠直,才华横溢,志向高远,嫉恶如仇。就连古代有名的直士任座、史鱼等人也不能同他相比。像祢衡这样的奇才,确实寥寥无几。"

听了孔融的话,曹操的确心动,想要召见祢衡,打算委以重任。谁料祢衡向来轻贱曹操,所以对曹操的邀请不予理睬,甚至说了一些无礼的言辞,曹操听了以后十分恼火。

曹操听说祢衡善于击鼓,于是计上心来。他下令让祢衡当军中专门打鼓的小吏。等到八月份大朝会时,按照规矩,每个鼓吏都要脱掉原来的衣服,而换上表示身份地位的鼓吏的衣服,曹操想借此在众宾客面前耍弄祢衡一番。谁知祢衡却没有换衣就上来了,卫官喝令他下去换衣,他竟然当着曹操的面而脱光衣服,赤裸着身子站在那里,然后慢慢才去换上鼓吏的衣服。曹操无可奈何地说:"我本想侮辱他一番,却反被他所辱。"

孔融因而又见曹操,说祢衡有疯狂病,现在愿登门谢罪。曹操非常高兴,就告诉守门人有来客就让进,用上等宴席招待。祢衡来后就坐在营门口,说话极不礼貌,曹操大怒,把祢衡送给了刘表。

祢衡是孔融推荐给曹操的,苏东坡曾说:"孔融把曹操看作是一个'鬼蜮之雄',他们两个人向来水火不容,不是孔融杀害曹操,就是曹操杀害孔融。"

祢衡平生只喜欢与孔融和杨修交往,常常戏称道:"孔融是我的大儿子,杨修是我的小儿子。"后来孔融和杨修,都被曹操杀掉了。祢衡如果在曹操的手下做事,非但保不住孔融和杨修,自己也免不了被杀害。

汉代史书上说祢衡这个人志高气傲,处处显得卓尔不群,这大概就是他看不起曹操的原因,所以自己才陷身危机之中。所谓语言狂放不羁的人,一定会斥责那些篡夺大权的野心家。

刘表也容不下祢衡,就找个理由把他送给黄祖。在一次宴会上,祢衡出言不逊,惹怒黄祖,结果黄祖把祢衡杀了。可怜一位坦直的才子,就这样身死名灭了。他自己曾作《鹦鹉赋》,来专门来表达了自己的意志。如赋中所说:"嬉游于高山峻岭之间,栖息在幽林深山之中。飞行不是盲目的集结,翱翔是为了选择更好的树林。虽然都是靠翅膀飞翔,可目标和志向却不同心。要与鸾鸟凤凰媲美,怎么能与那些普通的鸟儿比翼齐飞呢?"又说:"古代那些圣哲虽遭遇祸患,但却把祸患当成暂时的休养生息。更何况禽鸟这些小东西,怎么可能在驯扰中平安处世。"还说:"可叹仕途走得异常的艰辛,为什么会遭到这么艰难的道路。这完全不是言语造成的祸乱,而是不愿意取悦权贵而带来的危险。"接着说:"看到翅膀已经被毁坏,虽然还有一颗奋起直飞的心却不知向何处。内心想找一个可以去的地方却又没有真正的归宿,躲在一隅怨恨起不到任何作用。"文章结尾时又说:"即使想对自己所干的事业尽心竭力,可又没有办法违背良心和忘掉初衷。只有等待用死来报答恩德,甘愿把话说完来尽力而为。"我每次读到这些文字,不禁为之悲伤。李白的诗说:"魏帝营八极,蚁观一祢衡。黄祖斗筲人,杀之受恶名。吴江赋鹦鹉,落笔超群英。锵锵振金石,句句欲飞鸣。挚鹗啄孤凤,千春伤我情!"李白对祢衡的论述最为公正合理。

名将晚谬

自古以来,有名的将领,凡是立下赫赫战功,而后来犯了错误,无法善终的人,大多是因为居功自傲、目中无人、轻视敌人所造成的。

三国时期，关羽在千军万马中杀死了袁绍的两位骁勇战将——颜良和文丑，功成名就。在樊地（今湖北襄樊）进攻曹仁时，又全歼于禁等七军。关羽因此名声大噪，远近闻名，以至于曹操准备舍弃都城许昌，逃避开关羽。然而，在与东吴作战时，关羽却未能看穿吕蒙和陆逊的奸计，落入孙权设下的陷阱，父子都成了俘虏，坏了大事。

西魏的王思政镇守玉壁时，高欢连营四十里围攻他，最终因天气寒冷、粮草缺乏而被迫退兵。当王思政移镇荆州时，举荐韦孝宽接替自己守卫玉壁城。高欢趁机又率东魏重兵大举围攻玉壁，经过五十天的激战，东魏损兵折将、大败而归，这也是王思政的功劳。后来，王思政想以颍川长社县为行台治所，特意给崔猷写了一封信，崔猷回答说："襄城郡控带京师和洛阳，是当今的战略要地，如有特殊情况，便于相互接应。颍川郡临近敌境，又无山川之险以为屏障，不如重兵驻守襄城，同时派遣良将守卫颍川，这样表里俱固，人心易安，即使有出乎意料的事件发生，也没有什么可担心的。"西魏丞相宇文泰下达命令，根据崔猷的策略行事，可是王思政再三请命，而且保证敌人水攻一年、陆攻三年之内，不麻烦朝廷发兵救援。不久，颍川被东魏大将军高澄攻破，王思政自己也做了俘虏。

东魏的慕容绍宗曾带兵一举消灭了侯景的四万人马，当时的将帅都比不上他。但在围攻颍川（今河南许昌）时，却仓皇失措，以至于跳水自杀了。

吴明彻是南朝陈的大将，在国家并不昌盛时，他率兵进攻北齐。他的韬略和才干受到当朝公卿大臣的赞赏，他的部队所及之处，战无不胜，仅仅几个月，便收复了江北的所有土地。北齐被北周灭亡后，吴明彻再次北伐进军，在进攻周的彭城（今江苏徐州）时，被王轨困住。王轨准备斩断他的后路。吴明彻的部下萧摩诃要求率兵先将王轨除掉。他不赞同，并且说道："高举战旗，勇往直前，是你应该做的事情；深思熟虑，是老夫我的事情。"之后不到十天，周围的水路就被王轨斩断了。这时候，萧摩诃又请求悄悄派兵突围，吴明彻还是没应许。因此失掉了有利的时机，吴明彻最终成了俘虏，其部下将士三万人血染沙场。

以上四人的过失，大同小异。

冯道王溥

冯道做宰相历经数朝。他在任后汉隐帝的宰相时，自称"长乐老"，并写了一篇《长乐老自叙》，叙中说："我自从燕地逃亡到河东，先后奉事于后唐庄宗、明宗、愍宗、清泰帝，后晋的高祖、少帝，契丹灭晋后又奉事于契丹主，后汉的高祖，直到现在的皇上。三世被赠为师傅；官阶从将仕郎一直升到开府仪同三司；职务从幽州巡官一直升到节度使；官从大理评事一直升到中书令；正官从中书舍人升到太师；爵从开国男爵升到齐国公。我之所以能得到皇上的重用，就是因为我奉行这样的原则：孝敬父母，忠于国家，不说不规矩的话，不收不仁义之财。下不欺骗地，中不欺骗人，上不欺骗天。唯独不足的是，我始终不能帮助皇上统一天下，安定国邦。确实有愧于历朝君主对我的厚遇。现在虽年老体迈，却还能自求安乐。"

冯道的这一段自白，记载在范质的《五代通录》这本书中。从他自己的话中，可以看出他稳坐相位的秘诀就是：见风使舵、八面玲珑。这种做官风格，遭到了本朝一些正人君子们的嘲笑和讽刺，欧阳修、司马光等人就嘲笑冯道没有廉耻、不知荣辱，因贪于官位而不惜屡次背叛自己的主子。

还有一位与冯道类似的宰相，他便是王溥。他从后周太祖时当宰相，经历了周世宗、周恭帝，后来本朝太祖赵匡胤代替了周帝而建立宋朝以后，他仍旧担任宰相，直到太祖乾德二年（964 年）才被罢免相位。后来他也作了《自问诗》，序言说："我二十五岁时中进士甲科，追随周太祖征战河中，很快位升宰相。在相位共计十一年，经历了四个朝代，去年春天又蒙受皇恩授以太孺太保官衔。每次想到自己才疏学浅，却得到如此殊荣和礼遇，只在十四、五年间就位极人臣，实在是文人之中最庆幸的了。现在年近四十三岁，除了按例上朝奏事之外，平时就静心念佛、歌颂太平。"

此序见于《三朝史》，而诗未流传下来，与《长乐叙》很相似，而他们的做法是否正确，还值得讨论。

曹参赵括

汉高祖疾病缠身，吕后问道："萧何死了以后，谁能当上宰相呢？"

"曹参可以作相。"高祖答道。

萧何辅佐汉惠帝，有一次生病，惠帝问："万一你辞世，谁可以替代你做丞相？"

萧何回答："知臣莫若主。"

惠帝又问："曹参做相可否？"

萧何说："这个人您算是选对了。"

当时，曹参在齐国做宰相。当他听到萧何已死的消息后，赶忙吩咐舍人赶赴京师，并说明自己很有可能担任相位。之后，天子果然派遣使者接曹参回京师做相。

赵括从小就学习兵法，他父亲赵奢也难不倒他，但不认为他学得好，对他母亲说："赵国如果一定让他为将，他必定葬送赵国的大军。"其后，廉颇和秦国对垒，秦国的应侯范雎，用一千两黄金到赵国行反间计，说："秦国所怕的人，只有赵括。"赵王信以为真，使用赵括代替廉颇。蔺相如劝阻，赵王不听，赵括的母亲上书赵王，说赵括不能用，赵王又不听，秦王听说赵括当了赵国的大将，于是暗地让白起代替王龁，于是就打败了赵国，赵括本人战死，损兵折将四十万。

曹参适合做丞相，汉高祖认为行，汉惠帝认为行，萧何认为行，曹参本人也认为行，因而汉朝得以振兴。

赵括不适合担任宰相，他父亲认为不合适，母亲觉得不合适，大臣觉得不合适，秦王、应侯、白起也知道赵括不适合做相，唯有赵括本人觉得自己可以，因此赵军遭遇惨重的失败。

唉！将相维系一个国家的安危，选择时不可不深思熟虑。秦用白起代替王龁，赵用赵括代替廉颇，用不着开战，胜负已经非常分明了。

三、宦途记事

曹参不荐士

"萧规曹随"是西汉初年一个典故,说的是丞相萧何和曹参二人的故事。相国萧何死后,由曹参接任其职,曹参任职后,整日饮酒度日,对国家大计毫无成就,而且还自称:"高祖(指刘邦)与萧何打下江山以后,已经定下了明确的法令制度,我只需按照他们定下的规章制度去办理,只要不出现什么过错,就可以了。"这话起初听起来没有什么不妥的。但是,按当时的情形,汉朝建立在秦王朝灭亡以后,刘邦争得天下的时间还不是很长,百业待兴,难道已经定下来的章程就没有可以修订和完善的地方了吗?

曹参当初在任齐国相时,听说胶西(今山东高密西南)的盖公精通黄老之术,便派人以厚礼邀请。盖公对他说,治国之道,最重要的是要清静无为,不多生事端,这样老百姓自然会安居乐业,没有异心。曹参深表赞赏,当即腾出正房供盖公居住,并且实实在在地以黄老学说为指导思想治理国家。所以他任齐国相九年,齐国平安无事。不过,曹参就任西汉王朝的丞相时,并没有带盖公为助手。

当时,山东有东郭先生和梁石君隐居在深山中。有人对曹参的幕客蒯彻说:"你是曹相国的宾客,对相国有拾遗补阙、推荐贤能人才的责任。东郭先生和梁石君,是一般人比不上的贤达明敏人才,你为什么不向相国推荐他们呢?"蒯彻把这两个人向曹参作了引荐,曹参只把他们当贵宾对待。

蒯彻与山东人安期生是非常要好的朋友,他们在秦末曾给项羽献计献策,项羽没有采纳他们的计谋,但是准备封他们做官,两人坚决推脱。安期生这样的精明人,曹参也不推荐。

以上各位贤能之士都没有受到曹参的任用,假如史书没有失传的话,曹参不举荐任用贤能之士的过错肯定会更多。

周亚夫王猛

汉景帝刘启登基的第三年，吴、楚、赵等七个刘姓诸侯王同时发动战乱，吴王刘濞甚至自称东帝，肆意与西汉王朝对立。消息一传开，震惊全国。汉景帝派遣老将周勃的儿子周亚夫为太尉，率军前去平息叛乱。周亚夫素来以治军严谨、足智多谋闻名，很快就平定了叛乱，为汉朝立下不少功劳。可是，最后却死于非命。汉景帝虽不是贤德之君，但也不是一位滥杀的帝王，为何单单狠心杀掉了周亚夫呢？

司马迁的《史记》和班固的《汉书》中，虽没有确切地记录周亚夫的个性，但是从他立身处世来看，他无疑是一个性格执拗的人。

汉文帝时，匈奴大举入侵汉朝，文帝任命周亚夫为将军，率军驻守细柳（今陕西咸阳西南）。目的只是为了防备匈奴，而细柳离京师长安只有几十里地，不像率军驻守到边境要塞和敌军对阵，瞬间就有可能发生预料不到的事情。可是当汉文帝到细柳慰劳军队，军士不让文帝进去。直到汉文帝派使臣拿着节旄下诏令给周亚夫，说自己要入城慰问军队，周亚夫才打开军营的边门。进入军营后还不让文帝一行人骑马奔跑，文帝只好勒着马缰绳骑到周亚夫的营帐。周亚夫手执兵器，自称作为披甲戴盔的军人，不行跪拜礼了，要求以军中礼节见文帝。汉文帝变了脸色，回过周亚夫的礼之后就离开了。

在千军万马之前，众目睽睽之下，帝王却听从将帅指挥，这哪里是臣下对皇帝的礼节啊！由此可知，周亚夫高傲自负，目无君主，习以成性。所以当景帝赏赐他食物时，因为没把肉块切成片，没摆设筷子，他就流露出不满意的神色。周亚夫肯定是因为在言辞中已表现出对皇帝的不满，才丢了性命的。一代名将因此而死，真可惜啊！

十六国时，前秦的大臣王猛带兵进攻前燕。正值围攻前燕都城邺（今河北临漳）时，前秦皇帝苻坚从京师长安（今陕西西安）赶赴前线。当他走到安阳时，王猛暗中去拜见苻坚。苻坚说："以前周亚夫在军中不迎接文帝，今天将军您却在两军对阵的紧急时刻离开军队，这是为何？"王猛回答："周亚夫不迎接皇帝是为了求得好名声，我内心蔑视他。"由此看来，王猛的思虑和见识远与周亚夫截然不同。

汉人坐语言获罪

躺着的一块石头突然自己站了起来，枯死的柳树竟然挺直地恢复了原貌，这是汉昭帝时发生的两件怪异事件。当时，朝廷之中众说纷纭，提心吊胆。

有一位名叫眭孟的人上书指出："根据阴阳五行的理论，这两件怪异事件预示着将要有一位老百姓成为帝王。朝廷应该找寻此人，将皇位传给他，皇帝退位后给一百里的田地作为食邑。"

当权者大将军霍光，听了这话十分恼火，给他定了个妖言惑众的罪名，处以死刑。眭孟乱发议论，倒也该死。

汉宣帝时，盖宽饶上书说："五帝官天下，三王家天下。家天下者，应该传帝位给儿子；官天下者，应该传帝位给贤人。"执法部门认为：盖宽饶的意思是要皇帝传位，这还了得？也处以死刑。这人也不能说没有罪。

同时期的杨恽，是司马迁的外孙，因犯错误罢官家居。他在给友人孙会宗的回信中写有一首诗："田彼南山，芜秽不治。种一顷豆，落而为萁。"

张晏误解此诗，诬告他蔑视朝廷一派混乱。汉宣帝十分生气，以犯上作乱为罪腰斩，他的妻子、儿子都被处死了。这真是冤枉他了。

李德裕论命令

唐武宗时期，李德裕做宰相，唐武宗对李德裕百依百顺。担任给事中一职的韦弘质向皇帝提议宰相不得兼顾财政，李德裕立刻向皇上奏言说："春秋齐国时期，管仲担任宰相，长期治理国家，使国富民强。管仲曾说过：'治国有方，没有比朝廷的法令更加要紧的了。'法令被看重了，君王就有了威望；君王威望高了，国家就安定下来了。因此，治国的根本方法，就是朝廷的法令。因此可以说：'臣子私下减少朝廷的法令，要杀；臣子私下增加朝廷的法令，要杀；臣子不实施朝廷的法令，要杀；臣子私下扣压朝廷的法令，要杀；臣子不服从朝廷的法令，要杀。——这五种罪也不可赦免的。'管仲还说过：'法令由君主制定，而臣子讨论是否恰当，那是君王大权旁落的体现。'不幸的是，先皇文宗太和年间以来，风俗凋敝，朝廷有了法令，臣下横加指责。这种陋习不根除，就无法治理国家。微臣认为划分职务权限，是皇上的权力，不是小人所能干涉的。韦弘质是微贱之臣，怎能说他不该说的话，干涉他无权干涉的事，狂妄地向皇上胡言乱语呢！这是韦弘质轻蔑宰相的行为。"

李德裕这番话的本意是想使朝廷威武而严肃，臣子肃穆，国家行政大事由宰相辅佐皇上处理，以改正藩镇割据时各自为政，中央成了空壳的混杂局面，因此言辞慷慨激昂。李德裕执政时很专权，同在朝中的其他宰相都是凑数罢了。假如按他上述所说实施，圣旨一下，臣子都不能有异议，那么朝廷所设谏官、御史、给事、舍人这些专司谏言皇上、监察政令得失等的职官都应当废黜了。再说韦弘质职位是给事中，是朝廷设的读署奏抄、驳正政令违失的要员，也不是微贱之臣。由此可以看出李德裕这段话颇有偏激过火之处。

李卫公帖

李德裕是唐武宗时的宰相。唐宣宗登基后，被牛党谗害而罢免官职，先是在大中元年（847年）贬职为潮州司马，第二年再次被贬为崖州（今海南琼山）司户参军。李德裕的一个表弟在朝廷担任侍郎，派人往崖州送了很多东西。李德裕回信表示感谢，写道："上天要让人称心，穷困愁苦，那么人情形势是不会怜悯他的。即使是骨肉亲情，也很难得到他们的问候书信，那些平日里的老友知音，也很少会有人安慰关照他。阁老您素来仁慈，顾念旧情，又派人来看望我，送来了这么多东西。我铺纸提笔，感激涕零，真是难以用言语表达啊！"

信中又写道："我身处逆境，今在这茫茫大海中，很少有人来体恤帮助。过去的积蓄，早已耗费一空，现在百口之家饥饿难熬。只痛心我就要告别人世了，还要做个饿死鬼。十月末，我卧床几十天，既无药物，又无医生，只好听天由命，侥幸活几天罢了。"信的后面落有时间署款："闰十一月二十日，从表兄崖州司户参军同正李德裕书告侍郎十九弟。"

李德裕所说的闰十一月，正是大中三年（849年）。这时他到崖州才有十几个月,可他却已穷困无比,残喘苟生到这样的地步!《唐书·李德裕传》上说:"贬之明年卒。"就是说在这封信发出之后不久就去世了。

当时的宰相都是他的怨仇政敌。虽然是骨肉至亲,平生旧交,都不敢和他互有音讯。然而这个侍郎能一再派人去赠送衣物,体恤落难的人。他的仁义之心真是超俗非凡,只可惜他的真实姓名难以查考了。李德裕的这封信收藏在宫中,后来交付秘书阁,今天在道山堂西面有原书碑文。

宋绍兴时期,赵鼎被奸臣秦桧及朋党谗害贬至崖州。当时的士大夫们像惧怕老虎一样恐惧秦桧一党,因此无人敢再和赵鼎往来,这时张渊道任广西长官,几次派遣人送来书信、衣物、药品、酒水和食材等物品。赵鼎曾回信表示感谢:"我赵鼎一生那样待人如己,现在竟然到了如此境地!"他诉说酸楚寒苦的逆境与李德裕当时的境况相同。不久以后,赵鼎在崖州死去。他的书信一直存放在张渊道的手中。

姚崇的曾孙姚勖原先深得李德裕的喜爱,后来李德裕被流放后,朝廷查究李氏党羽,姚勖不敢去探望他。等他到了崖州,家庭生活困窘,缺衣少食,姚勖多次送去衣物,不因时局无情而失去仁义,他可称得上是和某侍郎一样仁慈重情义的人了。

李宓伐南诏

根据《资治通鉴》的记载:唐朝天宝年间,南诏叛变朝廷。剑南节度使鲜于仲通率兵讨伐,结果战事不利,损失了六万兵将。杨国忠掩盖了事情的真相,仍然向朝廷告捷。当时,官府招募士兵征伐南诏,百姓都不愿意应募,杨国忠就派遣御史到各地监督地方强行征兵。百姓一旦被挑中,即刻押往军营。御史所到之处,怨声载道,哭声一片。天宝十三年(754年),剑南留后李宓带兵七万讨伐南诏。南诏采用诱敌深入、坚壁不战的战术,来耗费唐军的兵力。

后来,唐军的粮草穷尽,加上南诏流行瘴疫,饥死、病死的士兵高达总数的十之七八。李宓被逼无奈,率军撤退。南诏军队乘胜逐北,俘获了李宓,唐军全军覆没。杨国忠依然给朝廷告捷,唐玄宗坚信不疑,继续向南诏派兵。

以上是《资治通鉴》中的记载。

《旧唐书》载：李宓率兵讨伐南诏，与蛮兵激战于西洱河。粮食吃完后，李宓率军后撤，由于马陷到桥下，他本人被阁罗凤擒获。

《新唐书》载："李宓在西洱河战败身亡。"

我曾看到《高适集》中有《李宓南征蛮诗》，与前面三本书所谈的事实大有出入。诗序中说："天宝十一年（752年），皇帝下诏讨伐南诏，宰相杨国忠兼剑南节度主持此事，上奏皇帝推荐前云南太守李宓渡海自交趾攻击南诏，来往数万里。天宝十二年（753年）四月，李宓回到长安。人们因此知道朝廷所派之人很有才干，而李宓也确实效忠朝廷，高适作为李宓的旧友，因而写下了这首诗。他的诗内容是：'圣人赫斯怒，诏伐西南戎。肃穆庙堂上，深沉节制雄。遂令感激士，得建非常功。鼓行天海外，转战蛮夷中。长驱大浪破，急击群山空。饷道忽已远，县军垂欲穷。野食掘田鼠，晡餐兼蕘僮。收兵列亭堠，拓地弥西东。泸水夜可涉，交州今始通。归来长安道，召见甘泉宫。'"

高适所反映的情况未必都是真实的，但是当时的人写当时的事，大概不会有太大的出入。李宓并非败死于南诏，最后又回到了长安，归期也不是天宝十三年（754年）。另外，诗中反映的唐军把老鼠、小孩当作食物，可以看出当时粮食极为匮乏。军队并不是得胜归来，这一点千真万确，没有任何可疑虑的。

虢巨贺兰

谁都不愿看到国家出现危难，一旦发生了，作为臣子的就要鞠躬尽瘁，精忠报国。假如享用着高官厚禄，一切都要从自己的利益出发，对国家的危难漠不关心，即便时过境迁，忠义之士听到这种事情，也会勃然大怒。

唐代天宝年间发生的安史之乱，给国家带来深重的灾难。虢王（爵封号）李巨当时担任河南节度使，后来被贺兰进明接任。两人拥有精兵数万，管辖着中原这一战略要塞，他们兵精粮足，却观望不前，对平定大业不但没有立下功劳，反而助长了叛乱者的嚣张气焰。

李巨驻守彭城（今江苏徐州）时，平叛名将张巡驻扎在雍丘（今河南杞县）。

张巡所率将士，是安禄山反叛后招募而至的，此时已多立战功。张巡就派人向李巨要空白委任状和赏赐物，以奖赏立功将士。李巨却只给了三十个委任状，不肯发给赏赐物，使张巡军心不稳，守不住雍丘，只好移军睢阳，与另一平叛名将许远汇合。起先，李巨不顾睢阳太守许远的反对，把睢阳的六万石军粮的一半拨给濮阳郡和济阳郡。这两个郡得到粮食后，却投降了叛军，而睢阳的粮食很快就消耗完了。颜真卿也在平原（今山东平原）招募军兵十万，已攻下魏郡（今山东大名北）和堂邑（今山东聊城西北）。这时候，贺兰进明为北海（今山东潍坊）太守，也起兵平叛。颜真卿写信要贺兰进明与自己合兵，贺兰进明就率军北上，渡过黄河来到平原，颜真卿与贺兰进明共商军政大事，军权逐渐落在贺兰进明手中。

后来，贺兰进明朝见皇上，说房琯的坏话，被唐肃宗采纳，唐肃宗就把他从岭南节度使变为河南节度使。张巡在睢阳被困，粮食吃光了，最后不得不吃死人的肉。张巡派猛将南霁云向贺兰进明的驻地临淮告急。临淮离睢阳仅三百里，而贺兰进明却拒不发兵救援。睢阳终于被攻破，张巡等人壮烈死难。

平原、睢阳的沦陷，与李巨、贺兰进明的关系很大。但是当时的朝臣，却不向皇上揭发两人的恶行，使两人长期官居要职。但是，不到十年，李巨被贬到了遂州，被段于璋杀害；贺兰进明受到第五琦一案的牵涉，丢掉了御史大夫这个显官，被贬谪而死。真的是天网恢恢，疏而不漏。

王安石弃地

宋神宗熙宁七年（1074年），辽国皇帝耶律洪基派使节萧禧来交涉宋辽河东路的边界事务，结果未能达成所愿。第二年，萧禧再次为此事而来，坚决要将代州（今山西代县）天池分水岭为两国国界。神宗下诏书询问老宰相文彦博、富弼、韩琦、曾公亮的想法，众人都说不能答应辽国的荒谬要求。那时候，王安石任宰相，发表意见说："想要从对方那里争取东西，一定先要给他一点利益。"皇帝听取了王安石的建议，就将地割给了辽国。

过去宋辽边界在黄嵬山麓，可以居高临下威胁辽国的应州（今山西应县）、朔州（今山西朔县）、武州（今山西神池）。现在把天池分水岭当作分界线，辽贼反而居高临下威胁我忻州（今山西忻县）、代州（今山西代县），算起来，这次大宋一下丢失国土东西七百里长。而宋仁宗庆历年间，辽贼要求大宋割让关南十县，当时朝廷正顾虑西夏，只不过每年多给辽贼一些钱粮来搪塞辽贼的贪欲，对于土地，则寸土不让，再说，熙宁年间大宋的兵力强于庆历年间，却因为萧禧赖着不走，就轻易割让疆场要塞，实属不妥之策。

由此可以看出，王安石大言不惭，实际是他无力击退辽贼的荒谬要求。三国时期吴主孙权曾说："鲁肃劝说我将荆州借给刘备时说：'帝王之起，皆有驱除，关羽不足忌。'这是鲁肃认不清时局，才口吐妄言啊！"王安石的话也是如此。

记张元事

自古蛮夷之国（指少数民族国家）的奇人异士到了中原，一定会委以重任。由余原本是西戎人，春秋时秦穆公听取他的策略，消灭了西戎，疆土扩大了一千多里，最后成为春秋五霸之一。其他的像汉代的金日䃅、唐代的执失恩力、阿史那社尔、李临淮、高仙芝等为中原立下大功的蛮夷奇人，可以说是举不胜举。

反之，中原有才之人为异邦出力的，甚至辅助他们和中国（指中原汉族人的国家）树敌的也不在少数。春秋时期，原本是晋国人的贾季跑到了北狄，晋国王公大臣日夜担惊受怕，都觉得国家危急的时日已至；东晋桓温不重用王猛，最后他被敌国秦王苻坚委以重用。这些均是古时的实例。

然而，这种事在我大宋竟然也会发生：西夏原来是我们的臣国，但是后来却叛变了大宋。他们叛变的主帅就是我国华州（今陕西华县）的奇人异士张元和吴昊。更让人不可思议的是，此事的因果缘由，国家的史书却不记录。一直到后来，《田承君集》才这样记载道：

张元、吴昊和姚嗣宗都是关中人。他们风流倜傥，胸怀大志，每个人都有像苏秦连横，张仪合纵那样的才智谋略。他们三个都是要好的朋友，常常在一起针砭时弊，各抒心中志向，可是朝廷却不任用他们。他们曾漫游塞上，指点江山，纵情谈论塞外风土人貌，都有精心治理西夏的想法。游崆峒山时，姚嗣宗诗兴大发，在山中一座寺庙的墙壁上题写了一首诗。诗云："南岳干戈未息肩，五原金鼓又轰天。崆峒山叟笑无语,饱听松涛春昼眠。"

当时朝廷南方叛乱还没有平定下来,陕西一带和西夏也开始发生冲突。如果这冲突再进一步扩大,发展为战争,朝廷就会疲于征战,国家就难以太平了。因此,当时的边防大帅范仲淹巡视防务时看到了这首诗后,不禁大吃一惊,感到写诗的人非同一般。

姚嗣宗还有别的诗。其中"述怀"一首有"大开双白眼,只见一青天";另一首诗中有"踏破贺兰石,扫清西海尘"这样的句子。

张元也有诗传世。他的《雪》出口不凡:"五丁仗剑决元霄,直取银河下帝畿。战死玉龙三十万,败鳞风卷满天飞。"他还写过一首《鹦鹉诗》,诗的结尾是:"好着金笼收拾取,莫教飞去别人家。"

这些诗都是何等的自负啊!同时,诗中又有着宏伟的气魄,远大的志向,还把他们对朝廷的希望,他们那种怀才不遇的心情,甚至那种朝廷如不启用他们,就要"飞去别人家"的心情都表现出来了。

吴昊也有诗,但不知为什么,他的诗却一首也没有传下来。

从这些诗中可以想见这几个人绝不是池中之鱼,也绝不是一些甘居人下的人。他们长期怀才不遇,心中都感到失望。但他们到底还是大宋的臣民,因此决定作最后一次努力。本来他们打算去见当时的边帅韩琦和范仲淹,但他们感到登门拜访有点低三下四,说不定还会被认为是混饭吃的庸人。因为有这种羞耻感他们便决定不去韩府和范府,却想了另外一条妙计,他们弄了一块大青石,把三人的诗刻在上面,派几个强壮的汉子拽着大青石在官道上奔走,他们自己跟在后面号啕大哭。当时很多人不知道发生了什么事,纷纷围在四周看热闹。接着,就有人把这件事报告了韩琦和范仲淹,这也正是三人的目的。没过两天,韩、范两位元帅果然派人请他们到帅府相见。宾主谈论时,三人滔滔不绝,对答得十分得体。可惜的是,韩、范两位元帅一时拿不定主意是否向皇上上书推荐他们。正在踌躇犹豫的时候,张元和吴昊一气之下,和姚嗣宗商量要投奔西夏,姚嗣宗主张再等一等,张、吴两人却没了耐心,连夜走了。等到姚嗣宗把消息告诉范仲淹,范仲淹急忙派骑兵去追,已经来不及了。于是范仲淹只好上表,把姚嗣宗安排在自己的幕府里。

张元和吴昊到了西夏,西夏王郑重地接待了他们,并把他们当作主要的出谋划策之人。接着，西夏王靠他们三人的谋略，自己称帝，公然和宋朝相对抗。两国在边界交兵十多年，宋朝当时，感到非常疲惫，军无斗志，民不聊生，局势很被动。这都是张元和吴昊造成的。

张元和吴昊两人的妻儿老小都在宋朝。两人投奔西夏后，朝廷将他们的妻儿老小都囚禁在随州（今湖北随县）。但是没过多长时间，西夏却派了间谍，想方设法假传圣旨将他们放了，而朝廷竟然无人知晓此事。直到后来，有传闻说西夏人敲锣打鼓，在边境将两家的家人都接到了西夏，朝廷才醒悟过来。也直到此时，宋朝边将才明白如何礼贤下士，但已经是无济于事了。

《田承君集》所记载的大概就是这样的。但是我细心想了想，却认为有些不对：西夏元昊称帝和宋朝平起平坐应当是张元和吴昊去了之后，但是韩琦是康定元年（1040年）当上了边帅，范仲淹也是康定元年（1040年）至庆历三年（1043年）当上边帅的，此时西夏叛变已经发生，张、吴两人怎么会还在关中呢？假如此时两人还在关中，那么元昊称帝就不是由于有了他们的辅助了。难道是《田承君集》在记事时没有搞清楚年代？但是张元、姚嗣宗的诗作，一些"笔谈"之类的书上有记载，更有意思的是：张元、吴昊两人的名字合起来正是西夏皇帝元昊的名字，这难道只是一种巧合吗？

朱崖迁客

唐朝宰相韦执谊，被贬职到崖州（今海南岛）做司户。他到崖州任职以后，崖州刺史派他管理军事，担任军事衙推，在任命的公文中说："以前你一直在朝为官，悉知公事，我希望你帮助我处理政务，请不要担心自己怀才不遇。"这封信在当时被认为称为笑谈，但它还不至于贬损韦执谊。

宋朝的卢多逊被罢免宰相职务贬到崖州之时，小军官出身的崖州知州为自己的儿子向卢多逊的女儿求婚。卢多逊没有答应这门亲事，知州便存心当众侮辱他，并有意加害于他。卢多逊迫不得已，最后答应将女儿嫁给他的儿子。

南宋高宗绍兴年间，胡铨被贬职到崖州。崖州的军守（地方长官）张生想尽一切办法刁难胡铨。胡铨每一次向他呈报事务时，他都像押犯人一样把胡铨带到大堂上，让胡铨满足他的各种礼仪要求。有一次张生过生日，还命胡铨为他作了一首五十韵的祝寿诗。在他的手下，胡铨朝不保夕，整日为性命担忧。

当时，黎族人的酋长听说胡铨很有才学，便让儿子拜他为师。有一天，他邀请胡铨到离城三十里的家中做客。一进院门，看到刁难过自己的军守张生披枷带锁地站在西屋廊下，胡铨不禁大吃一惊！黎族酋长指着张生对胡铨说："这家伙贪婪暴虐成性，我想要杀掉他，先生认为怎么样？"胡铨回答说："这个人死有余辜，如果杀了他，可以说是替一州的人报了仇。但是您既然征求我的意见，我就直说了。您为什么要让您的儿子随我学习呢？我想首先就是让他知道君臣上下的等级秩序。这个人固然不像样，但他是一州之主，即所谓一州的邦君啊！要控告他的罪状，应当先上诉到海南安抚司，再告到广西经略司，等他们处理不了时，再告到枢密院。因此，我们现在不能擅自杀掉他。"酋长听后，明白过来，命令军守张生写了一份检讨书认罪，便放掉了他。张生连连叩头拜谢。

第二天，胡铨从黎家回来，张生亲自走到门口迎接赔罪，再次对他的救命之恩表示感谢。自此，张生对胡铨彬彬有礼，好像对待高贵的客人一样。

后来，胡铨被召回京城当侍从官。孝宗隆兴年初，他写下了在崖州时为张生做寿时所作的《生日诗》给二哥文安公看，并详尽地向他二哥叙述了当时的情形。两人百感交集，深深感受到，沦落天涯，天天面临死亡。从古至今被贬职之人的际遇都是相同的啊！

温公客位榜

熙宁变法时期，王安石被拜为宰相，主持变法。当时，反对变法的司马光受到冷落，隐居在西京洛阳，闭门读书，不插手政事。宋哲宗即位后，被重新任用，拜尚书左仆射兼门下侍郎，主持朝政。

做宰相期间，他曾亲手写了一个条幅，挂在客厅内，意思大致是这样的：

来访的亲朋好友，若发现大政方针有什么不妥之处，黎民百姓有什么疾苦，可直接奏于朝廷。待我与群臣商议后，选择可行的建议面呈皇帝，听圣旨处理。

我本人若有什么过失，办事有不周到之处，大家也尽管指教；可以写信交给门吏，让他们转给我。司马光一定以教诲自警，改正过失。

关于升官、调职、狱讼等方面的问题，向朝廷请奏，我一定和官员们研讨，商讨出具体措施并开始行动。

如有到我私人住宅的人，上述事情不要提起。

列子书事

《列子》一书的记载，言简意赅有说服力，思维广阔又巧妙，大多数都在《庄子》之上。其中记载惠盎拜会宋康王一事时，写道：

宋康王说："我赞赏的是勇猛精进，你打算用什么来指教我？"

惠盎说："我在这方面的方法很多，能使勇猛的人杀不死，使有力的人击不中。"

宋康王说："很好！这正是我想要听到的。"

惠盎说："杀不死、打不中，还是受了欺侮。我有办法，能使勇猛的人不敢杀，使有力的人不敢打，不敢杀人打人不等于没有这种志向。我有办法，能使人从根本上消除打人的志向。没有杀人打人的志向，不等于一定有爱心。我还有办法，能使天下的男男女女都兴高采烈，以爱待人，这比勇猛有力贤明得多，是最好的办法。"

这段话原文不足一百字，婉转四次反复引申，说明了一般人用几百字才能说明的道理。列子的语言就这么简洁干脆，后来人的写作能力，谁能比得上？

"三不欺"的意思正好与这个相符。总而言之，有了准确的策略以后，别人杀不了，打不死，这是因为他不欺负人；不敢杀，不敢打，这是因为他不敢欺负人；没有杀人、打人的想法，是因为他不忍心欺负人。

水衡都尉二事

西汉龚遂任职渤海（今河北沧州东南）太守好多年了，突然接到圣旨让他进京，皇帝要召见他。

龚遂在出发之前，部下属吏王生提出愿陪他前往。此人向来喜爱酗酒，龚遂原本不想带着他，但是又不忍拒绝，只好答应了他的要求。进京以后，王生仍然天天喝酒，并不理睬龚遂。有一天，轮到龚遂进宫觐见皇帝，王生醉醺醺地赶来，叫道："请等一等，我有话要说！"龚遂停下脚步，转身问他想说什么。

王生说："天子肯定要问你渤海郡是怎样治理好的。你不要罗列什么措施，应当说，都是陛下的圣德所致，归功于陛下的英明，并不是微臣的能力。"

龚遂接受了他的建议。见了汉宣帝后，果然询问他渤海郡是怎样治理的。龚遂便把王生教他的话说了一遍。汉宣帝觉得他很谦虚，十分高兴，笑着说："你从哪里学来的这种谨慎厚道的话？"

"我并不懂得该这么说，"龚遂如实禀报道，"这是我的部下教我的。"

汉宣帝决定奖赏他们，便任命龚遂为水衡都尉，提拔王生为丞。

我认为，龚遂治理渤海郡很有成效，功劳显著，但是汉宣帝并不由此奖赏他，却是由于他拍马有术！

汉武帝时，召见北海（今山东潍坊一带）太守，部下属吏王生主动要求随行。太守在进入皇宫前，王生说："天子一定要问你是怎样治理北海郡的？怎么使北海成为没有盗贼地区的？你该如何回答呢？"

太守说："我就说，因为选用了贤良能干的人，让他们各有职务、各尽其能，该奖赏的奖赏，该处罚的处罚。"

王生不敢苟同："这是夸赞自己的功绩，不能这样说。希望你这样回答，不是我的功劳，全都是陛下威武圣明所带来的结果！"

太守对汉武帝这样一讲，汉武帝高兴地笑问道："你是从哪儿学到的这种严谨忠实的话？"

太守说："从我的部下属吏那里学到的。"

于是汉武帝任命北海太守为水衡都尉，将王生提升为宰相，上述两件事如此相像，有些不太可能。所谓的北海太守，恐怕就是龚遂，而史书记载错了。

天下有奇士

芸芸众生，很多满腹经纶之人，每当世道大乱，国家有难的时候，即使在极边远的穷乡僻壤或城池很小的地区，也一定会出现很多才华出众的人才。史书上就记载有这样的人，比如古代郑国的烛之武、弦高等，用计谋劝退了敌军，保护了自己的国家。这类人才多得数不胜数，唐朝特别多。下面就列举几个。

唐朝建国初期，北海郡（山东昌乐）有位还没有投降的贼帅叫綦公顺，此人带兵攻打郡城，被官兵击败了。后来，綦公顺遇到一位叫刘兰成的高人，当即就让他当自己的军事谋臣。刘兰成智勇双全，仅仅用了几千人，出其不意，克敌制胜，就占领了北海郡城。海州郡（今江苏灌云西南）的臧君相带了五万士兵前来夺取北海郡城，刘兰成只派遣了二十人的敢死队，趁着天黑突然袭击，就把海州军队打得落花流水。

徐圆朗割据山东时，有人劝阻他说："有一位叫刘世彻的，此人才干出众，屡建功勋。"于是，徐圆郎就派人将刘世彻请过来。刘世彻来时，已经组织了几千名士兵，徐圆郎请他攻占谯郡（今安徽亳县）和杞（今河南杞县）一带地区。这里的人早已得知刘世彻的威名，对他非常敬畏，所以他的部队所向披靡，大败敌军。

裘甫在浙东地区起事，朝廷派遣王式前去讨伐。裘甫的副手刘暀劝他率兵攻取越州（今浙江绍兴一带），凭借那里高大的城墙，仓库中充实的粮食，并在境内构筑防御工事，与官军对抗，如果有机会就长驱直入进取浙西，渡过长江，占领扬州，然后掉回头整修、加固石头城（今江苏南京）的防御设施，准备在这里坚守，宣（今安徽宣城）、歙（今安徽歙县）一带及江西一带必有人起来响应，我们再分出一万人马沿海南下，袭取福州和建州（今属福建）一带，这样，国家财赋的主要供应地，就全部归入咱们的版图了。然而，裘甫拒不接受刘暀的计策。

淮南节度使高骈的部将毕师铎进攻高骈，因为兵力不足，便向宣州的秦彦借兵，从而攻克了高骈所坐镇的扬州。毕师铎派人催促秦彦及早过江，准备推他为主。有人劝告师铎说："假若您想顺应民心为一方减少灾难，就应当重新奉高骈为主。在外人看来，您仍然在辅佐高骈，而实际上，您掌握着他的全部兵权，谁敢不服？况且秦彦任节度使，庐州（今安徽合肥）、寿州的人难道能服气吗？我实在担心功名成败难以预料。当今之计，不如立即派人制止秦彦渡江，他如果稍有头脑，懂得进退安危之势，就必定不敢贸然前来，即使他将来指责咱们不守信用，您仍然不失为高骈的忠臣。"毕师铎很不以为然，次日，他将此事告诉了郑汉章，郑汉章说："这是位有识之士。"他们再派人去寻那人，可惜此人已经无影无踪了。

唐朝末年，王建为四川节度使，驻守成都。在一次攻打彭州（今四川彭县）杨晟的战役时受到阻碍，长时间攻取不下。当地的老百姓为躲避战祸，都逃跑了，藏在深山中，部队不但不安抚人民，还天天出兵追捕抢劫百姓的钱财。王先成是一个有谋略的人，他去劝阻领军的将帅王宗侃说："老百姓逃亡到山谷中，是为了等待你们去抚慰。现在，你们却让士兵掠夺他们，你们和盗贼有何不同呢？军队一大早出去，天快黑了才回来，军营空乏，毫无戒备，万一彭州城里有谋略之人替杨晟出计策，趁我们不注意，偷袭进来，先将精锐部队埋伏在城内，看见我们的部队远离之后，他们派弓箭手、炮兵各一百人，攻击军营的一侧，再在其他三面分兵重新攻击。在这样猝不及防的时候，各个兵寨都只顾及自我防备，无法互相援助，这样能不失败吗？"王宗侃听了之后十分惊讶，就请王先成讲一讲应该如何应对。王先成为他列举了七条应该做的事情，王宗侃立即告知王建，于是王建下令，根据他所说的去实施。王先成写的告示张贴出去过了三天，藏于山谷的老百姓就像赶集似的，纷纷走出来，回到家乡，重新开始劳作。

从上面五个例子中可以看出，奇人异士遍地都是，除了史书载录的以外，那些不出名，像草木一样低调的人，可谓多如牛毛！

仕宦捷疾

宣和七年（1125 年）十二月二十九日，太常少卿李纲在国家生死存亡、宋徽宗仓皇传位钦宗、朝廷局势动乱的情况下，被提拔为兵部侍郎。

根据惯例，要面圣谢恩才能算作正式任命。还没来得及走这一过场，慌乱之中过了五天，已经是靖康元年（1126 年）正月初四了。这时候，金兵的刀锋铁骑已经逼临东京开封，情况十分危急，李纲为抗战大事到宫门求见宋钦宗，当时宰相等执政大臣们，正在向皇帝奏事请示。

李纲急切地对负责守候宫门的官员李孝庄说："我有要急事务，要和宰相们在朝廷上辩论，请你让我进去！"

李孝庄不紧不慢地说："按惯例，宰相不退朝，其他官员不得上殿和皇帝说话。"

"现在都什么时候了，"李纲叫道，"还能按惯例办事吗！"

李孝庄只好过去报告。皇帝宣李纲上殿，让他排在宰相行列的末尾。

宰执大臣们正在说什么？原来竟是劝说皇帝躲避金兵，建议逃到襄州（今湖北襄樊）或邓州（今河南邓县）一带。李纲听了，当场反驳他们的意见，极力坚持一定要固守京城开封。

皇帝举棋不定，问道："坚守京城，谁能担任将帅呢？"

"我愿以死报国！"李纲上前一步，毛遂自荐，"不过，我职位低下，恐怕不足以镇服士卒。"

那些位高权重的官员们巴不得让李纲干这个危险的差使，就提议升李纲为礼部尚书，李纲却说："那不过是个侍从官，还不够。"

宋钦宗渐渐打定主意，即刻命李纲为尚书右丞，这是副宰相的职务。

李纲又说："自被任命为兵部侍郎后，还未来得及正式叩谢皇恩，因此现在身下穿的还是下级官员的绿官服，出来后众人难以信服。"

宋钦宗传令取来了高级官员的一套服饰，李纲当场换下旧官服，穿戴完毕，跪拜谢恩。

"现在时局危机，直接关系着我大宋江山的社稷。"李钢站起来说，"我不敢推脱了！"

像这样在数天之内由低级官员晋升为副宰相之事，是以前从来没有发生过的。

毕仲游二书

北宋时有一个叫毕仲游的人，官衔不大，名气也不高，但是看问题非常全面深入，可以称得上是一位有见识的人。从下面他写给司马光、苏东坡的两封信中可以得到证实。

　　主持变法的宋神宗死后，幼小的宋哲宗继承皇位，高太后专政，任用排斥变法的司马光掌握大权，结果在极短的时间里就把王安石变法的各项法令全部废黜了。那些反对王安石变法的官员们听到这一消息，无不相互转告，欣喜若狂，弹冠相庆。唯独毕仲游对此事十分沉着，他辨析形式，提出了自己的见解，并将自己的想法写信给司马光。信的大概内容是：以前王安石变法，主要是因为担心国家财物不够用，才不得不变法。因此，所有能搜刮民财的政治举措全都用上了。大概有青苗钱，设置市易法，收取免役钱，改变盐法，只不过是收集财富的方式。想要用这些办法处理财政问题，才是他的最终目的，假如没有根除他变法的原因，而只是废黜他们变法的各种措施，这是行不通的。现在就想废除青苗法，罢去市易法，蠲除免役钱，恢复原来的盐法，凡是那些因敛财而伤民的措施，全部扫除而变更，那么，那些原来从事变法的人，一定很不高兴。这些人在上奏皇上陈说新法不能废除的理由时，一定不仅仅说青苗法不可废，市易法不能罢，免役钱不可蠲除，盐法不能复旧。一定还会说，这些新法之所以不能废罢，是因为国家财用不足，势不得已而采取的应付措施，以此来打动皇上。他们如果这样劝说，即使是铁石之人听了也会动心，更何况是一国之主的皇上呢？这样一来，皇上就会转过来支持新法，废去的青苗钱就会重新收敛，恢复的盐法就会重新变更。因此，在废除这些新法之前，要首先考虑到国家财用不足这一基本情况，并采取相应的对策。

　　当今之计，应当大力整理天下财务，理出收入和支出的数目，把各路所积累的钱米布帛，都统一由朝廷户部管理，则经费可够二十年使用。这样就消除了变法派借以变法的口实，然后废除新法，就不会死而复生了。

　　过去王安石做宰相时，朝野内外都很支持他，几乎没有人对他提出非议，所以他能顺利地推行新法。现在想矫正前日的弊端，而左右干事的官员，十分之七、八都是王安石的党徒，虽然也起用了几个旧臣，任用了几个君子，然而数百人中才有几十个，在这样的形势下怎能做得到呢？目前的形势，不允许勉强去做，如果强行废除青苗法，那么青苗法在王安石党徒的反对下，有可能会卷土重来；如果强行废除市易法，那么市易法在王安石党徒的反对下，有可能会重新设置。免役钱和盐法都是同样的道理。如果以此来矫正前日的弊端，就像久病的人稍有好转，他的父兄子弟就喜形于色，但他的病未痊愈啊。你废除新法，我不敢相贺，就是因为病根仍然存在啊！

苏东坡在馆阁任职时，曾多次写文章，指责时政。毕仲游担心他因此招致大祸，所以就写了一封信规劝他，信中说：

过去孟轲无奈之下才和别人辩论，而孔子却沉默不语。您自从上朝当官以来，牵扯到自己凶吉利害的话很少说过，可以说是谨言慎行的人了。但是言语的连累，不仅仅是说出口的言语，那些写在诗里，撰在赋颂中，还有为别人题写的墓志铭、序言、游记之类的，也都是言语，现在您只知道惧怕出口的言语而不惧怕文章中的言语。对于文中受称赞的人，他们肯定非常高兴，而那些受到批评的人就肯定憎恨您。那些高兴的人不会帮你做些什么，但是那些憎恨你的人也许已经私下里破坏了您的大事。天下之人评论您的文章，如孙膑用兵、扁鹊治病等篇章，虽然主题意义十分明确，没有是非的言语，但是仍然有是非疑惑。您不是谏言之臣，负责的不是查究别人的过失，可是却批评别人不敢批评的事，称赞别人不敢称赞的人。在和其他官员共事时，冲撞别人的忌讳就可能危及自己，就如同抱着石头去拯救落水之人同样艰险啊！

之后就如毕仲游所言的那样，宋哲宗执政后，被荒废的新法律得以恢复。而苏轼因诗文言语不谨慎，险些在"乌台诗案"中被砍头。

四、朝野见闻

露布

如果有人率军征战获得胜利,就将他的功绩写在帛制的旗帜上,报喜之人一路举着旗帜向朝廷报功,这种帛做的旗帜称为"露布"。科举考试博学鸿词科就曾经将它作为一个题目。

"露布"一词从魏晋时代就产生了,但是人们不知道这个词的由来。只有刘勰的《文心雕龙》中说:"露布,就是露板不封闭,是让人们观看和宣扬的。"

后唐庄宗为晋王时,消灭了刘守光,就命令秘书王缄写露布,王缄就把他消灭刘守光的整个过程写在了布上,让人拉着布的两端,向众人展示,被很多人讥笑。然而这也不是王缄的首创,也是沿袭前人的北魏高祖伐南齐,长史韩显宗和南齐守将展开激战,斩杀了他们的两个裨将。魏高祖就说:"爱卿为什么不作露布以表达你的功绩呢?"韩显宗回答说:"臣曾经听说将军王肃擒获了贼寇二三人,驴马数匹,都作露布以表功,我私底下总是嘲笑他。现在我虽然打败了敌人,但是杀敌不多,假如又要高拉长绢布,夸大自己的功劳,模仿别人,那么臣的罪过就大了。臣搁笔卷绸的原因就在这里。"由此可以看出,用绢布高悬称为"露布",其来历也已经许久了。

买马牧马

宋朝为了作战的需求,在南部的邕州(今广西南宁)、西部的岷州(今甘肃岷县)、黎州(今四川汉源)等边境地区,设立买马的机构和官职,专门负责向周边少数民族买马的事宜。每年成批运往内地的马,估计有一万匹以上。管理这一具体事务的使臣、将校等低级官员,常常因此升职。为运送马匹,途中的几十个州郡耗费大量的钱财,款待押送马匹的官兵和建造马棚及备置马料。然而,在长江和淮河之间的淮南地区,原本就不适应骑兵作战,到了炎热的夏季,官府还得将幼马赶到苏州(今江苏吴县)、秀州(今浙江嘉兴)一带放牧,给各地造成了不少的损失。

据薛居正的《旧五代史》记载:"后唐明宗李嗣源询问枢密使范延光全国的马匹数目。范延光回答说:'有三万五千匹马。'唐明宗叹息道:'太祖在太原时,骑兵也不过才七千人。先皇(庄宗李存勖)自始至终,也仅有一万匹马。现在有这么多的军马,却不能统一天下,这是我养兵和训练将帅还做得不够啊。'范延光上奏说:'国家养的马匹太多了,一个骑兵的开销,可以养活五个步兵,三万五千名骑兵的费用可以抵得上十五万步兵的费用,这么多骑兵既不能发挥作用,又白白消耗国家财力。'后唐明宗说:'确实像你说的那样。厚养骑兵而使人民受苦,人民怎能承受得了?'"

可见,后唐明宗虽然出生在蕃族家庭,还能想到爱护老百姓。

李克用父子精通骑术,他们又有一支精锐的骑兵队伍,打了很多胜仗,最终建立了后唐。可以说,马对后唐的建立,立下了卓绝的功勋,然而李克用父子所养的马非常少。到了后唐明宗时代,李嗣源饲养的马匹是李克用父子的很多倍,并且处于中原地区,这些马却未立下任何功劳,每当遇到战事骑兵也没有发挥出自身的优势。由此可以看出,骑兵在于精锐而不在多,军马到底有多大功用,完全在于骑兵和用兵者的素质,而不在于饲养了多少匹军马。

纪年兆祥

自从汉武帝刘彻用"建元"作为年号以后，一千多年间，皇帝的年号有好几百个，其中由于时代的变化有意临时更改年号的，更是数不胜数。其中也有不少预示祸福的年号。

比如东晋帝司马睿的年号是"永昌"。郭璞解释说，"昌"字表明有两个太阳，当年冬天晋元帝果真驾崩了。

东晋桓玄专权之时，将晋安帝的年号改为"大亨"。有人说，这两个字可以看成是"一人二月了"，就是"大"字分为"一人"，"亨"字分为"二月了"。次年二月，桓玄果然大败。

南北朝时，南梁经过"侯景之乱"，国内四分五裂，豫章王萧栋和武陵王萧纪在同一年称帝，且都以"天正"为年号，当时有人分析说："天"字是"二人"，"正"字是"一止"，合起来便是"二人一年止"。后来事实果真如此。

南北朝时，北齐的文宣帝高洋年号为"天保"，有人议论，说："二字可解为'一大人只十'。"后来高洋果然在位十年便一命呜呼了。

北齐后主高纬年号为"隆化"，有人把隆字的后两画移到化字上，这样一改造，"隆化"就成为"降死"。不久，北周灭北齐，竟应验了"降死"。安德王延宗以"德昌"为年号，可以说成是"德有二个日（太阳）"。

北周武帝宁文邕以"宣政"为年号，这两个字被看成是"宇文亡日"；宣帝宇文赟以"大象"为年号，则被看成"天子冢"，在位仅一年。

梁后主萧琮和晋出帝石重贵，都以"广运"为年号，"运"字繁体写作"運"，所以被看成是"军走"，即部队逃散。

隋炀帝杨广的年号为"大业"。"业"字在古代写作"業"，于是"大业"便可以看成是"大苦末"。

唐僖宗李儇的年号为"广明"。"广"字繁体写作"廣"，这二字便可以看成是"唐去丑口而着黄家日月"，即预示着黄巢造反的祸患。

宋钦宗赵桓的年号是"靖康"。可以看作是"立十二月康"，果然在位仅一周年，就被金人掳走了，由康王赵构建立了南宋。

宋神宗赵顼熙宁末年，准备变更年号。公卿大臣提出了三个名号送给了神宗，这三个名号分别是"平成"、"美成"和"丰亨"。神宗看后说道："成字右边带戈，'美成'，好像'太平都负戈'就是动兵器，不好。'亨'字下面好像'为子不成'即'子'字少一横，不如把'亨'去掉，加上个'元'字"。于是就改成了"元丰"。

朱云陈元达

槐里命令朱云上书汉成帝刘骜，要借尚方宝剑杀掉奸臣张禹。可张禹此时正得成帝宠信，所以成帝十分恼怒，要杀掉朱云。朱云撞断了殿上的栏杆，大声说道："我能与关龙逢、比干在地府见面，就是死也心满意足了。"为此事辛庆忌上殿叩头，以死诤谏，请求赦免朱云的罪行。汉成帝终于清楚了朱云的忠心，将他赦免。后来要重新修建这道殿槛，成帝说："不要再换新的，修补一下就行了。这样一来，我可以时刻得到警告，又能昭示朱云的忠心。"

前赵烈宗刘聪为刘皇后建凰仪殿，陈元达进言不同意。刘聪恼了，命禁卫把陈元达推出去杀了。这时正在逍遥园的中堂里的陈元达听到消息后，就走到堂下，用锁链把自己锁在一棵树上，左右的人拽不动。刘皇后听说后，就吩咐手下的人停刑，写了奏章，请刘聪放了陈元达。刘聪就免了陈元达的罪，并到他面前赔礼。随后就把逍遥园改为纳贤园，把李中堂叫作愧贤堂。

这两个人的事很相似，朱云免于死，是辛庆忌及时谏争搭救之故。陈元达性命存亡只在旦夕的时刻，刘聪是个性情急暴而又凶狠好杀的人，怎么能停了那么长的时间让刘皇后写好奏章呢？刘聪也许会让陈元达自杀，或者命令武士当场杀了他，怎么会让他自己锁住自己呢？这真是让人怀疑。

汉成帝不重新修筑殿槛以赞扬朱云的刚正不阿，但是却不给他一个职务，这就不如刘聪对待陈元达了。自此，宫殿正中的横槛上，没有横木，叫它"斩槛"，可能是汉代以后这样代代相传的。

漏泄禁中语

历史上,由于泄露机密而掉脑袋的人非常多,特别是汉代因此丧命者最多。汉元帝时,大臣京房深受宠信。京房熟谙易学,精通六十四卦,他经常和汉元帝议论吉凶祸福,引古喻今。不仅如此,他竭力倡导考功课吏法,强化吏治。

有一天,他对汉元帝说:"《春秋》中记载有二百四十二个灾异,用来警示后世的君王。自从陛下登基以后,日月失明,星辰逆行,山崩泉涌,地震石陨,这可是不好的预兆啊!"

"这是为什么呢?"

京房说:"陛下倒是圣明之君,只是豺狼满朝,所以天庭盛怒啦。"

京房所指的奸臣是石显。石显当时是中书令,大权在握,他倚仗权势,结党营私,朋比为奸。群臣恨得咬牙切齿,敢怒而不敢言。

当时,淮阳王的舅舅张博,与京房的关系非常密切。他对京房说,淮阳王聪颖过人,想进京谋求高职,希望京房疏通一下。京房说:"要说这事也不难办。淮阳王可向陛下进谏,实行考功课吏法,摒弃奸臣。退一步讲,如果皇帝不答应,可劝说他重新考虑丞相、中书令的人选。"

京房一时疏忽,把此事对御史大夫郑弘讲了一遍。郑弘也没有在意,又把此事抖落了出去。中书令石显得知后,马上启奏汉元帝,说京房、张博、淮阳王、郑弘四人诽谤朝廷,结成乱党,意欲推翻陛下,应当严惩。汉元帝听罢,吓得出了一身冷汗,马上差人捉拿四人归案。经草率的审讯后,京房、张博等人被杀头,郑弘被贬为庶民。

汉成帝时,王凤(成帝的舅舅)主持政务。他的权力非常大,军国大事都由他说了算。当时他的气焰嚣张,群臣趋炎附势,只有司隶校尉王章敬而远之。王章生性正直,禀性坚毅,不攀附权贵,不卑不亢。他经常在成帝面前揭发王凤,在其他文武百官面前也敢于直言不讳。后来有人把王章行为告诉了王凤,王凤非常恼怒,将王章收监入狱,将他置之于死地。

因为泄露禁语而保全性命的人少之又少,在这方面,汉宣帝时的夏侯胜算得上是运气好的。当时,夏侯胜的官职是谏大夫给事中,此人不拘小节,有时候皇帝给他讲的宫廷之事,他传到外面,对此,汉宣帝十分不满,怪罪他:"这些都是禁中之语,怎么可以随意外传呢?"

从此以后,夏侯胜不再乱讲了,因此也没有引来什么灾祸。

并韶

梁武帝时,有这样一个故事。交趾有个叫并韶的人,赴京应选,以求显达。此人很有学识,诗词文章也是出类拔萃。

当时的吏部尚书蔡撙看到并韶的文章,考问了他的学识,也肯定他是个人才,但又以从前这个姓氏没有显赫的人物为由,就不按他的才识任命他官职,只任他做了广阳门郎的小官。

并韶自己认为,我有这样的学识却让我做这样的官,感到很羞耻。于是产生了怨恨,就想找地方发泄,回到家乡后,便出现了他后来聚众谋划反梁作乱的事。

这种通过门第高低、族名隐显程度来封官的做法,是晋朝以来的官场弊病,埋没了很多有才之士,而许多平庸之徒因门第显赫而登上高位。蔡撙具有贤达的盛名,在这种事情上竟然表现的这样世俗,这究竟是为什么呢?

门生门下见门生

五代时期的后唐裴尚书因为年龄大而退休。清泰初年,裴尚书的门生马裔孙担任了殿试主考官,揭榜后带着新考中的进士门生,去拜谢裴尚书。裴尚书兴奋之余,大摆筵席,推杯换盏,一片欢声笑语,非常热闹。裴尚书诗兴大发,口出一绝:"宦途最重是文衡,天与愚夫作盛名。三主礼闱今八十,门生门下见门生。"此情此景,深得在场之人的钦慕和称赞。此篇记载在苏耆撰写的《开谭录》中。

根据《五代登科》考证,裴尚书在后唐庄宗同光年间(923~926年)曾三次主持殿试,四年中共录取进士八人,中间就有马裔孙。又过了十年,马裔孙当了翰林学士,在清泰三年(936年)录取进士十三人。可见苏耆所写的都是事实。马裔孙不久就当了宰相。

唐代诗人白居易的诗中，有一首题为《与诸同年贺座主高侍郎新拜太常同宴萧尚书亭子》，诗下注释说："座主于萧尚书下及第。"座主就是进士考试时的主考官。考究《登科记》可以发现，白居易是唐德宗贞元十六年（800年）在中书舍人高郢担任主考官之时，以第四名的成绩考中了进士；高郢是唐肃宗宝应二年（764年）礼部侍郎萧昕担任座主时，以第九名考中的进士，这与高郢官拜太常时隔近四十年。萧昕在唐肃宗宝应二年当主考官，可以说十分异常。品读白居易的诗，也可以看到唐代举子对主考官十分敬重。

唐用宰相

唐朝任用宰相不会论资排辈，拜相看起来似乎很简单。可是，一些当过高官的人，比如做过六部尚书和御史大夫，在地方上当过封疆大吏，在朝中当过仆射和太子师傅，没有拜相的人大有人在。颜真卿、王起、杨于陵、马总、卢钧、韩皋、柳公权、卢知猷等，都是这一类人。

皇上想用谁为相，官不过侍郎、给事中、郎中、博士者都可。他们一拜相就在礼仪、待遇上超过百官，那些谏官、御史们听命都来不及，哪里还敢随便抨击弹劾其过失呢！这与我宋朝很不一样。

唐朝时期，那些先当上宰相的人，还可以举荐自己的同事担任宰相，比如姚崇举荐宋璟，萧嵩举荐韩休，李林甫举荐牛仙客，陈希烈、杨国忠举荐引韦见素，卢杞举荐关播，李泌举荐董晋、窦参，李吉甫举荐裴珀，李德裕举荐李回，都是如此。

唐宰相不历守令

大唐杨绾、崔祐甫、杜黄裳、李藩、裴珀都可以称得上是一代名相。可是，查究一下他们的履历表，都没有当过刺史、郡守和县令等地方官，他们的履历如下：

杨绾最初担任太子正字，后擢升左拾遗、起居舍人、中书舍人、礼部侍郎、户部侍郎、国子监祭酒和太常卿，然后就拜了相；

崔珀甫初任寿安尉，后任节度使判官，调入朝廷后担任过起居舍人和中书舍人，然后拜相；

李藩曾任东都和徐州府属官，调入朝廷后任秘书郎、郎中和给事中，然后拜相；

裴珀最初任职美原尉，后来迁任朝官考功员郎、中书舍人和户部侍郎；然后任命为宰相。

这五位名相的功绩，史书中记载得非常详细，这里不再用过多的语言进行记述了，然而后来用人之时，一定要求在地方、京师都要任过职，而且在地方上任职必须为主官，以求熟悉民情，才可以授之宰辅重任。

高锴取士

按照《新唐书》记载，高锴任礼部侍郎时，主持科举考试，三年之间录用了很多才华横溢的人。最初每年录取四十名进士为限，后来合格的人才逐渐减少，于是朝廷根据实际情况，下诏令减少十人，尽管如此，依然无法满足。

反映唐代进士考取情况的《登科录》，上面有这样的记载，开成元年（836年），宰相府上奏皇帝说："以前录用进士每年以二十五人为限，人数偏少，请求增加至四十人。"皇帝批准了这一奏请。开成元年（836年）、二年（837年）和三年（838年）之间，高锴任职礼部侍郎，主持考试，每年录取的进士都是四十人。到了第四年，开始减少名额，每年录用的人数限定在三十人以内。由此可见，《新唐书》的记载是错误的。

据《唐摭言》记载：高锴第一次主持进士考试时，裴思谦通过宦官仇士良的关系，被排在第一名，高锴嫌他结交权贵，当面斥责并驱逐了裴思谦。裴思谦出门时，回头厉声对高锴说："你小子瞧着吧！明年我肯定能中状元！"

第二年，高锴仍然担任主考官，他警告家人和助手，不要接受任何人的批条。裴思谦没有到高锴家去求情，而是带着仇士良的一封信，然后乔装打扮，穿上紫色官服，直接来到了考场，走到高锴面前，对高锴说："军容使（仇士良担任的皇帝禁军首领官名，这里代指仇士良）有一封保荐裴思谦的推荐书。"高锴没有认出他，接过书信一看，上面要求让裴思谦作状元。

高锴说："如今状元的人选已经定下来了，如果要其他的名次，可以按照军容使的意思办理。"

裴思谦说："我是按照军容使的命令而来。军容使说：裴思谦如果当不上状元，请你不要让他考中。"

高锴低头想了许久，不敢冲撞仇士良，就说道："既然是这样，就把裴思谦带来试试看吧。"

裴思谦马上说："我就是。"

高锴迫不得已，只好让裴思谦当了状元。

裴思谦中状元以后，居住在京都的平康里，他写了一首诗说："银红斜背解明珰，小语低声贺玉郎。从此不知兰麝贵，夜来新惹桂枝香。"

由此可以看出，裴思谦是个小有才智、不拘小节的人。高锴迫于宦官仇士良的压力，把他定为了状元，史书中还赞颂高锴担任考官时，录用的人都是真才实学，实际上并不是这样。

唐夜试进士

唐朝之后，科举考试成为普通人升官发财的重要途径，尤其是其中的进士科，最容易当上大官。"状元"即为进士科里面的第一名。

怪异的是，唐朝的进士科举考试还有这样一条不成文的规定：凡是参加进士考试的人，进入考场后要使用蜡烛。因此不少人就以为唐代科举进士，是从清晨一直考到第二天清晨。当时的刘虚白写下过这样一首诗："二十年前此夜中，一般灯烛一般风。"

诗中就是描写这种夜里考试的情景。他还说当时考生进考场时每人要发给三支蜡烛，三支蜡烛燃尽后就必须交卷。

《旧五代史·选举志》中说："后唐明宗长兴二年，礼部贡院奏当司奉宰相下的文件（堂帖）夜间考试进士，专门有人拿着文件的条款。皇帝的诏令说：'秋天来参加考试，准备有一般规程，入夜后才写文章，不曾有旧的制度。王道都是按明白的常规设立的，公事必须在白昼公开进行，参加考试的人都要服从命令在门外排好次序一齐进入考场，到关门时考试结束，其中如有先考完的人，记好他的时间，就令他先出去，他们入策也须在白天考试，应试各科对策，并仍照此例。"可见，白天考试进士，不是以前的惯例。

后唐末帝清泰二年（935年），贡院又请示皇帝，让进士考试杂文，并且指定进入特别的官署部门，过一夜后再参加考试。到了后晋出帝开运元年（944年），又因为礼部尚书知贡推举窦贞固的奏折，以前考试进士，都以三支蜡烛的时间为限，并且各种举人有怀藏书本的就不让他参加考试。不知道到什么时候再有革新。白居易集中奏状说："进士允许参考书册，并且得通宵达旦。"但没有说明白入试的时间是清早还是晚上。

十二年以后，也就是后晋的开运元年（944年），又因为礼部尚书知贡举官窦贞固上奏提议，命令进士考试统统用三根蜡烛，凡是有携带书籍者一律不准参加考试。以后不知道什么时候又有了改变。

唐书判

唐代选拔官员的准则有以下四条：

一、身。就是身材健壮，五官端正。

二、言。就是谈吐明晰，言辞条理井然，能言善辩。

三、书。就是善于楷书，字体优美。

四、判。就是文辞优秀，论述有理有据，理论水准高。

只要通过考试的，叫作入等，接着便是任命官职了。

既然靠书法作为艺业，因此唐代人没有不擅长楷书的；既然以判状为重要，因此没有不学习熟练的，而判状的语言一定讲究对偶整齐，现在流传的《龙筋凤髓判》以及《白乐天集·甲乙判》就说明了这一点。从朝廷到县城，没有不是这样的，不读书、不擅长文学就不行。朝廷辅政大臣每逢报告草拟一件事，也一定对偶几十句话,现在郑畋写的敕书、堂判仍然留存着。官场一般流行在判词中讲述一些琐碎的小事,其中穿插一些诙谐的语言,叫作"花判",写得十分实际。宋代初年仍然受到唐代余波的影响,时间一久,便逐步被根除了。

唐代用身体、相貌当作选拔官员的一条准则,引来后人的非议。

赦放债负

以前皇帝为了向天下百姓显示自己的仁慈,就不断地宣布皇恩大赦。宋代的皇恩大赦就非常多,至少新皇帝登基或更改年号时,就要实行天下大赦。除了赦免有罪之人外,还要赦免一些债务。这虽然是一种恩德,但是有时实施起来却非常不合理。

如南宋孝宗谆熙十六年(1189年)二月,孝宗赵睿退位,由其第三子赵惇继位为光宗。新皇登极,大赦天下说:"凡是民间积欠的债务,不论时间长短、数量多少,一律不准再要。"这一赦令初看起来,确实为负债累累的穷苦百姓解除了一个很大负担。但哪里想到,有的债主刚把钱借贷出去才十来天,没有收到一分钱利息,赦令一下,却连本钱都白送人了。

后来由于谏议大夫何澹上书认为这一赦令太不合理,光宗这才又下令要负债人只偿还本钱,息钱可赦免。但赦令已经下达,又这样朝令夕改,引起了借债人的不满,几乎闹起事来。

五年后,光宗再次颁布大赦令。吸取前一次教训,规定只免除三年以前的债务,也就是借债后已经偿还了三年以上,但本息倘未还清者,才可依赦令解除债务关系。不到三年者,还要继续偿还,这又不免太苛严了。

实际上,以前五代时期的后晋高祖天福六年(941年)八月的一次大赦最为公平合理,赦令说道:"民间私下放债,所取得的利息已经达到了本钱的一倍者,一概不许再增加利息。"又说:"一年以前还未还清的多种税钱,也一概不能再要。"这样一来,私人之间的债务关系依据赦令解除之后,双方各有所得,都没有损失,穷苦百姓也确实从中享受到了恩惠。

今日官冗

宋神宗元丰年间，曾巩在三班院任职，他上书说："国朝真宗景德时开垦的田地有一百七十万顷，官员达到万名。仁宗皇时，开垦的田地有二百二十五万顷，官员迅速上升了两倍，达到了二万人。到了英宗治平年间，开垦的田地达到了四百三十万顷，官员上升到了二万四千人。开垦的田地天天在增加，而官员也在天天增加。后来用在郊祀的赏赐费也比以前多了一倍。就拿三班院的簿籍比较一番，可以看出入籍的人接近七百人，可死亡、罢免、退休的人员还不到二百人。不仅如此，这个数字还在年年增加，丝毫没有终止的意思。所以，财政开支的去向，应该让有关管理部门仔细商讨，想出一些相关的对策，让天下的财政收入与治平年间一样多，用于支付官员俸禄的费用和景德年间一样。这样一来，以三十年计算，就可以剩余十年的积蓄了。那时，天下达到全盛，仓库多有积蓄。"曾巩这一建议受到宋神宗赞赏。

庆元二年（1196年）四月，有大臣上奏言词十分激烈，说道："过去在孝宗乾道年间京朝官有三四千员，候选官员有七八千人。到光宗绍熙二年（1191年），吏部四选的名籍，尚左选，京官有四千一百五十九人；尚右选，大使臣有五千一百七十三人；侍左选，选人有一万二千八百六十九人；侍右选，小使臣一万一千三百一十五人。合四选之数，共有三万三千五百一十六人，冗官比本朝全盛时多了一倍。近四年之间，京官没有增加。在外地入选的增加到一万三千六百七十人，比绍熙二年（1191年）多了八百〇一人员。大使臣六千二百六十五人，比绍熙二年（1191年）增加了一千三百四十八人。小使臣一万八千〇五人，比绍熙二年（1191年）增加七千四百人。而令年科举及第的人和明年奏请入官的人还不在此数。如果加在一起算大约有四万三千人，比绍熙四年（1193年）的数目又增加了万人。这怎不令人吃惊呢？"

造成冗官的原因，可能是由于年年有恩惠。大庆典多次实施，每次都有特恩授官的，并且皇室的恩典，不以血缘远近为界限。再加之科举特奏名的实施，这都是特殊的恩典，受到特殊恩典的人数每个州多达数百人。哎，已经无药可救了，恐怕神医对此也束手无策。

宰执子弟廷试

东京开封府，经过一段时间的紧张后，忽然变得特别轻松。原来，北宋太宗雍熙二年（985年）的科举考试全部考完了。

年轻的、年老的、穿绸锦的、穿布衣的、沾沾自喜的、灰心丧气的——各种各样的举子们鱼贯般涌出考场，然后各散南北，等待着放榜的日子。其中，有三位衣着华美、气宇非凡的年轻人显得异常高兴。

他们过五关斩六将，在礼部考试时就获得好成绩，在上报皇帝名单中，被列入上等。最后这一关在皇宫由皇帝亲自主考的廷试中，发挥得也很不错。中进士是板上钉钉的事。

这三位是谁？说出来令人惊讶，他们分别是李宗谔，宰相李昉的儿子；吕蒙亨，副宰相蒙正的弟弟；王扶，盐铁使王明的儿子。他们虽出身高贵，但的确不是纨绔子弟，三人均颇有才华。

判卷完毕，拟定了录取名单，上报给皇帝做最后的审批。让人没有想到的是，宋太宗看了录取名单上李宗谔、吕蒙亨、王扶三人的名字时，他停下笔思索起来，过了一会儿，抬头说道："他们都是有权势的人家，跟那些出身寒苦的人角逐，不恰当！即便真的靠真才实学录取的，人们也会说我偏心大臣。"说完，提笔将这三人的名字划掉。很显然，他们都落榜了。

由此可见，以前对执政大臣的子弟都是这样的严苛。这跟秦桧当权时，他的儿子秦熺、孙子秦埙先后都中了状元相比，是如此不同啊！

科举之弊不可革

法令越严格，违法犯罪的情况也就越严重。在科举考试中就非常明显，特别是官员考试的时候，愈发突出。朝廷明令严禁他人替考，禁令越是严密，代考的人获得的酬劳就越多。不幸败露的，一百人中不过也就一到两人受到处罚，处罚也没有像法令上写的那样严厉。

宋代吏部选官，凡中选之人除皆须赴吏部由其长官、副长官进行帘试，以防代笔之弊。这个规定，不能说不完善，但执行起来，却是一纸空文，甚至连儿戏也不如。奉公守法、敢于议论的大臣，虽然天天提出改进意见，但这种坏的风气如同河决水溢、风吹草倒一样，一点也没有得到改变。有人认为，之所以产生这些弊端，主要是因为太相信法令而在实际执行中达不到预期的效果。持这种议论的人也不想一下，执行法令的官员，谁肯真正公平正直，一而再、再而三地得罪别人，弄个坏名声？这对于事情不但没有帮助，反而会遭到别有用心的人的打击和报复。

宋初开宝年间，太子宾客边光范负责官员的考选。一天，太庙斋郎李宗讷前来接受考选。边光范打量他一番，觉得此人年纪轻轻，大概不会写诗。有意刁难他，就说："如果你能提笔就做出一首六韵诗，那么，不用考书判，也可以合格入等了。如何？"

哪知李宗讷却毫不胆怯，反而得意地说："我不但会写诗，对辞赋也很留心呢。"随即动笔，不大功夫就写成一首诗、一首赋。

边光范读完后，对他大力赞许！次日就上报朝廷，提升李宗讷为秘书省正字。

台谏不相见

宋仁宗嘉祐六年（1061年），司马光任职谏院长官，上表奏请册立宗室为继嗣的人。当他到了政事堂以后，对宰相韩琦简明扼要地说了一下自己的意见。韩琦问殿中侍御史陈洙："听说你和司马光十分熟悉？"陈洙回答说："几年以前我们曾一起在国子监任直讲。"韩琦又问道："我听说，司马光这几天见了皇上，他对皇上谈了什么事情呢？"陈洙回道："现在我们俩，一位是御史台官，一个是谏院官，彼此之间没有任何来往，我怎么知道他对皇上说了什么事情呢？"后来，司马光将此事记载得十分详尽。

从中不难看出，宋朝过去的规定是台官和谏官不能互相往来的。所以赵抃做御史时，对宰相陈执中的作为提出批评，当时范镇曾以谏官的身份和赵抃争执不下。宋神宗元丰中，又明确规定谏官、台官不许往来。鲜于子骏请求废掉这个禁令。宋哲宗元祐中，谏官刘器之、梁况之等人联名弹劾尚书右仆射蔡确，而御史中丞以下的官员都因为对蔡确等人的事没有章疏上报，或被罢免，或被贬黜。宋钦宗靖康年间，谏议大夫冯澥因议论朝政而触犯朝纲，受到御史李光的驳斥。

旧官衔冗赘

宋代的官制，由于沿袭了晚唐、五代的官制，官衔通常比较啰嗦。宋仁宗皇祐年间，李端愿曾经写下"雪窦山"三个大字，而左边却附录了一个长达四十一个字的官衔："镇潼军节度观察留后、金紫光禄大夫、检校刑部尚书、使持节华州诸军事、华州刺史、兼御史大夫、上柱国。"自从神宋元丰年以后，改变了节度使的名称，去掉了文散所、检校官、持节、宪衔、勋官等繁杂的称谓，只用"镇潼军承宣使"六个字，与之前的相比省略了三十五个字，这可以说算得上是言简意赅了。

会稽（今浙江绍兴）的"禹庙"有唐代昭宗天复年间越王钱镠所立的碑，上面所刻官衔的全称达九十五字之多，更为啰唆！

实年官年

士大夫们在讲述自己的经历时，通常有实际年龄（实年）和做官年龄（官年）两种，这在宋代以前的官方文件中，从来没有发现过类似的记载。

平民百姓在参加科举考试报名的时候，必定要将自己的实际年龄少写几岁。这样的目的不外乎有两种：一种是自己的年龄小，科举考中后，可以求得一桩条件好的婚姻；第二种是万一自己考不中，那就要等到六十岁才能够特恩授官，因此不得不减少岁数，这样就可以多参加几次考试。

达官贵人的儿子可以通过老子的恩荫做官，但是也有年龄限制。为了使自己的儿子尽早地达到做官的年龄，他们不惜更改出生年月，来增加年龄，有的增加达数岁之多。

有一段时间，大臣们屡次上奏建议，要求那些年龄到七十岁的人不允许再任监司、郡守等官职。这使很多做官的人心神不安，纷纷增加或减少自己的实际年龄来决定自己是否退休。如江东提刑李信甫虽然实际年龄已超过了七十岁，但由于他在政府登记注册的年龄比实际年龄少了五岁，所以当他请求退休时，上级却规定，在政府注册不到退休年龄的，不准退休，改派让他去做那些有名无实的掌管庙宇的祠禄官。而房州（今湖北房县）知州章馴实际年龄六十八岁，但官府登记的年龄为七十一岁，比实际年龄多了三岁，也想退。有关部门对他进行观察后，觉得他精神状态很好，身体素质也还不错，就让他做完这一任知州后再退休。严州（今浙江建德）知州秦焴请求做闲职官员，他上报说："我的实际年龄是六十五岁，而官府注册年龄也超过了七十岁。"有关部门看到这个报告之后，就准许了他的请求。齐庆胄在请求退休的报告中说："我的实际年龄七十岁，可在官府注册的年龄才六十岁。"于是"实年"、"官年"的字样，屡次出现在皇帝的官员注册中，在朝廷内外广为流传，这真是君臣上下肆意欺瞒啊。像这种荒谬的事件，怎么可以写入史书呢？

小官受俸

根据北宋沈括在《梦溪笔谈》中的记载，开国之初，州县小官吏的俸禄收入很少，因此也就有了"五贯九百六十钱的俸禄，省钱当作足钱用"的说法。

黄庶在仁宗皇祐年间为自己的文集《伐檀集》作序时说："我做过一个府、三个州的辅佐官员，时间超过十年。州郡的政务，事无巨细，没有不参与的。大体上限于负责管理簿书、审理判决诉讼等事。心里所想的是，可以报效君主，有益国家，有益于百姓的事，还不曾有哪一件可以拿出来值得一提。然而每月都向官府领取俸禄，粟麦常有两斛，钱常有七千钱。一问到自己的所作所为，都是些平常人也能做到的事，可以说是空占着职位而不做实际事的人。所以用《伐檀》作为自己文集的名称，以此来表示自己领俸禄多而干事少的羞愧。"

南宋时期的官员，即便是主簿、县尉这样的低级官员的俸禄，要比北宋时期同等官员多七八倍。即便如此，他们仍然抱怨支出的多，收入的少。至于两斛的粮食、七千钱的俸禄，仅仅是一个书吏或小校的收入。难道这不是世风日下，人们挥霍无度，物价日益上涨，才造成的这种局面吗？

禁中文书

宋朝皇宫内的机密大事最怕传到外面去，特别是皇太子选立、皇位承袭这样的大事，更是严格保密，禁止泄露。

如宋仁宗时期，皇后没有生下皇子，需要从宗室中选择一名合适的皇子当皇太子，继承先人传下的大业。当时的宰相韩琦就数次同仁宗暗地里谋划此事，并很快确定了其兄之子宗实为皇子。但是在公布这一决策之前，必须严守秘密。韩琦对仁宗说："陛下早早立下太子，是为了防患于未然。但此事至关重要，一旦开始实施，就不能反悔，陛下务必做出果断的决定。为了保密起见，请陛下直接在宫中批写圣意。"

但仁宗考虑再三，认为不妥。因为如从宫内批出圣意，必然会惊动宫人，反而带来麻烦。所以仁宗不愿让宫人知道，对韩琦说："这件事最好还是交给中书省去执行。"终于在无人知悉的情况下，顺利将宗实召进宫内。

我也经历了一件类似的事。宋孝宗淳熙十四年（1187年）十月二十二日，皇上从德寿宫哀悼先皇回来，二十五日即下诏要我和吏部尚书萧燧一起进宫议事。前来宣诏的宫中使者预先告示说："内翰洪迈可迟留在宫内。"

进宫议事毕，只见从东华门内行廊下的白色帐幕中的御榻后面露出一张纸条，上面记录着唐代贞观年间由太子承乾监国一事，要我观看。这时萧燧已经先退出了，皇上和我商议，准备让皇太子参决国家大事，要求我仿照唐代旧制写出具体实施的事宜和步骤。

临走，皇上告诫我说："你以后送呈的有关文字必须严加保密，不得漏泄一字。"

我回答说："臣当亲自书写，不让外人插手，然后用实封封好，交给通进司递给皇上。"

皇上却说："这样不妥，容易漏泄，不如交付给我最亲近的一个内臣办理。"

我说:"臣居住在宫外,不会与陛下的内臣联系。唯独御药院的人到学士院里来,他们来通常都是传达一般的公文,这样的大事,我不会让他们知道,更不会让他们传递。等我检索完唐代典故之后,再入宫面见陛下,那时当面交给陛下。"

皇上立即同意,说:"非常好!"

于是在以后的七天时间里,我得到了三次从容入宫的机会。可见,皇宫内的机密要事是多么害怕泄露到外面啊!

多赦长恶

"杀人偿命"是历代统统治者都遵守的法律原则,不论哪个朝代,都不能破例。可是宋朝却有个例外:杀人不但没有偿命,反而还没有得到处罚。

原来,宋朝形形色色的皇恩大赦非常多,一年之中要大赦两到三次,因此,每次碰上杀人的案件,还未审讯清楚,或者刚把凶手捉拿归案,一道赦令下来,罪人就全部被赦免放出来了。

如婺州(今浙江金华)有一位名叫卢助教的富人家,靠残酷剥削周围的百姓而发家,所以周围的百姓对他恨之入骨。有一天,他散步到他的一个佃户家里,佃户家父子四人一齐上前将他抓住,捆绑起来,放在一个专门用来舂米或捣、砸东西用的石臼中,一顿乱捣乱砸,将这位富人捣碎成了肉泥。这一惨案被报到州郡后,父子四人被抓获归案。经过州官审理,已初步定案,但恰巧这时朝廷颁布了一个大赦令,这一案子的审理遂半途而废,父子四人托皇帝的恩德而被赦免释放,惨死于石臼中的卢助教只能含冤九泉了。后来,这父子四人竟然还趾高气扬地来到卢氏府上,侮辱卢氏家人说:"卢助教为何不下庄里去收租粮啦?"

这件事实在令人感到不公正。可是州郡的官吏却懒得向朝廷奏明此事。光宗绍熙五年(1194年)一年多达四次大赦,奸凶盗窃杀人者,都可赦免死罪。这又不知道有多少像卢助教那样的冤魂含冤九泉。

这件事实在是太可恶了,州郡的官员竟然没有向朝廷奏报。光宗绍熙甲寅年,一年内连续四次大赦,凶恶的盗贼和杀人犯全都没有判死罪,这只能是对奸贼和凶恶之徒有好处,对治理国家有什么好处呢?

当时就有很多睿智的士大夫上书朝廷,他们极力反对这种找个理由就大赦天下的行为,就连神宗时期变祖宗三法的王安石也站出来反对大赦。熙守七年(1074年)天下大旱,神宗打算再下发大赦令(当年已经大赦过两次了)以感动上天降雨。王安石反对说:"我曾听说,商汤在大旱时期,只是由于自己的政事没有处理好而自省。假如一年之内三次大赦,那一定是处理政事方面出现了问题,不仅不会消除旱灾,而且将会使旱灾越来越惨重。"神宗这才放弃了这个念头。王安石平生的一些政治主张专门喜欢别具一格,不同凡响,唯独对大赦的主张还算是公正可取。

当官营缮

徐州滕县(今山东滕县),在宋神宗元丰元年(1078年)迎来了一位新任知县,该知县的名字叫范纯粹。

范纯粹是范仲淹的儿子,在当时名气颇大。他的到来,不是升官,也不是调职,而是从朝廷中书检正官任上被贬职而来的。别看是被贬而来,但是他看得挺开,情绪丝毫没有受到影响。他到任后,一改"官不修衙"的惯例,竟然对一百一十六间破旧不堪的县衙和吏人办公的房间进行修缮,可是唯独他自己居住的屋子没有修葺,跟以前一样陈旧。"这样做并不是怕被别人斥责以权谋私。"范纯粹说,"而是着实没有功夫了。"

当时全国正在实行新法,对官员很严厉,管理得像捆绑湿布一样严紧。所以,即便是知州一级的地方官,连一文钱一粒米也不敢轻易动用。苏东坡这时正好担任徐州知州,对范纯粹这种廉洁奉公的做法很赏识,便写了一篇赞扬的文章,其中说道:"官衙是官吏互相继承的,一任一任地无限传下去,并不是哪任官员专为自己享用的。今天不修缮,后天修缮的费用必成倍增加。但是,近些年以来,各地只讲俭陋,尤其不敢提以修建营造的事,任凭官衙墙斜柱子腐烂,只是一任任往下交付,一根椽子也不敢换,这算什么呢!"

这篇文章流传开来,那些迎合时政、靠投机上台的官员们都很嫉恨。

地方官该不该修衙呢?我恭敬地浏览本朝的文献,见宋太祖开宝二年(969

年)二月的诏书上说:"就是在任一天也要修葺损坏了的房舍,这是过去的贤官良宰所能之事。可是听说各路的藩镇和郡县的官房和仓库,大抵是有所损坏,并不及时修缮,拖延岁月,以至于倾塌,等到筹集工料、募民充役进行修复的时候,劳务和费用就要倍增了。从今以后,节度使、观察使、防御使、团练使、刺史、知州、通判等谢任,他治所的官署,有没有毁坏以及增修的情况如何,都要记录在案,依次点验移交给后任。地方长官的属吏及州县长官任满去职,就对照着书写到考核优劣的记事文书上,官署损坏不全的,落后一个选次授官,有所修葺、建置而且不烦扰百姓的,提前一个选次授官。"

  当时,太祖建国仅仅十年,连这些小事都考虑得十分周到!只可惜那些后来的为官者,对这些事情不放在心上。如果有哪位官员修筑官衙,那些不懂得道理、不喜欢赞扬别人善事的人常常从反面斥责,说他们妄兴工役,贪污公款,导致大家对破落的官衙放任自流。可是他们哪里知道,那些贪得无厌的官员,如果想要舞弊贪污,随便想个办法都行,难道非得假借修建官衙的机会吗?

四、朝野见闻

五、史海检索

呼君为尔汝

北宋苏东坡在一篇文章中说:"现在人们之间的称呼非常有讲究。地位尊贵的称他为'某公',品德贤良的称他为'某君'。这以下的就是'尔、汝'之类的了。即使王公尊贵,人们表面上尊敬,实际上心里鄙夷他,因此当面称他'公、君',背后却多数都是'尔、汝'"。

我认为,这都是后世风俗导致的这种结果。过去的人大多是表里如一,说话做事畅所欲为。即便是君臣之间,张口说话极少有什么顾虑。看看《诗经》、《尚书》上的这类情况,心里就会明白了。

西周的箕子呈上《洪范》一文,答武王问他天道的事,里边称呼武王用的就是"汝"。周武王有病,他的弟弟周公写一篇策祝叫《金縢》,祈求祖宗保佑武王康复,文中的"大王、王季、文王",都是周公的祖辈父辈,周公都是直称他们"尔三王",自己称"予"。文中还要求三王答应他的请求:"尔之许我,我其以璧与珪,归俟尔命;尔不许我,我乃屏璧与珪。"这几句不仅称呼是这样,还大有质责求取的意思。

《诗经·鲁颂·閟宫》颂君诗说:"俾尔炽而昌";《天保·报上》:"天保宣尔,俾尔戬谷";其他的如《民劳》、《正月》、《板荡》、《卷阿》、《既醉》、《瞻卬》等很多诗词都是称呼大王为"尔"。至于说有时候直接称呼"小子",即使是幽王、厉王一类的暴君也是坦然接受,并没有因这样的称呼而恼怒。

看一看故人,再看一看今天,我们所欠缺的正是那种心口如一的品格。这样下去,我们就永远也不会再见到三代贤圣时的风俗了。

民不畏死

老子在《老子》中说:"老百姓是不怕死的,为何还要用死来恐吓他们呢?如果真能使人们都怕死,那么对于极少数胆敢作奸犯科、不顾身家性命的人,我就可以把他们抓起来统统处死,这样谁还敢违法取死呢?"

读者读到此处,通常认为老子是一个好杀之人。实际上,老子不是一位好杀人的人呀!他的意思是想要告诫当朝的统治者,不要将老百姓都看作是最蠢笨、最低贱的人,像锄草一样,能轻易夺取他们的性命。应当了解人民的境遇和要求,不要让人民都变成自己的敌人,所以书中继而写道:"通常由专管杀人者去杀,假如替代专管者去杀,就犹如替代木匠砍木头,很难不伤及自己手的。"

老子在下一篇中又说道:"老百姓之所以轻率地不惜生命去冒险,是因为统治者拼命地想使自己生活得更加舒适,逼得百姓不惜生命去冒险。"况且希望长寿是人之常情,即使是穷困潦倒到了极点的人,其处境已与饥寒交迫的奴隶相似,也希望自己能活得长久一些,就算不能长寿,但是和受戮而死的人相比仍然有很大的区别。所以说,长寿是所有人的愿望,如果不能长寿,也希望不是受戮或冒险而死。

自古以来,时运多变,甚至于普天之下的人都揭竿而起,铤而走险,可是仔细地探究事变发生的原因后就会发现,事变初起时,老百姓并没有不安分之心。秦、汉、隋、唐各个王朝的末年,江山土崩瓦解,生灵涂炭,人人都有遭杀害的可能。不过,即使像王仙芝、黄巢那样凶恶残暴的人,也不过是想得到一官半职罢了,如果当时的国君和宰相有恰当的措施驾驭他们,哪里还有那么大的祸害呢?!汉代,龚遂将刚巧遇到灾荒的渤海郡(今河北沧州东南)整治得有条不紊;冯异把关中(今陕西省)整治得很稳定;唐代高仁厚使四川的盗贼俯首帖耳;王先成劝说王宗侃集结逃亡民众，这些史料都反映了老百姓盼望安居乐业。世上的统治者，谁能够深切地领会老子的教诲呢？

孔子欲讨齐

东周初期，郑国、齐国、宋国、楚国、晋国、秦国等称霸中原一带，东周政权有名无实。春秋末年，齐、鲁、晋等诸侯国内部又发生了"公室"与"私家"之间争权夺利的斗争。鲁国有鲁桓公的后裔孟孙氏、叔孙氏、季孙氏，所谓的"三桓"专权；齐国有陈氏（陈氏本陈国贵族，到齐国后改为田氏）与齐君平起平坐；晋国的权利则由韩、赵、魏三家贵族分别掌握。公元前481年，陈成子（田常或田成子）杀了齐简公，趁机扩张陈氏势力，把持齐国政权。此事引起了诸侯国的轰动。孔子在鲁国获悉这一消息，告诉鲁哀公，请求出兵征伐齐国陈氏贵族。鲁哀公面露难色，告诉孔子说："你和孟孙、叔孙、季孙商讨一下再说吧。"孔子也正想打探"三桓"对陈氏杀害齐君一事有什么反应，就来到三个人家中如实以报。"三桓"听了以后，坚决不赞同出兵攻伐齐国，关于这段故事，《左传》里这样记载道："孔子请求鲁哀公伐齐，鲁哀公说：'鲁国就是因为齐国的打击才变弱的，咱们有什么力量攻伐齐国呢？'孔子回答说：'陈成子杀了齐君，已经失去了全国一半民众的人心，凭鲁国的全部力量，再加上齐国一半民众的支持，完全可以打败陈成子。'"

从字面上看来，孔子虽然认为鲁国弱于齐国，但陈成子杀君失去道义和人心，鲁国正可以趁机出兵，匡扶正义。这样一来，孔子似乎只是一个好战求利、不谙国势、强弱不分的谋士而已。其实不然。从实际情况来看，齐国军事力量远大于鲁国，齐国内乱也未能削弱其军事力量，鲁国不能以卵击石，这是十分明了的事情。"三桓"也正因为看清了当时的形势才拒不发兵。而孔子主张打着扶正周室、主持正义的旗号也已不再具有多大的号召力了。那么，作为一个出色的社会活动家，孔子此举的目的难道仅止于"以弱鲁攻强齐"，作无谓的牺牲而使生灵涂炭吗？

孔子很清楚，鲁国"三桓"的势力已经和齐国陈氏一样在鲁国壮大，孔子不愿看到身居正统地位的鲁王室被私家的"三桓"代替。"陈弑君"一事恰好使孔子找到了旁敲侧击的机会。于是他想借着这件事，一方面让鲁哀公清楚自身的处境，让他奋发图强；另一方面，孔子也想借此机会告诫"三桓"贵族，让他们约束一下自己唯我独尊的行为。如果鲁哀公清楚了这个意图，一定会领悟"三桓"专权，而自己只是一个傀儡国君，然后千方百计聚集大权，比如任用孔子，排除私家势力，树立国君的权威，匡正君臣、父子礼节。假如"三桓"对孔子的意图有所警悟，肯定会认为：鲁国小可齐国大，鲁国弱小可齐国强大，总有一天我们"三桓"代替鲁君时就会成为齐国的攻击目标。只可惜，鲁哀公、"三桓"君臣都未能察觉孔圣人的良苦用心，使孔子枉费一番心思。此事过后三年，孔子辞世。又过了十一年，鲁哀公最终被"三桓"排挤而出逃越国。与齐简公相比，鲁哀公只是没有身首异处而已。

杨子一毛

战国时儒家的代表孟子说："杨朱倡导'为我'，假如对天下的人有利，即便是拔下身上的一根毫毛，我也不情愿。"杨朱的书没有流传下来，因此孟子的话也就无从考证。唯有《列子·杨朱篇》一书中有一点相关的记载：

杨朱说："伯成子高不愿意拔下一根毫毛而让他人得利，因此退而隐居，躬耕自足。古人是不做舍己为人的事情。人人都不愿意损耗自己的一根毫毛而让天下其他人得到好处，这种自己顾自己的行为，所以天下才可以得到大治。"

禽子问杨朱："若拔你一毛可以拯救世界，你肯干吗？"

杨朱回答说："世界本不是一毛可以拯救的。"

禽子又问："假如一毛真能济世，你干吗？"

杨朱闭口不言。

一天，禽子和孟孙阳闲谈。孟孙阳说："如果有人愿意以一万两黄金的代价摸一下你的肌肤，你干吗？"禽子回答说："干。"孟孙阳又问："如果有人要斩断你一节身体，然后送你一个国家，你干吗？"禽子沉默不语。

孟孙阳说道："人的肌肤是由无数的'一毛'构成的，肢体又是又无数的肌肤构成的。'一毛'虽然十分微小，是人体的万分之一，但是却是不可或缺的重要组成部分，怎么可以小看它呢？"

根据《列子》以上所载来看，孟子所评价杨朱的话是有事实依据的，杨朱的确是一个自私的人。

汤武之事

商汤、周武的事，古人的评议已经很多了。其中要数汉朝辕固、黄生的评论最详尽。

黄生说："商汤、周武不是授自天命，他们是杀君的贼子。"辕固不赞同他的观点，争论道："他说的不对。夏桀、殷纣荒淫无度，当时天下的民心都向着汤、武，汤、武顺应民意诛杀桀、纣，无奈之下才立国，不是受天命是什么？"黄生说："帽子虽然破了还是要戴在头上，鞋子再新也是穿在脚上。桀、纣虽然昏庸无道，但是他们是君王；汤、武虽然圣明，但他们终归是臣子，他们因桀纣的过错而诛杀桀、纣，不是弑君是什么呢？"

汉景帝说："吃肉的人不吃有毒的马肝，未必就是不知道肉味；讲究学问的人不说商汤、武王是受天命当君主的，也不一定就愚昧无知。"于是才停止争论。唐朝的颜师古注解这一段话时说："主张汤、武是杀君的，是违背了经书上本义的，所以才用马肝做比喻。"《东坡志林》里讲："武王不能算是圣人，过去孔子也是责备商汤和武王的。伯夷、叔齐不愿吃周朝的粟米而饿死，孔子给他们很高的评价，这也等于狠狠责备了周武二王。直到孟子的书里，才把这种混乱的看法颠倒过来。假如当时有比较好的史官，商汤把夏桀流放到南巢（今安徽巢县南），一定会记成商汤叛乱；周兵大战殷纣王于牧野（今河南淇县南），一定会记成周武王弑君。"

苏东坡的说法可以说是最客观的评价了。我仔细研究了孔子为《尚书》作的序，上面清清楚楚地写道："伊尹帮助商汤伐桀，商汤逐桀于南巢；武王伐商，武王胜利而商纣被诛。"各用一句话归纳，语意非常明晰，这就是人们所说的六经折衷（取其中）。好的史家没必要再去写这些故事了。

弱小不量力

公元前597年冬天，楚庄王出兵攻打萧国。萧国关押了楚国的大夫熊相宜僚和公子丙。为了防止两位大夫被萧人残害，楚庄王派了使臣给萧国的君主送信说："请贵国不要杀熊相宜僚和公子丙，我一定即刻撤兵。"萧国没有同意这个要求，还是把两位大夫杀害了。

弱小的萧国，竟然拒绝强大的楚国的要求，杀死楚国二位大夫，这可惹恼了楚庄王，立刻进兵灭掉了萧国。楚庄王又征伐莒国（今山东莒县），莒国把楚国的公子平囚禁起来，准备杀掉。楚国人说："不要杀他，我们可以放还你们被俘的兵将。"莒国人不听，同样把公子平杀了。楚国军队于是包围了莒国，莒国军队溃败，国君只好逃到郓国去。

公元前589年的春天，齐国攻打鲁国，包围了鲁国北部边境的龙城（今山东泰安南）。齐顷公派自己宠爱的大臣卢蒲就魁率齐军出战，结果出师不利，卢蒲就魁被龙城人俘虏了。齐顷公派人对龙城人说："你们千万不要杀死他，我可以同你们讲和，撤回军队，不再侵犯你们的领土。"可是，龙城人没有接受齐顷公提出的条件，仍旧把卢蒲就魁杀了，而且还把他的尸体挂在城墙上示众。齐顷公看到这种情形，勃然大怒，就亲自出来擂打战鼓进行督战，齐军士气高昂，仅用三天时间就攻下了龙城。

齐国和楚国都是当时强盛的国家，地大物博，兵力充足，而莒国只是一个很小的国家，萧国只是宋国的一个附庸国，龙城只是鲁国边界的一座小城。在遭遇强大敌人攻击的时候，侥幸能够俘获对方的一两个人，强大的对手承诺愿意用保留俘虏为条件撤兵。可萧人、莒人和龙城人，却不自量力，拒绝了对方的要求，对方怨恨，最终导致山河破碎，这可真是失策。

《左传》上说子产擅长当小国的丞相，如果子产遇到上面这种情况，肯定会有策略妥善处理的。

妇人英烈

古代女子的美德是性格温顺、深居闺阁、一心一意。她们碰到悲伤的事情就会伤心流泪，碰到困难的事情就一头迷雾，听到死就很惧怕。这被认为是理所应当的。其中假如有用忠义断私情，用智谋定夺战略，扭转僵局办大事，舍生取义的人，那就和英勇的男子汉大丈夫没什么区别了。历史上这样的女子很多。

战国时期，齐国大败燕国，齐闵王被迫逃离国都。王孙贾追随齐闵王，但是后来失散了，只能回到家中。他的母亲说："你每天早上出门，晚上回家，我就站在门口盼望着你；你晚上出门不回来，我就靠在门口等待你。你现在为齐王做事，却不了解齐王的下落，你为何还要回来呢？"王孙贾听了很受鼓舞，就走到街上，召集齐国的人民起来反抗燕国的军队。齐国的旧官员也互相探寻，找到了闵王的儿子，将他立为王。他们勇猛善战，最终重新建立了国家。

汉代的马超，曾经杀害当地的刺史、太守等地方长官，起兵叛乱。凉州（今甘肃一带）参军杨阜到历城（今甘肃成县北）去拜谒姜叙，谋划征伐马超的策略。姜叙的母亲对他说："凉州长官遭遇的危难和你自己的危难一样，你尽管去营救，不要再顾忌我。"于是姜叙就离开家和赵昂一同参加平定马超的叛乱。赵昂参加平定行动之后，马超将赵昂的儿子赵月掠过来当人质。赵昂对妻子异说："他们会如何对待赵月呢？"异说："为了给国君父兄报仇，舍弃自己的生命都不过分，更何况是一个孩子呢？"马超攻击历城时，抓来了姜叙的母亲，她大骂马超说："你叛变自己的父亲，杀害君长，这是天理难容的，你这样不会长久的！还有什么脸面见人呢？"马超听后非常愤怒，就把他杀掉了，同时赵月也被杀了。

晋朝的大将卞壶带兵抵抗苏峻，在作战中战死了。他的儿子紧跟在父亲身后，也与敌人英勇奋战，最后阵亡。他们的母亲抚着尸体哭着说道："父亲是忠臣，儿子是孝子，你们尽忠尽孝，我还有什么可怨恨的呢？"

前秦苻坚准备攻打东晋时，他宠爱的张夫人借鉴前代帝王的故事，劝苻坚不要出兵。她还说："现在朝野上下，都说不能攻打东晋，你自己非要出兵不可吗？"苻坚没有听取夫人的劝告，他说："行军打仗，不是女人应该参与的事情。"结果，他所带的近百万军队几乎全军覆没，自己也被射了一箭，仓皇逃回了洛阳。

建立南朝宋的刘裕起兵讨伐叛臣时，和他共事的孟昶对妻子周氏说："我已决定和刘裕共同起兵，这可能没什么好结果，希望你早日和我分手，以免将来受连累。"周氏说："你的父母大人都在家，你想成就一番大事业，哪里是我这女人可以阻拦的事情。万一将来不能成功，我做了官府的奴隶，也要继续奉养公公和婆婆，没有离开你的道理。"孟昶站起来就走，周氏又把他叫回来，让他坐下，认真地对他说："我看你的行为，不像是同我商量问题，不过是想得到钱物资助吧！"她指着自己怀里的儿子对丈夫说："为了大事，即使是这孩子也可卖掉，还有什么可爱惜的呢！"于是就把家里所有的钱财都献出来了。

何无忌也是和刘裕一起谋事的人，他在深夜起草讨伐叛臣的檄文，他的母亲暗中发现以后，哭着对他说："你能干这样的事，我还有什么可怨恨的呢？"她问何无忌和谁共同起兵，何无忌说："刘裕。"她更加高兴，并且向儿子说了此事一定会成功的道理。

唐朝末年，河东（今山西永济）节度使李克用被朱温骗到上源驿（今河南开封南），朱温把他灌醉以后，就派兵把招待所烧了。李克用手下那些逃出来的人，向李克用的妻子刘氏汇报了这一事变，刘氏不动声色，为了保密，还把报信的人杀掉，秘密地把大将们叫来，要求他们保全军队，然后回去。李克用逃回来后，打算发兵攻打开封，刘氏说："你应当把这件事告诉朝廷，让朝廷知道那里的叛乱；如果你不上报，擅自发兵去攻打，天下人谁能说明你们谁是谁非呢？"李克用便没有发兵。

唐代末年造反的黄巢死后，他的姬妾都被唐朝抓获。唐僖宗李儇问她们："你们都是官宦贵族家的女子，为什么要跟从盗贼？"其中为首的一人说："盗贼凶恶猖狂，国家用百万大军都抵抗不了他们，以至于被夺去江山。如今，你作为皇帝，没能抗拒盗贼，却谴责我们这些弱女子，你把那些将相大臣的脸面往哪里放呢？"唐僖宗被问得无言以对，便下令把她斩首示众。其余女人由于悲愤和恐怖，都有些昏昏沉沉，唯有此女不吃不喝，也不哭叫，到被杀害时，神色依然很平静、严肃。

后唐庄宗李存勖准备斩杀刘守光时，刘守光非常悲哀，哭着不停地请求饶命。他的两个妻子李氏和祝氏责备他说："事情已经到了这种地步，活着还有什么好的呢？我们请求先死！"随即伸出脖子任其砍杀。

刘仁赡屯扎寿春（今安徽寿县）时，他的小儿子刘崇谏违抗禁令，夜里乘着小船渡过淮河，到了淮北。回来之后，刘仁赡下令把他杀了。监军使向刘仁赡的夫人求助，夫人说："我是很喜爱崇谏的，可是军法不能被私情轻易地损坏。如果不杀他，那么刘家就成了不忠于国家的家庭了。"催促刘仁赡迅速斩杀了崇谏，然后又为他办了丧事。

宋朝军队南下进攻南唐（今江苏南京）时，南唐后主李煜封刘澄为润州（今江苏镇江）节度使，抵御宋军。谁料刘澄向吴越投降，李煜把他全家都杀光了。其中刘澄的女儿已经许配了人家，尚未出嫁，李煜准备宽恕她，让她嫁人。这位女子说："作为叛臣的后代，没有苟且偷安的道理。"于是坦然就死。

从上面所举的例子可以看出，这几位女人的英勇气概、忠义风度，就像活灵活现地出现在眼前一样。史书虽然记载了，还是值得列举出来。

另外唐高祖李渊出兵太原之时，他的女儿平阳公主正在长安（今陕西西安）。公主的丈夫柴绍对她说："你父亲准备出兵横扫京师，我想去参加，可能无法带你一起去。你打算怎么办？"公主说："你尽管去吧，我会有办法的。"丈夫走后，她来到鄠县（今陕西户县）一带，将家产全部变卖出去，召集南山中逃亡的人编成义军，并劝降附近的盗贼，为他们制定纪律，进行管制。她组织的兵力一直增至七万，威慑关中。后来，她在渭水以北同李世民会师，分兵攻打京师。这位女子的贞烈勇猛，不是其他人比得上的。

秦用他国人

战国时期，齐、楚、燕、韩、赵、魏、秦七国鼎立，为了成就统一的霸业，"七雄"之间频频战争。最终秦国灭掉了六国。

起初，各诸侯国都广纳人才，选相择将。不足之处在于，六国用人诸多忌惮，小家子气非常重，宰相多数是本国人及宗族。比如齐国任用田忌、田婴、田文，韩国任用公仲、公叔，赵国任用奉粥、平原君赵胜，魏国甚至让太子当国相！

秦国在用人方面做得比较好。其所用的宰相大多是来自六国的贤士，如魏人商鞅、张仪、范雎、魏冉，燕人蔡泽，韩人吕不韦，楚人李斯，这些人都是叱咤风云的人物，秦国君主本着用人不疑、疑而不用的原则，委之重权，君臣无猜，终成统一天下大业。

秦国君主之所以这样大度，也是为了早日改变"诸侯卑秦，丑莫大焉"的状况。秦孝公即位后下令求贤，注意选拔人才。就在这时候，商鞅从魏国来到秦国。

商鞅入秦后，以"强国之术"说服了秦孝公，秦孝公让他主持变法。商鞅大刀阔斧地进行了以下改革：废除井田制，开阡陌封疆；奖励军功，建立军功爵制；实行重农抑商等政策。一时间，商鞅成了妇孺皆知的名人。变法的成功也使秦国的国力大增，一跃成为战国时代最先进的强国。

后来，范雎向秦昭王筹划了"远交近攻"的统一战略，来破坏诸国的"合纵"之术。远交就是与齐楚交好，近攻就是向三晋出兵。又经过了几年的拉锯战，秦国终于完成了统一大业。

除此以外，燕昭王也是一位爱惜人才的君主，手下的大将剧辛、乐毅都是赵国人。乐毅提议燕昭王联合各国一起讨伐齐国，并亲自率领燕、秦、韩、赵、魏五国联军向齐国进攻，在济西大败齐军。之后燕惠王继位，他疑忌乐毅，让骑劫领兵，乐毅被迫离开。齐国大举反攻，燕军节节溃败。从此之后，燕国萎靡不振。这都是燕惠王用人不当导致的。

楚悼王也是一位深谋远虑的君主，为了达到富国强兵的目的，任用卫国人吴起为令尹，主持变法，也赢得了成功。

去国立后

公元前 547 年，齐国人高弱因为自己的父亲被齐灵公放逐到国外，就叛变了齐国。齐灵公派闾丘婴围攻卢城（今山东平阴东北）。高弱说："假如你们能够让我们高家后继有人，我就把卢城贡献出来。"齐灵公同意了高弱的条件，立高鄀为高氏的后人，高弱交出卢城跑到晋国去了。

鲁国臧氏的封地在防城（今山东曲阜东）。鲁襄公时，臧纥得罪了鲁国的王室成员，就派使臣去对鲁襄公说："我知道自己愚笨，但不想造反，如果大王能保证让我们臧家的香火延续下去，我又怎敢不交出我的封地？"鲁襄公答应了臧纥的条件，立臧作为臧家的继承人，臧纥就交出防城，逃到齐国去了。

高弱和臧纥用封地和国君作交换条件，保存自家的后人，孔子说："臧纥用交出防城为条件，要求鲁国保留臧家的后代，谁要说臧纥没有要挟国君，我就不相信。"但齐国和鲁国的国君竟然答应臣下的要求，不因为臣下要挟自己而违背诺言，大概是因为当时先王的恩泽还在，人们还很守信用，不像战国时期那样，人们争相使用奸计和权谋。这就是所谓的在杀人时还要讲求仁义。

到后来，就有了披甲戴盔时约定投降，等对方解甲投戈后，就违背诺言、围而杀之这样的事情。真是太残暴了！

二传误后世

春秋时期卫国石蜡的儿子石厚和公子州吁杀害了卫桓公，逃到了陈国，石蜡派人到陈国捉拿石厚，然后把儿子杀了。《春秋》、《左传》上记载这件事称其为"大义灭亲"。

后来人们就以这句话为根据，杀害子孙兄弟，真是亲骨肉之间自相残杀。像汉章帝废黜太子庆，魏孝文帝杀害太子恂，唐高宗废黜太子贤等等，不计其数。《公羊传》写鲁隐公、桓公之事时，有"子以母贵，母以子贵"的说，后世之人引以为据，废了长子立少子，废了皇后立妾。如汉哀帝尊奉傅昭仪为皇太后，光武帝废太子刘强立东海王刘阳为太子，唐高宗废太子李忠而立李孝敬为太子等，也是数不胜数。

耳余袁刘

张耳、陈余早年是患难之交。但是后来二人为了争夺赵国的权势，就互相争斗，完全不念及当初二人的患难交情，甚至不惜一切置对方于死地而后快！这就是人为势利而不讲仁义的必然结果。

韩馥献出冀州（河北临漳一带），依附袁绍，可他最后还是被袁绍追得东躲西藏，结果畏惧袁绍而自杀。

刘璋打开国门接纳刘备，最终刘璋的地盘被刘备占有。翟让把兵权授予李密，殊不知李密卧榻旁容不下他人，翟让免不了全族遭戮！尔朱兆把六镇兵马交给高欢以求自保，终因高欢容不得他的存在，未能逃掉一死的命运。

袁绍、李密、高欢都是些得志狂妄、不讲义气的小人。他们做出这种事，世人并不会感到新奇，可是刘备向来以仁善名扬四海，怎么也会狠毒地做出这样的坏事呢？

临敌易将

在兵临城下的紧要关头临时更换主将，向来是兵家所忌。可是，凡事都应该辩证地看待，不能一概而论。应该更换主帅时不更换，也是错误的。

战国时期，秦、赵两国长平（今山西高平）之战之前，秦国听说赵国中了反间计撤换了廉颇，就任用白起当主帅，代替了原来的主将王龁，结果打败赵军，俘虏了四十万人。

秦、楚大战之时，秦国将帅李信率兵攻打楚国，由于李信轻敌被楚军打败。秦始皇赶紧更换了老将王翦为大将，代替李信征伐楚国，一举消灭了楚国。

秦昭王兵围赵国邯郸（今河北邯郸），魏安厘王派晋鄙率兵十万解救赵国，晋鄙在秦国使者的恐吓中不敢继续前进，驻扎在邺（今河北临漳）地进行观望。信陵君魏无忌窃虎符、杀晋鄙，取代了主帅。进军邯郸，赶走了秦军，使赵国免遭灭国之祸。

上述事实表明，在临敌之际，主将并非不可替换的。

燕惠王即位后，中了齐国的反间计，便把正在攻打齐国，几乎要将其灭掉的燕国大将乐毅召回，派骑劫代替。结果乐毅投奔了赵国，骑劫被打败，齐军收复了失地。

长平之战前夕，赵国中了秦国的反间计，以只会纸上谈兵的赵括替代了老成持重的廉颇，导致全军覆没。

赵王迁时，秦将王翦前来攻打，赵国任李牧为将抗击敌人。不久，又中了反间计，改任赵葱为将。李牧拒不受命，被赵王所派使者处斩。三个月后，赵葱兵败被杀，秦军抓获了赵王迁，赵国灭亡。

魏国公子信陵君当将帅时，曾经打败秦军，秦军因此不敢出关攻打东面的国家。于是，秦国又采用了反间计，使魏王免除了信陵君的兵权，另外派人当将帅。后来信陵君借酒消愁，抑郁而终。秦国见时机已到，开始攻打魏国，十八年后灭掉了魏国。

这类事实表明，将帅怎么可以随意更换呢？

孙膑减灶

孙膑大败庞涓的一战，军事家都认为这是奇谋，我对这一观点并不赞同。

书中记载："齐军进入魏国时十万大军十万饭灶，第二天是五万个饭灶，第三天只有两万个。"按照常理，行军打仗是为了取得胜利，军队每日都要有做饭的工作，不知道需要用多少人来做，但是十万人的部队有必要一人一灶吗？庞涓连追三天，非常兴奋地说："齐国的士兵有一半的人逃走了。"这才命令部队急速追击。这样的话，庞涓每到一处都让士兵挨个去数敌人的饭灶，太可笑了。庞涓熟读兵书，会这样做吗？再说，这哪像急追敌人的部队呢？

史书又说："估计庞涓应当天黑时赶到马陵，于是砍削大树，削掉树皮在上面写道：ّ庞涓死于此树之下。'接着埋伏下一万弓弩手，约定天黑时看见火光同时发射。庞涓果然入夜时来到削了皮的树下，看见树干上写的字，取火照亮。没等读完，万张弓弩一起发射。"行军速度根本不是别人所能预料的，怎能料定人家一定在日暮时到达，不差分秒呢？再说，古人将帅大都坐在战车里，怎么知道树上有字而且必定要举火把去读它呢？庞涓还没看完树干上的字而齐国士兵就万弩齐发，如此无稽之谈实在是啼笑皆非。这可能是喜欢危言耸听的人依据个人喜好虚构的。而记事之人又不去自行验证事情的始末真假，到今天却成了邀奇索宠的怪论了。

汉高帝祖称丰公

《汉书·高祖纪》中记载道："刘姓是从秦国被俘迁移到魏国的。秦昭王讨伐魏国，魏惠王迁移都城大梁（今河南开封），刘姓也随之迁到了丰邑（今江苏丰县)。因此秦代末年的周市曾经说:'丰邑,是过去梁魏的遗民迁过来形成的。'所以,为汉高祖写了如下颂歌:'汉帝本系,出自唐帝。降及于周,在秦作刘。涉魏而去,遂为丰公。'丰公,即为太上皇的父亲。"

上述六句颂词都是韵语,不知道是什么人写的,在《汉书》的各部注释中,也都没有提及。

我在很小的时候就开始读《汉书》,至今已经读了六七十年,肯定不止一百遍了!仅仅是用红笔在上面断句写画的,至少也有十本了。可是,原来并不记得汉高祖的祖父称丰公。今日再次阅读《汉书》,读到上面这一段,竟仿佛从没见过似的,"旧书不厌百回读"这句话,多么贴切可信啊!

战国自取亡

在争霸天下的战国时期,秦国将关中作为根据地,攻打东部的六国,持续了一百多年,最终将其一一消灭,统一了天下。

秦国为何能够战无不胜呢?当然于占据关中有利地势、善于用兵作战有关系。但是我认为,这实际是六国自身的问题所造成的。

韩国、燕国原本就弱小,这就无须多言。再说其他四国,魏国因魏惠王而失败,齐国因齐闵王而失败,楚国因楚怀王而失败,赵国因赵孝王而失败。之所以这样,都是因为他们穷兵黩武,野心勃勃。

魏国自从文侯、武侯的治理以后,领土广大,在原来晋国的韩、赵、魏中最为强大,其他各国没有能力和它抗衡。但是,魏惠王多次攻打韩国、赵国,想要吞并邯郸,结果被齐国挫败,军队覆没,太子身亡,最后被秦国所困扰,国势日益紧迫不安,失去了黄河以西七百里的土地,离开安邑而在大梁建都,几代不能振兴,终于国家灭亡了。

齐闵王继承了威王、宣王的江山,在关东地区也曾十分强大。自灭掉宋国得到利益后,贪心日增。向南侵略楚国,向西侵略韩、赵、魏,甚至想吞并东、西二周自己当天子。结果遭到燕国军队的沉痛打击。虽然依靠田单的力量,恢复了失去的城邑,但从此一蹶不振,后代子孙们灰心丧气,孤独小心,只求自我保护而已。最后落入秦国的圈套，乖乖地做了俘虏。

楚怀王因为贪图商於（今河南淅川县一带）之地六百里，遭受张仪的欺诈，后来又丢失了国都，损耗了大批的军队。他本人也被秦国羁押，忍辱而死。

赵国为了保卫韩国的上党郡（今山西长子），并将其据为己有，和争夺上党的秦国发生了激烈的战争，真可谓利欲熏心。这次战斗以赵国战败而告终，四十万士兵投降后全都被秦军活埋！险些致使赵国灭亡。后来虽然苟延残喘了一阵子，最终还是被秦国吞没了。

这四个国家的君王，假如采取保护国土、与邻国交好的策略，秦国虽强盛，怎能将其覆亡！

范增非人杰

秦朝末年楚汉相争，刘邦和项羽为了争夺王位角逐中原，刘邦手下的谋士张良和陈平战功累累，项羽身边的范增作为谋士也在关键时刻为项羽的霸业出了不少力，因此世人将范增和张良等并列，称他们为"人中之杰"，但是据实分析，范增似乎徒有虚名。

平心静气地考察范增的生平，可以把他看成是战国纵横家的残余，是见到好处就不管道义的人。秦末之时，他眼看着秦朝江山不保，便劝项梁起兵，拥立一位楚王族的后裔为楚怀王。秦军围攻巨鹿，楚怀王派宋义、项羽等救赵，以范增为末将。巨鹿一战，项羽破釜沉舟一举成名。项梁死后，范增归属项羽，为其主要谋士，甚至被项羽尊称为亚父。随着势力的扩张和野心的膨胀，楚怀王成为项羽的绊脚石，因而项羽不久便找借口杀了楚怀王。对这件事，范增不能出于正义，以君臣之道劝阻鲁莽的项羽，是不能使人原谅的。

在秦都城还没有被攻破时，怀王跟几位将领约定，先进入关中灭秦的为关中之王，刘邦既然已经先平定了关中，那么就应该遵守约定，范增竟然劝项羽杀了刘邦，事既不成，又将他迁移到蜀郡汉中一带。

在同项羽共事的时候，项羽多次滥杀无辜，肆意抢掠，失掉了民心，范增居然视而不见，置若罔闻。比如，宋义和项羽救援赵国胜利之后，项羽怕日后宋义和自己争权夺利，想趁机杀害宋义，范增作为高级参谋，竟然不替宋义讲一句公道话，眼睁睁看着宋义被杀害。项羽坑杀四十万秦朝降卒和投降的秦王子婴，而范增未进一言。刘邦退出关中以后，项羽占据了咸阳，他除了肆意抢掠宫室财物之外，又放了一把火把秦朝包括规模巨大的阿房宫在内的宫室烧成了灰烬。范增是这一切的见证人，但是从事实上看他竟然没有对项羽进行规劝，哪怕是一言半语。

萧何先见

韩信起初是项梁的部下，没有什么名气。后来，又归顺项羽充当发令调度，他足智多谋，几次给项羽出谋划策，但是项羽并没有采纳。韩信报国无门，便离开项羽，投靠了刘邦。

最初，陈平也是项羽的人。项羽曾派他带兵攻打河内（今河南武陟），不久，河内被刘邦的部队占领了。项羽恨恼火，一气之下，准备杀了负责进攻河内的人。陈平害怕被杀，便投降了刘邦。

韩信和陈平最终都择善而从，离开不善用人的项羽，投奔了刘邦，但都不如萧何有先见之明。

萧何在秦末年间，是泗水郡（今山东泗水）一个俸禄仅有一百石的小官，为人处世十分有城府。秦朝的御史曾有意将他举荐到中央做官，萧何断然不同意，才没有被中央中央政府召用。由此可见，在秦朝尚未灭亡之时，萧何已经了解到这个众叛亲离的王朝是不会长久生存的，自己不应该为它效力。他的行为，不像韩信献计不用、陈平怕被杀害，才离开旧主。

士大夫论利害

士大夫们议论事物的利害关系，应该首要说明有利的一面存在的依据。可是，"利害"本来就是相互依存的，大利之中必定存在着小害，也应该指出其存在的形式和条件。这样才能够让君主依据情况对事物做出选择和处理，作为臣子也才符合不欺瞒、不隐瞒的道德大义。

汉宣帝时期，营平侯赵充国攻打先零羌的叛变之后，要求遣散一部分部队用于耕田。宣帝想："如果我们解散部队来耕田，夷狄听闻后又再来扰乱边境惹出祸乱，这怎么办呢？"他不想准予赵充国的想法。赵充国向他解释说："他们是小贼寇，会经常杀人，原本就无法全部禁绝。假如用兵真的能够让他们永不祸乱的话，那么出兵也可以；如果把大批部队用去驻守，必然要消耗大量的财务。我们现在失去养精蓄锐的取胜机会，这不是应对夷狄的最佳方法。"宣帝非常赞许以兵养兵、劳逸结合的战略，于是就同意了赵充国的办法。这样一来，赵充国的士兵精壮，粮草充足，既屯田又守边，边境好长时间都非常安定。

东汉安帝时，北、西匈奴常常侵扰边境，班超的儿子班勇请求重新设置西域校尉镇守西域，但是有的人认为北边也很重要，西边有玉门关，拒敌门外就行了，要北边设置州牧府。他们为难班勇说："班勇，你能保证北边诸国不再祸害我们吗？"班勇看他们是在有意刁难，便反击说："现在你们要设置州牧禁止北贼，若是州牧能保证北境平安，不再出现外患，我班勇愿以性命担保西边匈奴不再为患。我们现在和西域友好，等于是剪去一翼，北房的势力就会小得多，危害当然也就小了。闭住玉门关，西、北两处必然联合，势力更大，危害就会更凶，到那时我们需要花费的可不止数以万计的财物了。所以现在设置西域军府是非常必要的。"

赵充国和班勇的论述，可以说是抓住了利害关系的关键所在。他们不以君言为重，不以众说为从，他们的态度和方法值得后世仿效。

汉诽谤法

汉宣帝刘询要为曾祖武帝的祭庙制定庙乐，召集大臣商讨此事。光禄大夫夏侯胜不赞同，他说："武帝将国家财力消耗殆尽，奢靡无度，人民贫乏，背井离乡，导致当时荒野千里，可以说他没有给人民施恩德，不应当为他建庙制乐。"这几句话可捅了篓子了，丞相、御史等一群大臣弹劾他、批评他，说他诽谤先帝，是犯上作乱的行为。夏侯胜因此以诽谤罪被罢免了官职，关进了监狱。如果不是遇到第二年大赦天下，不知道他要坐多久的监狱。

汉章帝时，孔僖、崔骃谈论汉武帝。认为他刚登上帝位时能够崇信圣明君道，但到了后来骄横不拘，忘了前边的善行，等等。谁知隔墙有耳，被邻人听见了，就告发他们诽谤先帝，讥讽当今皇上。崔、孔两人和夏侯胜一样犯了诽谤罪，被送进了监狱。后来孔僖上书为自己辩护，再加上是孔圣的后代，两人才得以获释。

著名谏官贾捐之，是汉元帝时的诤臣。有一次，元帝和大臣商议出兵征伐珠崖（今广东琼山），贾捐之不同意，他评论多年来珠崖不断作乱的原因说："武帝大兴兵马，征夷狄，再加上刑罚太重，以至于寇贼四起，引起军征频繁。父死子伤，女子从军，老母、寡妇、孤儿哭号流浪。这都是武帝扩地太多、征战不停地缘故。"他劝告元帝要汲取这个教训，改变这种局面。元帝就接受了贾捐之的建议，没再对珠崖用兵。

夏侯胜、孔僖、贾捐之都是责备武帝的过错。贾捐之更是大庭广众之下，话说得中肯贴切，但是宣、章、元三位皇帝对他们的处置是不一样的。夏侯胜、孔僖等所谓的诽谤先帝是汉代的诽谤法禁止的，贾捐之是直接指责事情的缘由，没有冲撞诽谤法，所以元帝就不说他是诽谤先帝了。

何进高睿

俗话说："当断不断，反受其乱。"历史上这样的事例很多。

东汉末年，宦官弄权操控朝政，何太后实际上是被宦官们操纵着的。太傅何进策划除掉宦党。他向太后分析了利害关系，要太后罢免中常侍、小黄门这些宦臣，把他们遣返乡里，把权利都集中到皇家手里。

中常侍张让的儿媳是何太后的妹妹。张让就利用了这个不正当手段，他向儿媳磕头请求说："我冲撞朝廷，应该回归乡下，但是我张让几朝来都蒙受皇恩，现在要远离朝廷，希望能最后见太后一面，再侍候一下她老人家。"他的儿媳就去求情，让他见了太后。这下他抓住机会，最终触动了太后的心。这些宦官又回到了太后的身边。

何进看到这一形势，就想武力解决他们。但他却想借助外兵逼迫太后。有人劝说他："现在京城的部队和你手下的人足够了，何必要用外兵入京呢？现在拥有兵权的人居心叵测，若是前门打虎，后门进狼，后悔就来不及了。况且现在还容你搬来外兵吗？"何进不听，就借了董卓的兵。宦党们先下手为强，动手杀了何进和一帮大臣。董卓带兵杀进京城后，虽然诛杀了张让等人，但汉朝的天下从此也就完了。

北齐尚书令和士开在武成帝时奸蠹惑主，败乱朝纲。后主高纬即位后，宰相高叡、临淮郡王娄定远合计劝告胡太后，趁机外放和士开为兖州刺史。太后多次要留和士开，高叡晓以利害，劝谏太后和后主坚决要把和士开外放。本来高叡可以利用影响和权力达到目的，但他一直对太后抱有幻想。和士开看到这样的局面，采取分而治之的办法，用珠宝美女贿赂娄定远，得以面见太后和后主。他施展出拿手的本领，再进谗言："我被放逐之后，朝中必然大乱。现在我又能见到太后和陛下，这就没啥可担心的了。"和士开一步得手二步紧逼，先把娄定远扫地出门外放青州，又找借口杀了高叡。两年后，和士开虽然被琅琊王俨逐杀，得到了应有的下场，可是北齐也就败亡了。

何进、高叡不顾生命为汉、齐的江山社稷效忠，后世之人何不既杀贼又保身、利君利国呢？张让、和士开一类的奸臣，巧言令色翻云覆雨，忠良之士罹祸，宗庙变成了残垣断壁。由此看来，瘭疽在身不除去，后患无穷；虎狼虽然处于陷阱要是不杀掉，反口伤人！后来者不能不引以为戒啊！

拔亡为存

燕国的乐毅攻伐齐国，占领了齐国的七十多座城池。齐国只剩下莒、即墨两城，齐国灭亡近在眼前。坚守即墨城的田单被命为大将军之后，使了一个反间计，诬蔑乐毅想要在齐国称王。刚刚即位的燕惠王就当真了，改用骑劫代替了乐毅。田单用火牛阵乘夜里突击燕军，杀死骑劫。燕军狼狈不堪，齐国趁势收复了被燕国占领的所有城池。

曹操做兖州牧时带兵东征，兖州八十多城纷纷叛离曹操投靠吕布。只剩下鄄（今山东鄄城南）、危（今山东梁山县北）、阿（今山东阳谷县东阿）。三座城由荀彧、程昱率兵把守，等待曹操。曹操正是凭这三城的兵平定了兖州全境的叛乱的。

兖州保住了，曹操才有了立足之地。

古代的国家扭转乾坤，转祸为福，这样的情况不少。宋朝靖康、建炎年间，奸臣执政、忠臣遭受挤兑，民怨沸腾。金人率兵南下，陕西、河北、山东、河南的锦绣山河都沦落到金人手里。至今已有五十多年了。与古人相比，我们现在就没有能够报仇雪恨、收复领土的人了吗？

曹操杀杨修

曹操杀害杨修之后，有一天见到杨修的父亲杨彪，他就和杨彪搭话说道："杨公，您为何这样瘦弱啊？"杨彪怅然若失地回答说："我很羞惭没有金日磾的先见之明，但是我还拥有一颗老牛舐犊的爱心啊！"杨彪满腔怨愤，不直接回答曹操的问话，闻此言曹操脸色大变。

《古文苑》载有曹操写给杨彪的信，其中写道："杨修有很多罪过，我认为他倚恃其豪门的势力，议论大事常常不和我一心。这样下去，将会使足下的全家受到祸害，所以我才下令杀了他。"并送给他许多财宝人马。曹操的妻子卞氏也曾给杨彪妻子袁氏写了封信，是这样说的："夫人的贤郎有盖世文采，受到人们的钦佩和赞扬。但是事出有因，明公是在性急之下才执行军法的。"

卞夫人还分别准备很多财物赐给杨彪和夫人。事情到了这一步，杨彪和夫人还算识时务，赶快给曹操写信引咎自责以谢曹操。

此时正值汉室覆亡之际，朝廷大权掌握在曹操手里。但是杨氏的上辈是汉代四朝的宰相，又是汉室的宗亲，曹操原本就对他有所顾虑，因此杨彪才没有被杀害。按说此时曹操身居一人之下，何况心胸狭窄，怎么能够容忍别人这样对他肆无忌惮，幸运的是杨彪有靠山，但无论如何也是够凶险的。

晋之亡与秦隋异

自传说中的尧、舜时代到今天，天下进程可归纳为四次大的裂变和统一。

周末有春秋战国诸侯争霸，秦国灭掉了六国，建立了统一的秦朝。汉末又有魏、蜀、吴三国鼎立，西晋灭掉了蜀、吴，第二次统一天下。晋之后出现了五胡十六国、南北朝长达三百年之久的战乱时期，隋朝建立，才再次实现了统一大局。唐朝末年又有五代十国争战不已，宋朝第四次完成了统一大业。秦、晋、隋三个完成统一大业的朝代，秦政权从秦始皇只一传给胡亥，晋武帝只一传而给惠帝，隋文帝也只一传给了隋炀帝，再后来便都社稷倾覆了。只有本朝（指宋朝）是个例外，至今经过一百七十年，传了九代皇帝，虽然中间不幸发生了靖康之难，大宋仍不失为三代以来国泰民安的典范。从短命而亡这一点上看，秦、晋、隋有相似的一面。然而，秦、隋一旦失国便威风扫地，晋朝司马氏却在江东又建立了持续百年之久的东晋政权，虽说东晋的开国皇帝司马睿据传是牛金的后代，即所谓的"牛继马后"，但毕竟仍打着司马氏的旗号。

分析起来，这可能是由于秦朝、隋朝的统治流弊很深，彻底失掉了民心，是老天要灭了它们吧！晋朝经历了"八王之乱"而劫后余生，都是由于晋惠帝昏聩无道，并不是因为晋的统治失掉了民心。从这一点上看，晋朝的灭亡应当和秦、隋的灭亡区别看待。

历代史本末

古时历代有史官，他们的作品今天还能够见得到，最早的有《尧典》、《舜典》。周代分封的诸侯国都有各自的国史。孔子根据鲁国的史记著成了《春秋》一书。左丘明给《春秋》作了传，称为《左传》。《郑志》、《宋志》、晋齐太史、南史氏的故事都可以在这本书中找到。左丘明又根据各国史料的异同撰写了《国语》这本书。

汉代司马谈认为自己的祖先是周王室的太史，因此发奋要撰写一部史书。未写成就死了，临终前将这一任务交予他的儿子司马迁。司马迁熟读皇家秘藏的图书，又广泛收集天下逸闻轶事。所记录的时间上起黄帝，下到汉武帝元狩年间。司马迁写《史记》改变以往编年体的写作方式，该书为纪传体，分为十二本纪、十表、八书、三十世家、七十列传，共有一百三十篇。而其中的十篇有目录却没有内容。汉元帝、成帝年间，褚少孙为此补了缺漏，著了《武帝纪》、《三王世家》、《龟策》、《日者列传》，张晏觉得他的补作语言粗鄙，但是今天仍然混杂在书中。另外根据《汉书·艺文志》记载还有冯商续写的七篇，现在已经失传看不到了。司马迁的《史记》问世后，后世虽然有写史的，基本上都是按照他的写作方式进行撰写。

东汉班彪、班固父子，认为汉朝直接承上古的尧运而建立帝王之业，而后代史臣，追述先王的功德，私自撰写本纪，把汉代帝王编排在百王之末，和秦代帝王以及项羽并列，大为不妥。所以就采集前代有关记述，编辑旧闻，写成《汉书》一书。此书上起于汉高祖刘邦，终于王莽被杀。其书的体例基本上根据司马迁的《史记》而写，只不过变八书为十志，去掉了世家，全书共一百卷。班固死后，《汉书》还未写成，他的妹妹班昭续写成书，这就是《前汉书》。另外，荀悦写有《汉纪》一书，此书是《汉书》的续作。

后汉的历史，开始时让儒臣在东观撰写，编成的书称为《汉纪》，后来写成书的有袁宏的《汉纪》，张瑶、薛莹、谢承、华峤、袁山松、刘义庆、谢沈都有成书。南朝刘宋时范晔根据这些成书进行删削，编写成一部有十纪、八十列传的《后汉书》。此书一出，张煒以下其他各家的成书废弃不传。《后汉书》里的志是后来刘昭补进的。

当时著述的三国杂史很多。其中有王沈的《魏书》、元行冲的《魏典》、鱼豢的《典略》、张勃的《吴录》、韦昭的《吴书》、孙盛的《魏春秋》、司马彪的《九州春秋》、丘悦的《三国典略》、员半千的《三国春秋》、虞溥的《江表传》，现在只以陈寿所作的书为定本，这就是《三国志》。

《晋书》当时有王隐、虞预、谢灵运、臧荣绪、孙绰、干宝诸家之作。唐代，太宗下诏让房乔、褚遂良参照各家的成书修订成一百三十卷的《晋书》，由于其中四人的论赞是太宗亲自撰写的，所以此书题名为"御撰"。这就是现在所看到的《晋书》。

南北朝时期，南方和北方各有四个朝代，此外还有十多个小国，撰写的史书更多。比如孙严、王智深、顾野王、魏澹、张大素、李德林各家的正史，现在都失传了。现在流传下来的有：沈约的《宋书》、萧子显的《齐书》、姚思廉的《梁陈书》、魏收的《魏书》、李百药的《北齐书》、令狐德棻的《周书》、魏徵的《隋书》。其他国家的史书有和仓的《汉赵纪》、田融的《赵石记》、范亨的《燕书》、王景晖的《南燕录》、高闾的《燕志》、刘昞的《凉书》、裴景仁的《秦记》、崔鸿的《十六国春秋》、萧方、武敏之的《三十国春秋》。李延寿父子摘录上述各书写成了《南史》八十卷、《北史》一百卷。现在虽然沈约以下八家的史书还保存着，但是只有李氏父子的《南史》、《北史》在世独行。

唐代历史，从唐高祖到唐武宗，都修著《实录》，五代后唐修撰成《唐书》，后人称其为《旧唐书》，作者题名为刘昫，但是这部书庞杂而没有统一的记录。本朝仁宗庆历年间，下诏重新修著唐书，经历了十七年才修著完成。欧阳修负责撰写本纪、表、志，宋祁负责撰写列传，现在在世流行。这便是《新唐书》。

梁、唐、晋、汉、周史称五代。开国初期，以监修国史薛居正为提举官修成《五代史》进呈，这就是《旧五代史》。后来欧阳修有删减修著成为《新五代史》。因此《唐书》、《五代史》都有新旧差别。

上面所列举的共有十七个朝代，修史的原委就是这样。

韩信周瑜

韩信攻打赵国时，赵国的广武君李左车请求用一支奇兵堵塞井陉口防守，以断绝韩信军队的粮道，成安君陈余没有采纳他的意见。韩信所派遣的间谍暗中刺探得知陈余没有采纳广武君李左车的计策，回来报告，韩信大喜，马上率军前进，随即战胜赵国。假使广武君李左车的计策得以采纳，韩信就要战败被擒，这大概是韩信自己说过的话。

到灭了赵国，让燕国称臣以后，关东六国已平定了四国。韩信进而率军攻打齐国，楚霸王派龙且率二十万大军来救援齐国。有人对龙且说汉军是乘胜之师，势不可当，不要和他正面交锋。让齐王派人说服已降汉的大将们从后面攻打汉军，我们即可坐收渔人之利了。龙且说："我早就听说韩信是胯下之辈，没什么可怕的！现在来援齐而不出兵，我凭啥建功？现在我们能战胜他，为什么不打呢？"结果潍水一仗，几乎全军覆没，龙且也做了刀下鬼，楚军精锐部队全被消灭。不久楚国也就灭亡了。

东汉光武帝时，建威大将军耿弇征讨张步，斩杀张步的大将军费邑，进攻西安、临淄两城。张步的弟弟张蓝弃城逃跑，耿弇大军势如破竹，又打败了费敢。耿弇先后攻破尤来、大枪、延岑、彭宠、富平、获索等地。张步所占的齐地大部分被耿弇夺走，已经是师指国门了。然而张步这时自恃勇猛，不把耿弇放在眼里，大言夸口说："过去尤来、大彤两地十几万人马，我都是帅旗一到即刻摧枯拉朽。现在耿弇的兵马并没有那时的多，况且是疲劳之师，哪经得起我的进攻！"竟然出兵与耿弇大战，不料惨败。张步弟兄双双被擒，俯首称臣了。兵法上说："知己知彼，百战不殆。"龙且、张步懂得这个道理吗？

南朝梁临川王萧宏攻伐北魏，魏国元英率兵与敌交战，萧宏停军不前。有人劝说元英应占洛水，元英说："萧宏虽然是一个大笨蛋，可是他手下有韦、裴教等一群良将，不能藐视他们。应该认真琢磨，等待形势突变，现在不急着交锋。"萧宏后来进军不成就撤兵回去了。元英的远见，可以说是知己知彼，不是前面那些人可以比拟的。可是他匆忙出兵围攻钟离，魏国的邢峦觉得这样做不可行，魏帝下令让他回兵，元英上表说这一战一定能够取得胜利。结果一下子就被曹景宗、韦睿击败，兵马伤亡二十多万。元英这个人之前知己知彼，到后来就得意忘形，实在是让人觉得惋惜啊！

秦隋之恶

从夏、商、周三代以来，一直到梁、唐、晋、汉、周五代，身为帝王，对人民犯下弥天大罪，并遭受世世代代斥责的，就要数秦始皇和隋炀帝了。难道二人的罪行比夏桀、商纣王还要大吗？大概是由于汉朝和唐朝存在的时间都很长久，秦朝和隋朝存在的时间较短，无论是汉朝的官吏还是唐朝的官吏，在商讨时政时，经常责备前代的过错，以便吸取历史的经验教训，肯定首先提及秦始皇和隋炀帝。因为时隔较短，史实确切，秦始皇和隋炀帝的罪行就被越揭露越明显，而且随着时间的推移，想要掩盖也回天无力了。还是举例说明一下吧。

张耳说："秦朝政治混乱，实行严酷的刑法，残虐天下的百姓，征募盈千累万的人力，北面修建长城，南面开辟五岭，全国动荡不安。赋税很多，想方设法剥削百姓；刑罚严酷，使人民父子不能互相相聚。"

张良说："秦朝治国无方，所以刘邦才得到机会进关，替天下除掉了凶恶残酷的人。"

陆贾说："秦朝大肆使用刑法，导致了亡国。"

王卫尉说："秦朝因为拒绝听取批评意见，而失掉了天下。"

张释之说："秦朝听信舞文弄法的低级官吏，这些人以审理案件快速、严苛来互相攀比，卖弄自己的精明。所以人民不敢言，朝廷听不到自己的过失，渐渐衰败，到了秦二世胡亥时，就分崩离析了。"

贾山假借秦朝的史事说："秦始皇为自己修筑豪华的宫殿，却让他的后人连乡村草屋都住不起；修建宽敞的道路供自己的马车疾驰，却让他的后人连弯曲的小路也走不了；为自己修建壮丽阔绰的陵墓，消耗全国大批的劳动力，百姓怨声载道，家家痛恨他。江山已经被毁掉，他自己还不明白。死后才几个月，国家就灭亡了。"

贾谊说："商鞅放弃仁义，丢掉情谊，全心全意追求功名，实行他的政策才两年，秦国的风俗就日益败坏。国家的大政方针得不到推行，国君和官员没有礼法约束，亲戚之间互相杀害，老百姓都纷纷逃亡叛乱，国家因此衰弱。"又说："赵高辅佐胡亥，只教他如何用刑治人。今天当皇帝，明天就杀人，把杀人看得像割草一样无所谓。完全用法令刑狱来治理国家，没有给人民带来丝毫恩惠，却带来了无限的残害。众叛亲离，老百姓都把他看成仇敌。"

晁错说："秦始皇调发士兵戍守边境，九死一生，却不给任何报酬。天下人很清楚自己遭受的祸害，所以，当陈胜揭竿起义时，老百姓都争先恐后地追随他。"又说："秦始皇任用无才无德的人，偏信献媚讨好的人，使人民筋疲力尽。他自高自大，夸耀自己的贤明，实际上法令严苛，刑罚残暴，人人感到不安全，没有不怨恨他的，因此国家灭亡了。"

董仲舒说："秦朝为加强思想控制，严禁私人拥有儒家经典和其他历史书籍，抛弃甚至厌恶礼义情谊。这样做是为了完全消灭历史上流传下来的圣人学说，便于他们肆无忌惮地实行其简单的统治措施。自古以来，没有像秦朝这样用乱政来加重混乱，使天下人民大受其害的。"

淮南王安说:"秦朝派尉屠睢进攻南方的越族人,挖凿灵渠,旷日持久。又迁徙几十万人去戍守,被调发的人有去无回,逃跑的人成群结队,相望于道路,然后结伙作盗贼。于是盗贼纷纷而起。"

吾丘寿王说:"秦始皇废除先王治理国家的理论,树立自己的观点;抛弃仁义道德,专门使用刑罚杀人,以至于罪犯充满了道路,当盗贼的人满山遍野都是。"

徐乐说:"秦朝后期,老百姓穷困不堪,而君主却不给以抚恤;下边普通老百姓的抱怨很大,而上边却不知道;风俗败坏,而政治得不到改善。陈胜就是靠这来鼓动人心的。这就是所谓'土崩'。"

严安说:"秦朝统一全国以后,把各地原有的城墙都毁掉,任用那些投机取巧、追求权利的人,排斥那些忠实厚道、仁义耿直的人。法令严峻苛酷,奢望太多,心情狂躁。向北攻打匈奴,向南和越族人交兵,把军队驻守在没有用处的地方,一直往前推进。天下人因此都背叛它,国家便灭亡了。"

刘向说:"秦始皇给自己修筑了豪华壮美的骊山作为坟墓,在地下周围五里多的宫殿里,用明珠作日月星辰,用水银作江河湖海。秦二世更加昏庸残暴,在埋秦始皇时,他下令把后宫没有子女的宫人都为秦始皇殉葬。为了保密,还把修建宫室的工匠几万人活活埋在里边。老百姓被繁重的徭役害苦了,便起而反抗。"

谷永说:"秦朝之所以只传了两位皇帝,统治了十六年就亡国,是因为统治者生活太奢侈、陪葬花费太多。"

刘歆说:"焚烧经典书籍,活埋读书人,禁止老百姓藏书、带书,这是亘古未有的罪恶,治理国家的机会也随之丧失。"

汉朝人就是这样斥责秦始皇的罪过的。

唐高祖李渊说:"隋朝因君主傲慢、臣僚阿谀而失去了天下。"

孙伏伽说:"隋朝因不喜欢听别人说自己的过错而失去了天下。"

《新唐书·薛收传》记载:"秦王李世民平定洛阳以后,参观隋炀帝居住过的宫殿,感叹地说:'隋炀帝不实行德政,竭尽天下人的力量来服务于奢侈。'薛收对秦王说:'隋炀帝以奢侈暴虐为能事,最后死在一介武夫手中,因此受到后人的嘲笑。'"

张元素说:"自古以来,没有像隋朝那样混乱的朝代,这难道不是由于隋朝的君王专横跋扈，法制日渐腐败所造成的吗？为了修筑乾阳殿，逼迫百姓远到（今江西南昌）砍伐木材，再运到洛阳，一根树木就需要动用几十万个劳动力。乾阳殿建成了，隋朝也失掉了民心。"

魏徵说："隋炀帝宠信虞世基，盗贼横行，他还不清楚。"又说道："隋炀帝大肆掠去珍贵的食物和奇特的美味，丝毫不节制，直至亡国。当天下没有动乱的时候，自以为肯定不会发生动乱；当天下没有灭亡的时候，自以为肯定不会灭亡。所以，频频发起战争，不停地征派徭役。"他还说道："隋炀帝自恃国力强盛，不计后果，将天下所有的东西都据为己有，肆意妄为地追逐美女和钱财，修筑宫室和楼阁。对外耀武扬威，对内凶恶疑忌。君臣互相欺骗。种种行为让人民难以忍受，隋炀帝最终死在了百姓的手中。"

陈子昂说："隋炀帝凭着国家富强，国库充足，开挖河渠，用尽了百姓的力量，酿成了国家的灾难，自己也死于他人手里，江山社稷变成一片废墟。"

杨相如说："隋炀帝桀骜自恃，不关注国家大事，话说得跟尧、舜一样好，做事却和夏桀、商纣王一样残暴戾无耻，把强大的国家都废弃了。"

吴兢说："隋炀帝狂妄自大，觉得即使是尧、舜也不能和自己相比。还禁忌人们谈论亡国，厌恶大臣提出谏言，甚至扬言道：'如果谁向我进谏，即便当时不杀他，以后也必定会杀了他。'自此，正直的人都离他而去。地方发生了叛乱，朝廷的大臣因为怕被杀害，也不上奏，隋炀帝就无法知道民情。"

柳宗元议论隋朝说："隋朝的统治者把全国当成了一个大鼎炉，在下面燃起熊熊烈火，炉中沸水翻腾，炉下猛火烈焰，老百姓在炉中挣扎苦熬。"

李珏说："隋文帝对细微的小事都非常留意，用疑忌之心对待朝廷重臣，所以传了两代国家就灭亡了。"

唐朝就是这样议论隋朝的恶行的。

有心避祸

董卓篡政之后，知道自己名声差，就在渭地（今陕西眉县渭河北岸）修筑坞堡，囤积足以吃三十年的粮食。他夸下海口说"如果夺取天下的事情不能成功，凭借这些足以度过余生了。"岂能料到王允设的陷阱专杀虎狼,自己的干儿子也靠不住,最后落得个暴尸天下的下场,上天是不准许他老死在那里的!

公孙瓒占据幽州,在易(今河北雄县西北)修筑高丘,人称易京,用铁造门,高台望楼千层,积存粮食三百万斛,以为足以应付天下之变,殊不知袁绍的云梯、冲车攻了过来,坚固的城墙最终被攻破。

曹爽被司马懿弹劾,桓范鼓动他发动兵变,曹爽不听,说:"我即使不能称帝还可做个大富翁嘛。"岂不知满门抄斩就在眼前,富翁还能当得成吗?

张华辅佐西晋时任司空,当贾后在宫廷发动事变时不能辞官避祸,小儿子张韪因中台星分裂,劝他让出官位,他不听,说:"天象的规律玄奥深远,不如静心等待。"张华不听劝,很自信地说:"天道玄妙高远,不如我静而待变"。后来竟然被赵王司马伦杀害。形势到了不能有任何迟疑的地步,还要静观其变,竟然不知道虎狼逼近的后果!真可谓:谋事不成,灾祸会上身。

刘公荣

晋朝的才子王戎有一次去找阮籍,恰巧兖州刺史刘公荣也在。阮籍对王戎说:"我这里刚好有两坛子好酒,我们把它喝了吧。可没有刘公荣的份儿哟!"两人推杯换盏,喝得十分愉快。刘公荣竟然一杯也没有喝到。尽管如此,三人依然谈天说地,谈笑风生,非常热闹。

有人问起这事,阮籍说:"胜过公荣的人,不能不跟他喝酒;不如公荣的人,不可以不跟他饮酒;只有与公荣一类的人,可以不跟他饮酒。"这件事见于《王戎传》,而《世说新语》里叙述得更详细。又有一件事,说的是公荣跟人喝酒,各种各样混杂肮脏的对象都有,跟公荣不是一类人,有人就讥笑他。公荣回答说:"胜过我公荣的人,不能不跟他喝酒;不如我公荣的人,也不能不跟他喝酒;跟我公荣是一类人的人,还是不能不跟他喝酒,因为整天和人共饮而醉。"

这两件事记录得有些不同,但是有一点是相同的。刘公荣为人厚道,不知道费去了多少好酒了,当然也就不会去介意一杯酒了。苏东坡有诗云:"未许低头拜东野,徒言共饮胜公荣。"讲的就是这个故事。

五胡乱华

西晋末年，匈奴贵族驱逐了西晋司马氏一族的统治，自公元304年匈奴贵族刘渊建立汉国起，公元439年北魏统一北方为止，这一百三十六年间，中国北方各少数民族先后建立起十六个政权国家。由于十六国政权多数是匈奴、羯、鲜卑、氐、羌五个少数民族所建立，所以历史上称为"五胡十六国"。五胡政权的存在，扰乱了汉族政权在北方统治的延续。因此，史家就将这一百多年的时间称为"五胡乱华"。下面我们看看五胡统治的情形。

刘渊是汉政权的建立者，他死后，儿子刘聪继位，刘聪借助强大的军事力量，屡次打败西晋军队，继而攻破长安俘虏晋愍帝，灭掉西晋。刘聪死后，他儿子刘粲继位，刘粲沉湎于酒色，把大权交给大将军靳准独揽，靳准野心逐渐膨胀。刘粲在位仅三个月，靳准就发动叛乱杀死刘粲并将刘聪子孙残杀殆尽。靳准的叛乱激起了刘渊的侄子刘曜的义愤，他在手下人拥护下改汉为前赵，继而又发兵攻打靳准，并杀死了靳准，是为前赵。但前赵的统治也只是延续了十年时间，刘曜即被羯人石勒所擒杀。

羯人石勒杀死刘曜，他所建立的后赵政权在北方称雄一时，然而他死后，后赵政权却落入侄儿石虎手中。石虎在位期间，刑罚苛酷，赋税奇重，大兴土木，滥用民力，又军役繁兴，征调无度，他荒淫肆虐，劫夺民间少女十万人充斥后宫，给人民带来深重的苦难。公元349年初，石虎病死于邺城宫中的金华殿。石虎死后，儿子石鉴即位，不到一年，政权即被石虎的养孙汉人李闵夺取，石鉴及石虎子孙二十余人全部被杀，石氏几乎绝了后裔。

鲜卑慕容皝、慕容隽父子趁石氏内乱，借机扩展势力，建立前燕政权。公元352年攻灭李闵，占据北方大片领土。然而前燕的统治也只是到慕容隽的儿子慕容暐那里，只传了两代而已。

氐族人苻坚承袭父业，稳固了前秦政权，势力扩张到关中、黄河中下游、巴蜀、辽东，东到大海，覆盖了大半个中国，可以说远非刘氏匈奴和石氏羯族政权可比。可是苻坚统治不力，又在不适宜的时候攻打东晋，在淝水之战中，苻坚大败，社稷覆亡。

鲜卑慕容垂趁着苻坚淝水之败，趁机恢复燕国，建立了后燕，他死了以后没几年，后燕政权就被冯跋所灭。

刘聪、刘曜、石勒、石虎、慕容隽、苻坚、慕容垂这七人都可称得上是夷狄扰乱中国北方汉族政权的主要人物，但是从以上的考证可以看出，他们建立的统治政权无一不是短命而亡的政权。再来看现在跟宋周旋的北方金政权，从阿骨打建立金国至今（指作者洪迈生活的时代），已有八十年了，经历了几代帝王，金政权能够延续这么久，其中必定有什么深刻的缘由吧！

魏收作史

魏收负责撰写北魏一朝历史的时候，把参与写史的几个人，都写到了里面，并且用美词加以夸赞和修饰。而对那些平日与自己有怨仇的人，记载时则隐匿他们的优点。他时常对人说："谁要敢与我魏收作对，我就让他永远不得翻身！我说一个人好，就可以在史书中把他抬举到天上去，如果我说一个人不好，就可以将他摁到地底下去。"所以，人们议论纷纷，说魏收写的历史是"秽史"，就是污秽的历史。

当时有好多名家的子孙不断向上投诉，有的说书中遗漏了他们的家世职位，有的说他们先辈的事迹不见于记录，有的说书中对他们的家人妄加诽谤诋毁，以至于不少人因诽谤国史而获罪遭到发配，甚至还有因此而丧命的。

魏收所撰写的《魏书》，至今还保存着。纵观南北朝八部史书，这一部是最为荒谬混乱的。魏收在这本书的自序中写道："汉代初期，魏无知封为高良侯，他的儿子魏均，魏均的儿子魏恢，魏恢的儿子魏彦，魏彦的儿子魏歆，魏歆的儿子魏悦，魏悦的儿子魏子健，魏子健的儿子魏收。"由此来看，魏无知是魏收的七代祖先，而世代相差七百多年。他记载自己家族都如此荒诞，那么，他记载别人的世系和事迹，更加可想而知了！

秀才之名

"秀才"这个称呼,自南北朝开始,实际上是指那些在科举考试中名次最高的人。可是宋代的人,却毫不在意地以此来开玩笑,每当听到别人称呼自己"秀才,"就觉得他们在藐视自己。

我阅读《北史·杜正玄传》时,发现有一则记载"秀才"的故事:

隋文帝开皇十五年(596年),全国进行科举考试。按考生所做策论好坏选拔秀才。主考官曹司拿着选拔的策论拜访左朴射(相当于宰相)杨素,杨素看完后大怒说:"即使周公、孔子这样的人转世都当不得秀才,刺史(州长官)怎么能胡乱举荐这种人!"说罢把策论往地上一扔,看都不看一眼。当时,全国只有杜正玄一个人被推举参加秀才考试。后来主考官又拿着策论启奏杨素。杨素一心想要辞退杜正玄,便命令杜正玄拟写司马相如的《上林赋》、王褒的《圣主得贤臣颂》、班固的《燕然山铭》、张载的《剑阁铭》和《白鹦鹉赋》,并故意刁难他说:"我不能留你在这儿过夜,到未时(指下午一点至三点)你必须做完。"杜正玄按照吩咐,到未时便全部做完了。杨素把他做的文章从头到尾认认真真地读了好几遍,挑不出什么毛病,不禁大为惊叹,连连夸赞说:"确实是个了不起的秀才!"于是下令主考官录取正玄并上奏皇上,可见当时是如此看重秀才!

次年,杜正玄的弟弟杜正藏也参加科举考试。当时苏威监考,让杜正藏拟作贾谊《过秦论》、《尚书·汤誓》、《匠人箴》、《连理树赋》、《几赋》、《弓铭》。他也按照规定的时间全部写完了,并且文字流畅,没有任何可以修改的地方。这的确是一般人难以完成的呀!

《唐书·杜正伦传》说:"隋朝非常重视选拔秀才,全国的秀才加起来不过十个人,而杜正伦一家就有三个,并且都是出类拔萃。"

唐孙处约亭

唐太宗时期,江都(今江苏扬州)有一位大户人家,叫石仲览。他既有钱财,还有见识，喜欢与书生们往来。家里有四位年轻的客人，即来济、高智周、郝处俊、孙处约，他们全部都是才子，石仲览对他们待如上宾。

一天，宾主五人在一起闲聊，石仲览忽然提议："诸位何不讲讲自己的志愿呢？"

郝处俊首先宣布："大丈夫不做官便罢，做官就要做到宰相！"

高智周说："就是！我也是这个志愿。"

来济说："我也是！"

"我么，"孙处约平静地说，"宰相可能没希望做到，能当上通事舍人，在殿中传达诏令、上呈奏章就满意了。"

后来，来济在吏部担任长官。一次，恰巧孙处约在瀛洲参军的任职期满，进京到吏部等待新的任命，看见是老朋友来济在上面坐着，就站在阶下叫道："还记得我在江都的志向吗？请成全我！"来俊立即任命他做通事舍人。

此后，四位朋友节节高升，都成了执政大臣。

谱牒之缪

姓氏谱牒之书，多数都有纰缪。唐太宗时期修著的《贞观氏族志》，如今已经散失不存在了，也就无法考究了。现在留存的《元和姓纂》一书，荒诞不经的错误比比皆是。本朝修著的《姓源韵谱》则更加可笑。姑且用洪氏这一姓的来历考究一番。书中说："五代时有洪昌、洪杲，都当过参知政事的官。"

那么事情的原委如何呢？原来两人都是五代时南汉国皇帝刘龑的儿子，等刘晟继位后，用他们两人为参知政事。他们兄弟两人原本名叫弘昌、弘杲，而本朝太祖之父名弘殷，出于避讳的需要，《五代史》就追改他们兄弟两人的名字为洪昌、洪杲。由此可知他们兄弟本姓刘，而不姓洪。

无独有偶，洪庆善在给丹阳（今江苏丹阳）的弘氏谱牒作序时说："有一个名叫弘宪的人，在唐德宗元和四年（809年）曾经为《辋川图》作过跋。"他不知道弘宪是李吉甫的字号。这个谬误和上面的错误恰巧一样，它的目的无非就是想给自己找一个好祖宗罢了。

贤父兄子弟

谢晦是南宋的右卫将军，势力很强大，从彭城（今江苏徐州）把家属接回京之后，他家整天门庭若市。他的哥哥谢瞻非常担忧，提醒他说："如今你的地位还算不上太高，可每天来我们家拜谒你的人就有这么多，我心里总有一种不祥的预感，这并不是我们家的福泽啊！"谢晦不以为然，谢瞻就用篱笆将院子隔开，嘴里还说着："我不忍心看到这样的场景。"后来，伴随着谢晦地位的上升，谢瞻也更加担忧，再加上疾病缠身，不久他就离开了人世。他死后不久，谢晦被人揭发有谋反的企图，结果被砍头了。

颜竣为宋孝帝立了大功，官位很高，他父亲颜延之常对他说："我平生不喜欢看到有权势的人，现在却不幸见到了你。"有一天早晨，他去看颜竣，见宾客满门，可颜竣还没有起床，颜延之大为恼火，说："你出身于粪土之中，却升到云霄之上，现在竟如此骄傲，难道能长久吗？"颜竣最终被孝帝杀死。

颜延之、谢瞻都有先见之明，可称得上是贤良的父兄。假如谢晦、颜竣能听从忠告，也不至于落到被杀头的地步。

隋朝的高颎被封为仆射，他母亲告诫他说："你富贵已经达到顶点，只能等一个砍头罢了。"高颎因此常怕有祸变发生，等到罢官为民，欣喜异常，丝毫没有怨恨的颜色，但后来还是难免被隋炀帝杀害。

唐朝时，潘孟阳还没到四十岁便做了侍郎，母亲提醒他："凭你的那点才能，现在就做了侍郎，我心里总是不安，替你担心啊！"后来，潘孟阳果然犯了杀头之罪。

褚渊帮助萧道成篡宋为齐，他本人志得意满，但是家人却不敢苟同。堂弟褚照对褚渊的儿子褚贲说："当时你父亲帮助萧道成篡宋建齐，不知道他当时是怎么想的？"褚渊死了以后，儿子褚贲为他父亲的失节而感到羞惭，于是就罢官归乡，隐居终身。

王晏辅助齐明帝夺取皇位之后，弟弟王思远就劝说他："不如急流勇退，以免日后遭遇不测。"后来，王晏被提升为骠骑将军，掩饰不住内心的欢愉，说："以前思远劝说我辞官是多虑了。"思远仍提醒他,说:"你现在辞官也为时不晚,不然的话,将来肯定会祸从天降,不信就走着瞧!"王晏叹了一口气说道:"想不到世上竟然还有劝说别人去死的人!"后来,王思远的话不幸说中了,王晏果然被齐明帝杀了。

地险

古今阐明地势险要者,多数是指:秦国有关隘和黄河的有利地形而高枕无忧,齐国依靠泰山和大海;赵、魏临近黄河;蜀国以剑门、瞿唐为屏障,楚国用长城(楚国筑建的长城北起今河南方城县,南至今河南泌阳县东北)当城墙,汉水为城池;吴国紧挨万里长江,地势险峻,足以保卫国门。唯有宋、卫两国,地势平坦,四通八达,无险可恃。

东汉末年,袁绍占据青、冀、幽、并四州,韩遂、马腾分据关中,刘璋占据蜀,刘表占据荆州,吕布占据徐州,袁术夺得南阳、寿春,孙策统治江东,天下几乎被瓜分殆尽。最后,曹操才拥有兖州。但是历史的结果总是出人意料的,尽管上述群雄都尽力割据了自认为非常有利的地界,或是天堑,或是险地,但是曹操却从无所依傍的兖州崛起,以这个根本无险可用的小地方为根据地,最后消灭群雄,颠覆了汉室。古今评论家纷纷对此有所评说,认为曹操取胜的原因在于他的智谋,也就是指他"挟天子以令诸侯",从而提高了自己在政治上的优势,取得了正统的地位,所以才会取得成功。

唐僖宗和唐昭宗时期,藩镇割据异常严重。其中王氏占据赵地足有近百余年,罗洪信占据魏地,刘仁恭割据燕地,李克用在河东称霸一方,王重荣则在蒲州称雄,朱宣、朱瑾占据了兖州、郓州,王时溥占据了徐州,淄州和青州为王敬武所占,杨行密割据淮南的大部分土地,王建分割了蜀地,而此时的皇帝则建都于长安。凤翔、阆州、华州三足鼎立,各争高下,不听从中央的号令,李茂贞和韩建也都挟持过皇帝,只有朱温凭借着汴州、宋州、亳州、颍州几个小地方,在危险中求得一席之地,然后慢慢地壮大,最后竟能取得曹操一样的雄基伟业,统一了整个中原。

从"在德不在险"这一角度出发，恐怕不太符合曹操与朱温的实情，他们两人谈不上有什么德行，这一点是显而易见的。

靖康时事

三国时魏国的镇西将军邓艾攻伐蜀地，一路过关斩将夺得要塞，直取成都，蜀国君臣都成了亡国奴。后主刘禅又命令姜维向魏将钟会投降。姜维的将士们听说这一消息之后，义愤填膺，挥刀斩石，发泄投降的耻辱。这真是：人主无志，气死三军啊！

魏国把后燕的都城中山（今河北定县）团团围住。时间长了，燕国的将士都想出城与魏军决战，以至于士兵们聚集了几千人向燕主慕容麟请战。慕容麟说什么也不答应士兵的要求。待魏军攻破城池，慕容麟就像是个丧家之犬，从此和天子无缘了。

五代时，契丹在几年内连续攻打后晋，每次战斗都取得了胜利。后晋抵挡住了契丹的进攻，后来大将杜重威阴谋投降契丹，他就耍了一个花招，命令士兵们随他出城布阵。战士们异常踊跃，都以为杜重威带他们出阵杀敌。但结果是十万晋军将士在阵前被迫放下武器将士们伏地恸哭，声振原野，那场景可真是凄惨悲壮。

我不久以前编写《靖康实录》，愤恨靖康的亡国灾难。凭着泱泱中原大国，内外精兵几十万，竟然不能主动出击克敌！这种不动一刀一枪，不斩一兵一卒，端坐都城，坐以待毙的方式，实在令人心疼啊。而在四处屯集的禁军之中没有听到过像蜀、燕、晋一样为国忧愤的人，这说明他们对当权者失望之极啊。近来阅读朱新仲的《诗集》，里面有《记昔行》一首，恰好写的就是这时候的事情："老种愤死不得战，汝霖瘅发何由瘥？"这才知道忠义之人并不是没有，只不过时运没有给他们施展抱负的机会罢了。

周玄豹相

以前，有很多善于看相的先生，通过观察人的外貌，就可以预知祸福，卜知未来，有的还的确非常神奇，一语中的。比如后唐庄宗时有一位术士名叫周玄豹，就是专门通过相术预知人和事的人，并能够经常说中。

当时后唐庄宗的弟弟李嗣源（即后来继位为皇帝的唐明宗）为内衙指挥使，他年轻气盛，听说周玄豹的相术神奇灵验，内心很不服气，想考验考验他。于是他就令别人换上自己的衣服，坐在自己的位置上，让玄豹看相，而李嗣源自己则在台下旁观，等着看周玄豹的笑话。

只见周玄豹走上前去，仔细观看了这个人后，肯定地说："内衙指挥使应当是一名贵将，可这个人没有这种富贵相，不能担当此任。"他又环顾一下四周的人，发现了李嗣源，又肯定地指着李嗣源说："这个人才是真正的内衙指挥使。"接着又对李嗣源说，他将来必定能登上皇位。通过这件事，李嗣源不得不信服了周玄豹的神奇相术。

后来，唐庄宗李存勖在政变中被杀，李嗣源率兵进入都城洛阳，果真当上了皇帝。这时他更加佩服周玄豹的相术了，认为周玄豹是神人，打算召他进京为自己服务，但因宰相赵凤力加劝阻，他才打消了这一念头。

周玄豹的相术虽然神奇，却也有失算的时候。比如冯道刚刚从瀛洲景城（今河北交河东北）跑到太原时，监军使张承业非常赏识他，任命他当本院的巡官。可是周玄豹看了冯道后却对张承业说："冯道将来没有什么出息，不可以过于重用。"当时不懂得什么相术的书记官卢质则说："我以前见过杜黄裳所画的真人图，与冯道的相貌十分相似，将来必定会有大用。"周玄豹的语言不可轻信。张承业听信了卢质的话，于是又举荐冯道当霸府从事官。后来，冯道终于官运亨通，步步高升，很快就位升宰相，并且经历了多次改朝换代依然稳坐相位。后来后晋代替了后唐，任命冯道为相，专门赐予冯道生日器用和钱币，可冯道因为自己父母早已亡故，以不记得生日为由，坚持不肯接受。有这样的待遇，的确是五代众多大臣中最幸运的一个。

冯道的命运不可明言，只有相貌比较相似，而善于相术的人却又这般失算，真是一件怪异之事。

贤士隐居者

古代一些士大夫颐养身性，刻苦学习，独善其身。他们并不渴求被别人了解或知道，事实上也很少有人能了解和知道他们。有时我从民间听到这些人后，就感到十分遗憾，因为当世之人并没有给他们立传。后来上虞（今浙江上虞东）的李孟写了四件事给我看，于是我便将他们记录下来。

第一件事是说，慈溪（今浙江慈溪东）有一个名为蒋季庄的人，在宋徽宗宣和年间，轻蔑王安石的学说，不去参加科举考试，闭门苦读书籍，不随便与人往来。高抑崇住在明州（今浙江宁波）城里，每年却有四五次出城来拜会他。蒋季庄每次听说他要来，总是急切地出门迎接，有时慌乱之中连靴子都会穿反。他们常常在小屋里促膝长谈，有时候甚至到了废寝忘食的地步。高抑崇告别时，蒋季庄总是远远地送别他好几里地，之后才依依惜别，两人的关系非常亲密。

有人问高抑崇说："蒋季庄不喜欢与别人交往，而单独看重你，你也诚恳地对待他，愿听其中的缘由。"高抑崇说："我终年读书，或有疑问而不能决定的，或自己所缺少而不知道的，每次都积累数十条，然后就去拜访他，许多问题也就迎刃而解了。"而蒋季庄的长处，其他的人未必能知道。世上所称道的知己不就是这样的吗？

第二是说王茂刚的事，这个人居住在明州的山涧深处，他有个弟弟不喜欢学习，王茂刚就让他经商用以挣钱糊口，而自己则用尽心思读书，从轻易不出门，他对《周易》一书研究得特别透彻。沈焕任明州通判时，曾拜访过他，说他的学问远远超出了自己所见到的其他读书人，另外，沈焕还说，王茂刚的气质也非常独特，也非一般人所比。

第三个隐士是顾主簿，不知他的原籍是哪里，宋代南渡以后住在慈溪（今属浙江溪东）。这个人非常清廉耿介，安于贫贱的生活，不祈求别人理解自己。对于生活中的一些琐事，处理得有条不紊。早上起来后，他便站在门口等卖菜的人过来，询问一下一把菜多少钱，然后照价付钱。其他饮食穿戴所用的东西也是这样来买。久而久之，那些做买卖的人便都很信任他，也不忍心欺骗他。如果一天所用的东西备齐了，他就开始闭门钻研经典书籍，不去和别人交往。村里的一些不安分守己、武断而好逞强的人相互嘲笑时，总是说："你难道是顾主簿？"所以，"顾主簿"就成了这位隐士的代称。

　　第四个故事是信州永丰县（今江西广丰）有一个名为周日章的人。这个人独善其身，性格直率，受到同县人的敬重。他办私学、教授生徒。即使他家中的收入只够维持生计，但对不义之财却分毫不觊觎。因为家里非常穷困，经常是吃了上顿没下顿，邻里有时稍稍救济给他家一些粮食。即使常常断顿，但他宁肯和妻子一同挨饿，也从不向别人乞讨。寒冬时节没有棉衣御寒，他们就把纸盖在身上替代，这时如果有宾客来访，也会非常高兴地请进来，一点都不会觉得不好意思。看着他的容貌神态，听着他的侃侃而谈，无人不钦佩。永丰县的县尉谢生有一次给他送去一件衣服，并说道："你并没有跟我要，是我自己想送给你，以表倾慕之意，您只管收下他吧！"周日章笑着回答说："在我眼里，一件衣服和一万钟的俸禄相同，假如无缘无故收下，是不懂得礼教的啊！"最终他还是没有接受那件衣服。

　　以上这四位君子，着实应当记载在史册当中啊。

北狄俘虏之苦

　　北魏攻破了江陵（今湖北江陵）之后，把俘虏来的官吏和百姓，一律当成奴隶使用。可能北方少数民族的习俗就是如此吧！

　　自靖康之后，被金人掳走的帝子王孙、官宦人家，全部沦落为奴婢，让他们每天从事繁重的体力劳动。每个人每月只给稗子五斗，命令他们自己舂成米，可得到一斗八升，当作粮食，每年仅给五把麻，命令他们把麻做成衣服穿在身上，此外再没有一个钱一寸帛的收入。有些男子没有绩麻做衣的本领，则终年赤裸着身体，金人中有人可怜他们，允许他们烧火，虽然经常靠火取暖，但刚出外取柴，回来再坐在火边，皮肉就相脱落，不几天就死了。最好的是那些有手艺的人，如医生、绣工之类的人，他们通常只盘腿坐在地上，并用破席或芦苇秆垫着。偶尔碰到主人有宾客来访，设宴招待，一些能歌善舞的奴婢还能表演一番。酒席散罢，他们便又恢复了原来的生活，依旧坐在地上刺绣，主人对他们视如草芥，对他们的生死更是置之不顾。

我的父亲在英州（今广东英德）时，对摄守（代理长官）英州的蔡寯谈到这些事，蔡寯把它写到了《甲戌日记》中，后来蔡寯的儿子蔡大器抄写了一份给我。这就是《松漠纪闻》书中遗漏的故事。

取蜀将帅不利

四川蜀地，四面环山，交通闭塞，容易被武将割据称霸。不过，自四川和中原地区联合之后，但凡在四川割据的人，持续的时间都不是很长，有的仅仅传到儿子，最多也只能传至孙子就衰落了。

还有一个奇异的现象更加值得关注。从东都进攻到四川的人，多数都能够取得胜利，但是不久就会有灾祸降临到率军的将领头上，以至于丢掉性命！

东汉初期，公孙述占领了四川，并在那里称帝。光武帝刘秀派将帅岑彭、来歙率兵攻伐，一直攻打到成都。谁料，岑彭被公孙述派来的刺客暗杀了；来歙也遭遇刺杀，身负重伤，忍着疼痛处理军务，最终自刎而死。

三国时，魏国大将邓艾、钟会进军四川，一举灭掉了蜀国，俘虏了刘禅。后来，邓艾被钟会诬告谋反，遭到杀害；钟会则阴谋将四川据为己有，也被乱兵杀死。

五代十国中，王衍统治着四川，即前蜀。后唐庄宗时，派都统——魏王李继岌，招讨使——大将郭崇韬和康延孝收复了四川。胜利归来的途中，军队溃散，李继岌上吊而死。驻守四川的郭崇韬受到朝廷的猜疑，不久即被杀害。康延孝又恐惧又气愤担心自己也遭到同样下场，于是背叛朝廷，自立为节度使，后兵败被杀。

宋代初期，派将帅王全斌、崔彦进征伐孟昶，灭掉了后蜀，收复了四川。但是王全斌、崔彦进不但没有受到任何赏赐，反而因为在四川对下属管束不严导致掠取民间妇女和钱财，后来又引发投降的蜀军叛乱等罪行，遭受降级处分，十年以后才官复原职。

新朝旧臣

魏文帝曹丕，废掉了汉献帝，建立魏朝。自己当了皇帝以后，想封杨彪为太尉。杨彪推脱道："我是汉朝的三公，如今年老体衰，没有能力辅政了。"于是，曹丕就改任他当地位较低也闲逸的光禄大夫。

相国华歆在曹魏篡汉后，脸色一直非常难看，显出一副抵触情绪。当时，朝廷众臣因为曹丕即位而得到了爵位，唯独华歆仅仅升为司徒，没有晋升爵位。

这两件事使魏文帝一直感到不高兴。一天，他专就此事向尚书令陈群问道："我顺应天意，受禅让当了皇帝，群臣都喜形于色，唯独你和华歆看起来有点不高兴，这是为什么呢？"言外之意说，我当皇帝你们有意见吗？这可是一个严重的政治态度问题，搁一般人得赶紧辩解，表达忠心，否则就得掂量掂量头上的乌纱帽了。

陈群离开席位，跪下说道："我和华相国都曾经为汉朝之臣，内心虽然为陛下感到喜悦，但在义理上，我们的神色应该深怀畏惧，甚至憎恨陛下才对啊。"曹丕一听，不仅没有生气，反倒心生敬意。

曹魏篡夺了东汉政权，忠臣义士应当感到痛心疾首才对，纵然是没有能力讨伐曹氏，怎忍心在魏朝做高官呢？华歆、陈群为一世大贤，所能表现的节操也不过如此。杨彪以谦恭之辞拒绝高位，避免了灾祸，也不敢对曹魏篡汉说一句指责的话。这是因为，自"党锢之祸"开始，普天下贤良大夫如李膺、范滂等人，几乎被杀害殆尽，所以幸存者不多，只能做到这个地步而已。士风败坏如此，多么可悲啊！

宋朝叛臣章惇、蔡京执政时，想要排除元祐年间贤良的士大夫们。正派的官员被禁锢了三十年，终于造成了靖康之祸。当时，士大夫不采用华歆、陈群那种姿态的，少之又少！

丙午丁未之年多灾变

每到以天干地支纪年法中的丙午年与丁未年，国家就会发生很多变故，不是内忧，就是外患。夏、商、周三代由于时隔太远，现在只好用汉代以来的事实来说明：

汉高祖在丙午年（前195年）驾崩，政权落在了吕后的手里，几乎推倒了刘家宗庙。汉武帝元光元年（前134年）为丁未，这一年现了彗星"蚩尤旗"（蚩尤旗，彗星名，状似旗，古人认为该星一现，战祸就起），横贯天际。这一年春天，戾太子刘据（后被废）出生。这一年，汉朝开始下令大将领兵讨伐祸乱边境的匈奴，自此以后，双方交战长达三十年，伤亡很多。后来由于汉武帝的陈皇后巫蛊一案受到牵连，生于这一年的太子刘据也和两个儿子一同被害。汉昭帝元平元年（前74年）为丁未年，汉昭帝驾崩，昌邑王刘贺即位，由于刘贺行为淫邪，随即就被废帝，这一年中又将汉宣帝立为帝王。汉成帝永始二年（前15年）为丙午，永始三年（前14年）为丁未，王莽被封为新都侯，赵飞燕被封为皇后。由此，酿成了王莽篡权的祸根。汉殇帝即位于（106年）为丙午，第二年是丁未年，汉安帝即位，东汉后期的政治大动乱，正是发源于这两年。汉桓帝驾崩于永康元年（167年），这年为丁未年，汉灵帝在这年即位，汉朝从此衰亡。

曹魏时，魏文帝在黄初七年（226年）驾崩，是年为丙午年，魏明帝登基，由司马懿受遗命托孤辅政。司马氏专权然后灭魏，就祸始于这一年。

西晋时，晋武帝太康七年（286年）、太康八年（287年），分别是丙午、丁未年，这时候，晋惠帝还是东宫太子，后来的五胡乱中华（指晋武帝死后，匈奴、羯、氐、鲜卑、羌五个少数民族相继在中原建立王朝，史称"五胡乱华"），就发生在这两年。

东晋到隋朝，南北分裂，天下大乱，九州动荡，不足为论。

唐太宗贞观二十年（646年）、贞观二十一年（647年）分别为丙午、丁未年，后来篡夺唐朝江山的女皇帝武则天，这时已在后宫，在唐中宗神龙二年（706年）之丙午年，景宗元年（707年）之丁未年，武后之祸可以明见。唐代宗大历元年（766年）、大历二年（767年）分别为丙午、丁未年，安史之乱平定了，却把投降的安史余孽安置在河北各地做节度使，遂形成强悍难治的藩镇，最终导致唐朝灭亡。唐敬宗宝历二年（826年）为丙午年，唐敬宗被奸宦杀害。唐文宗太和元年（827年）为丁未年，唐文宗逐步统治全国，不到十年，就酿成了甘露之变的祸患事件。唐僖宗光启二年（886年）、光启三年（887年）分别是丙午年、丁未年，天下大乱之际，僖宗逃到兴元（今陕西汉中），襄王李煴被非法立为皇帝。后来晋少帝开运三年

（946年）为丙午年，是年后晋亡于契丹。契丹占据中原的祸乱至今依旧没有消除。

宋真宗景德四年（1007年），为丁未年，刚刚摆脱契丹的进犯，第二年却发生天书祥符等事件，于是大肆修筑宫殿，大搞封禅，国家财力人力耗费很多。宋英宗治平四年（1067年）为丁未年，王安石到朝廷做官，不久就开始变法活动，扰乱国家。钦宗靖康元年（1126年）为丙午年，金兵围困汴京，次年为丁未年，汴京沦陷，北宋灭亡。宋孝宗淳熙十四年（1187年）为丁未年，宋高宗驾崩。

总之，大概可以说丁未年间的灾患，又是丙午年间的劫难。这是上天注定的，不是人为就可以改变的。

古都劫难

自汉朝以后，谋篡国家政权的人，为了清除障碍，稳固自己的地位，都先把京城换一换地方。

东汉末年，董卓废少帝、立汉献帝以后，引起了各地军阀的讨伐，他就决定把京城从洛阳迁到长安（今陕西西安）。迁都时，董卓派兵驱赶洛阳及其附近的官吏百姓数百万人向西搬迁，一路上互相践踏，死伤无数。为了防止搬走的人再逃回来，离开洛阳时，还把洛阳城及其周围二百里以内的宫庙、官私房舍等焚烧一空，把方圆二百里以内的广大地区变成鸡犬不鸣的一片废墟。

北魏末年，高欢拥立元善见为孝静帝，自己把持政权，并把首都从洛阳迁到邺（今河北临漳县北），史称东魏。迁都时，强迫四十万户人家离开家园，一路上人马狼藉，苦不堪言。

唐末，朱温杀害宰相，掌握政局，迫使唐昭宗将京城从长安迁移至洛阳，赶走了所有的官吏和百姓，烧毁了长安所有的宫殿、官房和民间房屋，把长安变成了一片废土。

在历史之中，董卓迁移都城后不久就死了，曹操把汉献帝押解到许昌，最终灭掉了汉朝。魏和唐朝的江山，最终也被高欢和朱温断送了。由此可见，凶险的贼臣所思所想都非常相像。

六、文坛轶事

孔墨

战国时期，墨家学派代表人物墨子由于主张"兼爱"，他的观点被驳斥得一塌糊涂，甚至将他比作禽兽。不过这是一时的论断。到了汉代，人们常常将墨子和孔子相提并论。

根据《列子》记载，惠盎见到宋康王时说："孔丘和墨翟，没有地位却是君王；没有官职却有威望，天下所有的男女老少，都翘首企盼他们的到来，并乐意恭听他们的教诲。"

邹阳上书给梁孝王说："鲁国听信季孙的话把孔子赶出国，宋国采纳子冉的建议把墨翟囚禁起来。像他们这样能言善辩的人，竟然也难免遭人谗言加害！"

贾谊《过秦论》说："没有孔子、墨子的智慧。"

徐乐说："没有孔子、曾子、墨子的贤才。"

以上这些人都把孔子和墨子划作一类人。《列子》、邹阳当然不足论，而贾谊这么有名望的人也这样认为。

韩愈最喜爱论述孟子的学说，觉得孟子的功劳不在治水的大禹之下，主要是因为孟子激烈地批驳过杨朱和墨子，而他的著作《读墨子》却又说道："儒家和墨家都赞同尧、舜，都驳斥桀、纣，都倡导修身、正心、养性，从而使国泰民安。

孔子肯定采纳过墨子的一些主张，墨子也肯定采纳过孔子的主张，假如他们没有互相采纳，就不会有孔子和墨子。"他这样说，又是为何呢？

魏郑公的《南史·梁论》，也有评论孔子和墨子的言语。

曾参子贡

孔子曾对他的得意门生曾参说："曾参啊，我的学说可以用一句话归纳。"曾参回答："是的。"后来孔子又用这句话来训导他的另一个高徒子贡，他问子贡："子贡啊，你觉得我是个博学多识的人吗？"子贡回答："是的，不对吗？"孔子说："不对啊，我是用一个基本观点将我的思想串联起来的。"

孔子的"一以贯之"这句话，可称得上是圣贤之人的"心学"，而曾参，子贡都接受过孔子这一观点的教导，这两人可以说对孔子学说的理解达到了至高境地。

但是后来的儒学家们都认为不是这样的。宋朝程颐的学生尹焞说过："子贡学习圣贤的思想比不上曾参，孔子不待曾参发问便告诉他。曾参呢，可以不用老师再加以解释就深有所悟地回答'是的'。至于对子贡，就不能像这样去教诲了。孔子先发出第一问，子贡果然不能够准确回答，孔子知道子贡不可能懂得真谛，这才告诉他'一以贯之'，虽然也是同样的话，子贡却不能像曾参那样把握老师的学说核心。"

范谆父也说过类似的话。他说孔子对子贡的教诲是："先指出子贡不可能正确理解，以后才告诉他圣学的中心是'一以贯之'。"

我却认为曾参、子贡两人都是孔子的高门弟子，他们不论是哪种形式的回答，实际上都已经达到对圣学较高的理解。后来的儒学者们看不起子贡的原因是子贡先肯定了老师问话的主旨后，又去发问。

这些人如此鄙视子贡是不公平的。试想，圣贤问话若是很快回答"不是"，对弟子来说，恐怕是有失尊敬师长的礼仪了。所以子贡才那样去回答，而后再发问："不对吗？"难道子贡这样说就是没有深刻理解老师的话了吗？

另外，还有一些人觉得孔子是因人而异，选择不同的文化方式来训导曾参和子贡，并不是对其他任何人都这样发问的。这种做法也是不正确的，难道也不用这种方法去训导颜渊、冉由吗？

曾参用"是的"二字回答了老师的问话后，他的弟子请教孔子所言的意思，所以他才用"忠恕"二字来归纳孔子的思想。如果子贡也有学生来问他孔子所言是什么意思的话，子贡一定也会有心得来阐述孔子的思想。

子夏经学

孔子的弟子之中，只有子夏在儒家经典中有著作流传。虽都是传记杂言，不可全信，但这却表明子夏和孔子的其他弟子是不一样的。

《周易》一书，子夏作有"传"；《诗经》一书子夏作有"序"。至于《毛诗》，有一种说法认为，是子夏传给了高行子，接连流传了四代才到了小毛公手中；一种认为，是子夏传给了曾申，五代才传到大毛公手里。关于《礼记》，子夏作有《仪礼丧服》一篇，马融等许多儒生都为他作注。对于《春秋》，他说过"不能赞一辞"的话，也曾作过研究。公羊高实际上是从子夏那里学的《春秋》；谷梁赤这个人，《风俗通》一书也说是子夏的弟子。关于《论语》，郑康成觉得是仲弓、子夏最终定稿的。东汉人徐防曾上疏说："《诗经》、《尚书》、《礼记》、《乐记》，是孔子定稿的，阐述释义，则是从子夏开始的。"

小星诗

《诗经》是四书五经中的其中一经，向来备受文人、大学者们青睐，因此历史上为《诗经》作注释的人非常多。解释的人越多，意见就越复杂。你说你的不是，我说我的不是，各执己见。

《诗序》的作者如今已经不知道是何人，后世的文人就对此大肆议论，或肯定或否定。有时因为注释者的马马虎虎和主观臆断，还会闹很多笑话，让人读起来不禁开怀大笑。

《诗经》的《大序》中有一句话："惠及下也。"大意是，恩惠要广施于下层人。接着又说道："夫人惠及贱妾，进御于君。"大意是，恩惠不仅仅给高贵的夫人,那些低贱的妾们也应该得到,只有这样才能一起为国君服务。于是,毛公和郑玄就依据这两句话胡言乱语地高谈阔论了。尤其是郑玄在笺中的议论更是滑稽。请看看他对"肃肃宵征,抱衾与裯"两句诗的解释:"一群身份低贱的小老婆,落寞孤独地行走着,或者是早晨,或者是夜晚,侍候在国君的住所,按一定的顺序为他服务。"他又唯恐读者不理解,又补充解释说:"裯,就是床帐;就是说这群小老婆夜里前去国君的住所时,是抱着被子和床帐等用品以备服侍。"

可见这些小老婆都是些低三下四地侍候国君享乐的人。其实这完全是种误解。试想:诸侯国君宫中的妃子和小妾的身份虽说非常低下,也不至于低到和山村乡野里的贱人一样啊。她们何至于抱着被子而往来服侍国君呢?再说带那么多床帐被褥,就是一个大壮男人也未必能拿得动,小女子更是只能望之兴叹了。这样的解释实在不合情理,明显地是一个错误。

其实,"肃肃宵征,抱衾与裯"的真正意思是赞扬使者出使远方不畏劳苦的精神的。是说他们带着被子和行装,风餐露宿,日夜兼程,不畏旅途的寂寞和荒凉,艰辛地跋涉以不辜负国君的知遇授任之恩。这种解释与《诗经》另一篇《召南·殷其雷》的意思相同。

宋玉的《高唐赋》和《神女赋》,很明显是有比兴意味的寓言。我曾经就它的语言而仔细品味它的旨趣,发现它们属于那种"发乎情,止乎礼义"的作品,确实符合儒家诗教的"风化"原则。

《高唐赋》说:"楚襄王见到高唐上空有云气,问我:'那是什么气啊?'我回答说:'是早晨的云霞。以前怀王曾经游览高唐,夜里梦到一个女子,自称是巫山(在今四川巫山县)上的神女,情愿和怀王同床共枕。后来先王就去寻找她了。'"《神女赋》说:"楚襄王命我写了《高唐赋》之后,夜里睡觉,梦到和神女同床共枕,又让我撰写《神女赋》。"

假如果真如宋玉所言,那么楚王父子都曾经和巫山神女同床共枕,真是荒谬啊。然而《神女赋》虽然开头大肆夸张神女的美貌,到中间则说:"这位女子恬淡清静而和善,她的性情沉静祥和而不烦躁。她好像距离我很近又好像距离很遥远,好像飘然来到我身边却又忽然转身离开。她用纤纤素手撩开我的车帷请求与我坐同一辆车,她上车后我多想向她表达我激动的心情。她怀揣纯洁的节操,终究不肯答应我的请求。当她收敛笑容微微露出怒色，看上去比较威严，让我不能对她有所冒犯。两情未能相悦，她却要告辞离去。我赶忙退却避开，不敢有亲昵的动作。但愿心中留住这短暂的美好时光，神女却突然离去。眼前忽然一片黑暗，不知道她已飘向何处。"由此可见，巫山神女只和楚怀王共枕了，襄王虽然在梦里和神女相见，但终归是荒诞的。宋玉的意思还是正统的。

史记简妙处

司马迁的鸿篇巨著《史记》在历史学上具有不可替代的地位。我每次读《史记》之《魏世家》、《苏秦列传》、《平原君列传》和《鲁仲连列传》之时，就会拍案叫绝，想不明白为何司马迁先生会写得这么好。

《魏世家》中记载，魏公子无忌与魏王议论韩国的事，魏无忌说："韩必德魏爱魏重魏畏魏，韩必不敢反魏。"十几个字之中，竟然连续用上了五个"魏"字，却恰如其分。

《苏秦列传》中记载："苏秦游说赵肃侯说：'择交而得则民安，择交而不得则民终身不安。齐、秦为两敌则民不得安，倚秦攻齐而民不得安，倚齐攻秦而民不得安。'"

《平原君列传》中记载，秦围赵国邯郸，赵国平原君赵胜出使楚国求救时，想带门下宾客二十人。选十九人后，宾客毛遂自荐随行。平原君问："先生你来到我门下几年了？"毛遂回答："三年了。"平原君又说："先生既然已经来了三年了，可我左右的人从来没有夸奖过你，我也从来没有听说过你，这是因为你没有什么才能的缘故。先生不能一道前往，先生还是留下吧！"毛遂极力坚持要跟随，平原君只好答应。

到了楚王面前，从早上说到中午，楚王就是不答应出救兵，诸位随行宾客推荐毛遂做最后的努力。毛遂到楚王面前，陈述道理，楚王叱责他，要他下去。毛遂却按剑上前，威胁楚王，并指责楚王："我的君侯就在眼前，你凭什么斥责我？"然后，毛遂口若悬河，陈述利害，楚王被逼无奈，只好答应与赵国结盟。毛遂当机立断，要楚王歃血为盟，派兵救赵。毛遂左手端着盛血盘子，右手把另外十九位宾客招到殿堂之下。毛遂镇定豪迈的英雄风姿，历经千年，通过《史记》精妙的记载，使我们觉得栩栩如生，就在眼前，真令人景仰敬畏。毛遂靠自己的机智勇敢，帮助平原君完成了联楚抗秦的重要使命。

　　回到赵国，平原君感慨地说："我不敢再养门客了，我手下的门客多的时候达到千人之众，少的时候也有百人，自以为天下的人才都在我这里。毛先生三寸长的舌头，强似上百万雄兵。我不敢再养门客了。"

　　《鲁仲连列传》中记载，长平之战时，秦军消灭赵军四十万人，又发兵围赵之邯郸。魏国说客辛垣衍劝赵王尊秦王为帝而解围。平原君犹豫不决。这时，鲁仲连来见平原君，问道："这件事怎么办？"平原君说："我哪里还敢谈论这样的大事！前不久，在国外损失了四十万大军，而今秦军围困邯郸，又不能使之退兵。魏王派客籍将军辛垣衍让赵国尊奉秦昭王称帝，眼下那个人还在这儿。我哪里还敢谈论这样的大事！"鲁仲连说："以前我认为您是天下贤明的公子，今天我才知道您并不是天下贤明的公子。魏国的客人辛垣衍在哪儿？我替您去责问他并且让他回去。"鲁仲连要求见辛垣衍。平原君对辛垣衍说："齐国有位鲁仲连先生，如今他就在这儿，我愿替您介绍，跟将军认识认识。"辛垣衍却说："我听说，鲁仲连先生是齐国志行高尚的人。我是魏王的臣子，奉命出使身负职责，我不愿见鲁仲连先生。"可是，在平原君的请求之下，辛、鲁二人还是见了面。

　　刚见面，辛垣衍就说："我看留在这座围城中的，都是有求于平原君的人；而今，我看先生的尊容，不像是有求于平原君的人。"鲁仲连用巧辩的口才劝服了辛垣衍，让他放弃归顺秦国的想法，一起抗秦。会谈完毕，辛垣衍说："当初认为先生是个普通的人，我今天才知道先生是天下杰出的高士，我将离开赵国，再不敢谈秦王称帝的事了。"

　　从上面几个例子可以看出，《史记》的记载看似拖拉冗长，却像骏马冲下千丈陡坡似的畅快淋漓，这是由于司马迁言语气势有力的原因。《史记》的记载真像是风吹湖面，自然畅达，精妙绝伦，真是天下第一流的水准。

莫愁女

莫愁女是一个什么样的人？住什么地方？现今人们已经弄不清楚了。本朝著名词人、国家大晟乐府的负责人周邦彦曾经写过一首词叫《西河》，专门歌咏金陵（今江苏南京）这个地方，说城内某湖是莫愁泛舟唱歌的地方，湖边某树是莫愁乘船曾经停靠的地方。实际上是错的。

古时流传一首讴歌莫愁的诗，南朝梁武帝《河中之歌》中写道："河中之水向东流，洛阳女儿名莫愁。莫愁十三能织绮，十四采桑南陌头；十五嫁为卢家妇，十六生儿字阿侯。卢家兰室桂为梁，中有郁金苏合香。头上金钗十二行，足下丝履五交章。珊瑚挂镜烂生光，平头奴子擎履箱。人生富贵何所望，恨不早嫁东家王。"

这个莫愁是一位贫家女子，长得很漂亮，很能干，也很贤惠，因此她的邻居——卢姓的富贵人把她娶了过去，从此过上了专门有"奴婢"提鞋箱的奢华生活。她的幸运引得别的女子也动心了，都"恨不早嫁东家王"。唐朝李商隐写诗称赞她说："海外徒闻更九州，他生未卜此生休。空传虎旅传宵柝，无复鸡人报晓筹。此日六军同驻马，他年七夕笑牵牛。如何四纪为天子，不及卢家有莫愁。"

从这首诗看，莫愁当只是一个嫁给富贵人家后相夫教子、躬侍双亲、极尽天伦的贤淑女子，并不是泛舟弄歌的金陵莫愁。

但金陵莫愁从何而来？地方志并无记载。只《乐府诗集》中"西曲"之一有首《莫愁歌》，似乎和金陵有些联系。歌中唱道："莫愁在何处？莫愁石城西。艇子打两桨，催送莫愁来。"

这位莫愁的确是一个善于唱歌的女子。《唐书·乐志》记载说："莫愁乐，出于石城乐。石城有女子名莫愁，善歌谣。"金陵别名石头城，又名石首城，但并不叫石城。周邦彦把莫愁说成是金陵女子，大约是以为"石城"是"石头城"的简称，其实是大错特错。石城并不是石头城，它在郢州（今湖北武昌）以西的钟祥，现在那里还有莫愁村。当地人传言，莫愁是个美丽的渔家女孩，歌唱得特别好。人们羡慕她的美貌，就请当时著名的画师为她花了很多画像；喜爱她那甜美的歌声,就学着她与她一起歌唱,歌名就叫莫愁歌。她的画像传到全国各地,她的歌声唱遍五湖四海。后人为了纪念她,就有了"莫愁在何处,莫愁石城西"的句子。没想到年代久远,一人颠倒错位,石城和石头城竟然成了同一个地方,把石头城叫成了石城,金陵人是不会反对的,况且"石城"这一名称给金陵带来了这样一位讨喜可心的女子了呢?

现在将金陵当作石城的只有少数人,谁能料想后世会如何呢?石城和石头城只有一字之差,但是莫愁的故乡却被从郢州钟祥迁移到了千里之外的金陵。莫愁九泉之下如果知道,不知有何感受?说不定她会因此而忧心呢。

书籍之厄

梁元帝在江陵(今湖北江陵)时,珍藏了古今图书十四万卷,但是在梁灭亡前夕,将所有藏书全部焚毁。隋朝嘉则殿藏书三十七万卷,唐军攻伐王世充时,在东都洛阳缴获了这些图书,谁料摇橹渡黄河时,大船翻了,全部沉没在砥柱(今河南陕县东北黄河中央)一带。唐贞观、开元年间,募集善于写作的博学之士整理图书,在长安和洛阳收集图书。安史之乱发生后,这些图书一本都没留下,全部被烧毁了。唐代宗、文宗时,重新下令搜集图书,把搜集来的书分藏在十二个书库中。经唐末黄巢之乱,幸存者极少。唐昭宗时,又通过各种途径搜集图书,等到迁到洛阳后,所有图书又荡然无存。今人阅读汉、隋、唐的《经籍·艺文志》,没有不为图书的厄运感到茫然叹息的。

晁以道记载本朝宰相王文康最初辅佐周世宗的历史时,还参考了唐代的许多旧书,现在他的子孙也不知图书在哪里了?李文正收藏了许多图书,而且还开设学馆召纳了一批学士大夫,还允许这些学子下马后不必拜见主人,可直接进学馆读书。并且每天还给他们提供粮食和肉等较好的伙食,有利于他们共享。这在当时名噪远近,而今他家只有断墙残垣数间,所藏图书也不知哪里去了。北宋时宋宣献家所藏兼有毕文简、杨文庄两家所藏图书,其藏书之丰富大概连官府也难相比。宋哲宗元符年间,一场大火将其焚烧殆尽。晁以道自称他家五代藏书,虽不敢与宋绶匹敌,而校勘的书籍的确却不输于宋家。徽宗政和四年(1114年)冬天,

六、文坛轶事

也因为火灾付之东流。还有住在庐山北边的刘壮舆家，自其祖父刘凝之以来，留给子孙的遗物只有图书，他家藏书非常丰富，但如今在庐山已经听不到有刘家的人，他家的藏书何以也无迹可寻。由此看来，从古至今，命运对图书也是十分吝啬啊！

宣和殿、太清楼、龙图阁等地朝廷所藏的书，被靖康之乱冲刷后幸运地留存下来的，全部都搜聚到了金国，保存在秘书省，才有幸得以留存。

四六名对

提到四六对偶的诗句，在文人骚客之中算不上是什么高深的东西，但是上至朝廷下达的令文、诏册，下至缙绅士大夫之间往来传送的书信、祝词，却处处都用得到。有的文辞对偶十分精妙，读起来激昂顿挫，脍炙人口，令人百读不厌。

下面就收集一些前代及本朝文人所写的构思精良的四六名对十多联，以供对此有兴趣的人赏析。

唐人王元之写的《李靖平突厥露布》，当叙述到突厥首领颉利战败投降后又趁机叛乱之时，写道："井中饿虎，暂为掉尾之求。韝上饥鹰，终有背人之意。"

这里的"井"意为陷阱，"韝"是指套袖。寓意颉利就如饿虎和饥鹰相同，必定有叛变之意。他的另外一篇文章《蕲州谢上表》中说："宣室鬼神之间，敢望生还；茂陵封禅之书，已期身后。"这里的"宣室"是指汉代未央宫内的宣室，汉文帝曾经在这里召见贾谊，询问鬼神之说。

本朝的范仲淹年幼时，父亲去世，母亲改嫁朱某，范仲淹曾经姓朱，后来才改为本姓，他因此作了一首诗："志在逃秦，入境遂称于张禄；名非霸越，乘舟偶效于陶朱。"

此处前一句是指战国时为国人范雎遭受迫害后，易名张禄逃到秦国的故事；后一句是指春秋时越过大夫范蠡辅助越王消灭吴国后，化名陶朱公游历经商的故事。两人都姓范，后又都因事改姓。

本朝仕于神宗时的邓润甫曾作《贵妃制》，说："关雎之得淑女，无险波私谒之心；鸡鸣之思贤妃，有警戒相成之道。"此处的《关雎》和《鸡鸣》都是《诗经》中的一篇。前一句冠于《诗经》之首，内容是说君子追求淑女并非有歪斜的念头；后者内容是说君子希望有贤妻相伴左右，以便相互监督。

宋哲宗绍圣年间，百官为了请求皇上进正殿处理朝政，联合上了一个《百僚请御正殿表》，表中说："皇矣上天，必临下而观四方；大哉乾元，当统天而始万物。"第二句中的"乾元"也是指上天，均借喻皇帝。

苏东坡曾写过一篇《坤成节疏》，赞美皇后。疏中说："至哉坤元，德既超于载籍；养以天下，福宜冠于古今。"

"坤元"写"乾元"相对，指大地，这里借喻母后。皇室遇丧事，苏东坡写《慰国哀表》安慰说："大哉孔子之仁，泫然流涕；至矣显宗之孝，梦若平生。"

"泫"，指流泪的样子。当他接到皇帝赐的带马时，又上《谢赐带马表》说："枯羸之质，匪伊垂之而带有余；敛退之心，非敢后也而马不进。"这里"匪"与"非"同意。

王履道（王安中）是徽宗时最工于四六诗文的一个人，他的《大燕乐语》中有一对四六是："五百里采，五百里卫，外包有截之区；八千岁春，八千岁秋，上祝无疆之寿。"

翟公巽（翟汝文）也是徽宗时人，他的为朝廷绥怀外邦及少数民族而写的《外国王加恩制》中有一四六诗文是："宗祀明堂，所以教诸侯之孝；大赉四海，不敢遗小国之臣。"

更有意思的是，他在知越州时，适遇年荒。他未经中央同意而擅自发放仓库里的粮食救济灾民，受到降官的处罚。他因此上了一个谢表，表中说："敢效秦人，坐视越人之瘠？既安刘氏，理知晁氏之危。"以此来表达自己为了救活百姓而明知山有虎、偏向虎山行的精神。

孙仲益（孙觌）留下来的不少四六对子也很精彩。他虽然在南宋初阿谀奸臣而陷害忠良李纲、岳飞，但善于作诗文。如他自中书舍人知和州时（今安徽知县），到了和州地界，当地官员却拒绝他入内，他便以诗文答当地官员说："虽文书衔袖，大人不以为疑；然君命在门，将军为之不受。"

后来，邻郡的郡守没有及时送发上供的钱粮，上司命令孙觌审察，孙觌敷衍塞责，使邻郡守免了一场灾祸。邻郡守感恩戴德，专门派人送一书启表示感谢。

孙觌则回答说："包茅不入，敢加问楚之师；辅车相依，自作全虞之计。"这是引用了春秋时期的两个典故。前一句指楚国没有及时向周天子上供包茅，周天子便令诸侯兴师伐楚，但终不能制；后一句指虞、虢两小国唇齿相依，必须互相帮助。

北宋末年，安徽宗和钦宗被金兵俘虏北去，徽宗的第九子康王赵构幸免于难，被拥为皇帝。汪彦章为之作《靖康册康王文》，文中有："汉家之厄十世，宜光武之中兴；献公之子九人，惟重耳之尚在。"

通过这种历史典故的精彩对比，表达了高宗中兴大宋指日可待，就像光武帝兴汉和重耳兴晋一样。金兵占开封后，俘虏了诸位大臣，欲灭宋而立其中一位为皇帝，宋齐愈等人即向金推荐张邦昌。金兵退后，这帮降臣又回到宋高宗这边，接受惩罚。汪彦章又起草责词说："义重于生，虽匹夫不可夺志；士失其守，或一言几于丧邦。"又说："眭孟五行之说，岂所宜言？袁宏九锡之文，兹焉安忍？"

这也引用了两个历史典故。前一句是指汉代元凤年间，泰山大石自立、上林苑枯木重生，于是精通《春秋》五行说的眭弘（字孟）就推断说："将会有出身民间的人当天子。"结果被揭发蛊惑人心而被杀害。后一句是指东晋大将桓温专揽政权，受赐"九锡"之物，篡权。袁宏投奔桓温，为他撰写文章。这都借此比喻那些贪生怕死、叛国投敌的宋朝大臣。处罚张邦昌之时，他又作词说："虽天夺其衷，坐愚至此；然君异于器，代匮可乎？"寓意虽然张邦昌是无奈之下当的君王，但也是不可以原谅的。

宋徽宗时，杨政被任命为太尉。汤岐公为他写任官制时说："远览汉京，传杨氏者四世；近稽唐室，书系表者七人。"

这是借汉代著名大族"弘农杨氏"子孙四代（即杨震、秉、赐、彪）为太尉和唐代看重太尉这一官职，二百年才有七个人入选的故事，以此来映衬杨政选任太尉的无上荣光。言辞和所用例子非常精准得当。

孝宗乾道四年（1166年），蒋芾（字子礼）当右相。王调为此写了一篇恭贺启给他以表祝贺，启中有："早登黄阁，独见明公之妙年；今得旧儒，何忧左辖之虚位。"

"黄阁"就是指宰相府，由于宰相府大门刷成黄色以和天子朱门区别开来而得名；"妙年"是指少壮之年；"旧儒"是指博闻强识之士；"左辖"是指左相，即有蒋苔当右相，就不担心左相缺人了。这是引用了杜甫的诗："扈圣登黄阁，明公独妙年"和"左辖频虚佐，今年得旧儒"，用在此处也是十分恰当。

沈庆之曹景宗诗

南朝刘宋孝武帝时，有一次大摆宴席，宴请群臣。酒酣耳热的时候，孝武帝就命令群臣吟诗助兴。这对于那些时常舞词弄札的文人墨客算不上什么，可是对于那些胸无点墨的大臣而言，就难为他们了。

其中有一位名叫沈庆之的大臣，斗大的字不识半升，也从来没有写过字，轮到他作诗时，他推辞说自己不认字不会赋诗。但是皇上趁着酒兴，一个劲儿地催他作诗。沈庆之无奈之下就硬着头皮对皇上说："那臣就献丑了。但是我不识字，请皇上让我口授，让颜师伯执笔记录怎么样？"于是皇上就下令让颜师伯执笔记录。沈庆之口授说："微生遇多幸，得逢时运昌。朽老筋力尽，徒步还南冈。辞荣此圣世，何愧张子房？"皇上听后，龙颜大悦，连称好。在座的群臣，也都纷纷称赞他写的这首诗不仅词好，而且意美。

南朝梁曹景宗发兵与北魏军队作战，大获全胜，凯旋。梁武帝特设盛宴祝贺，并命文武群臣赋诗对句助兴。先让沈约提出赋诗时所用的韵，赋诗的人必须按照自己的韵去作诗。曹景宗没有得到分给他的韵字，不能赋诗，心中很不高兴。于是，就请求武帝允许他赋诗。武帝见此情景，就劝他说："爱卿武艺超人，人才英俊，何必为一首诗而计较呢？"这时候，曹景宗正在兴头上，饮酒已有几分醉意，连声请求武帝允许他赋诗。原先拟定的韵字，只剩竞、病两个字了。景宗听后，立即操笔疾书诗一首。诗中说："去时儿女悲，归来笳鼓竞。借问行路人，何如霍去病？"武帝看后，惊叹不已，赞不绝口。沈约及参与赋诗的文武大臣亦为此赞叹了一整天。

我觉得沈庆之、曹景宗不一定能写那样的好诗，疑心是后来的一些多事的人杜撰的，可是两首诗恰好可以做一个绝妙的对子。"辞荣圣世，何愧子房？借问路人，何如去病"，如果单单用后两句作对子，自然对仗得当。

陶渊明

陶渊明身处社会动荡不安的东晋时代,作为一个政治家和文学家,他清正廉明,生活朴素,文学造诣颇高。他为人高尚、简洁、娴雅、朴素,在整个晋、宋时代无人能比。他留下的作品就是他生活的真实写照。

生活窘迫时粮缸里往往没有储备一点粮食,锅碗往往空无用处;天气寒冷时仍穿着用绳结穿连、打着补丁的短衣,脚上穿着自己织的草鞋;居室是空荡荡的,连一件像样的生活用品都没有,房屋不能遮风、挡雨、防晒。穷困和简朴的状况可谓到了极点。

在他的家书《与子俨等疏》里他感叹道:"屋里能有几根萝卜吃该多好啊。"即使在这种情况下,他仍语重心长地告诫子孙:"你们兄弟几个,虽然不是同时而生,但应该常以四海之内皆兄弟的准则要求自己,这是人生的大义。古人管仲、鲍叔作为患难与共的异姓朋友,尚且能同甘共苦,你们作为同胞兄弟,更应该有过人之才对呀!"在《责子》诗里有这样一句话"雍、端年十三。"他的这两个孩子可能是异母所生吧,陶渊明的谆谆教诲也一定是对他们几个人所说的。

陶渊明曾官居彭泽令,根据东晋朝廷的规定,每个地方官都可以分到一定的公田,来补给俸禄不足造成官员生活的拮据。陶渊明喜欢喝酒,准备在公田里面全部耕种粳稻以酿酒自用,并且对周围的人说:"我可以时常有酒喝就心满意足了。"考虑到生活问题,他的妻子执意要再分出一部分来种高粱。于是陶渊明才决定在二顷五十亩地里除了种粳稻,另外拨出五十亩地耕种高粱。他们和手下的人辛勤劳作,盼望能有个大丰收,可是从秋天播种到冬天,才八十天,还未等到庄稼收获,他就请求辞官,过上了"晨兴理荒秽,带月荷锄归"的归隐生活。他们费了很大的力气种植的粮食颗粒未收,这真是一件遗憾的事情啊!

文字润笔

代别人写文章而接受酬谢,在东晋南朝时期就出现了,到了唐代才在社会上风行起来。

《李邕传》记载："李邕很擅长写墓志铭的颂词，朝中的官员士大夫和全国各地佛寺道观的僧人道士等都带着金银钱帛去请他写颂文。李邕先后为别人写了墓志铭颂词有好几百篇，当面接受的礼物也很多。当时公众的言论都认为，自从靠卖文章而获取财物之多，没有人能与李邕相比的。"因此杜甫诗云："干谒满其门，碑版照四裔。半屋珊瑚钩，骐驎织成罽。紫骝随剑几，义取无虚岁。"杜甫又在《送触斯六官诗》中写道："放人南郡去，去索作碑钱。本卖文为活，翻令室倒悬。"可能是嘲笑他的。

韩愈撰写了《平淮西碑》，唐宪宗把石本赐给了韩宏，韩宏便拿出五百匹绢送给韩愈，以示谢意。韩愈为王用写墓志铭，王用的儿子就给韩愈送去了鞍马和白玉带。刘义拿走了韩愈的几斤金子，临走时还说："这些金子只不过是吹嘘坟墓里的死人而得来的，不如送给我刘某作为寿礼。"韩愈听到后，也就无话可说了。

刘禹锡在给韩愈的文章中写道："公鼎侯碑，志隧表阡，一字之价，辇金如山。"

皇甫湜替裴度写《福先寺碑》文，裴度赠送给皇甫湜很多绸绢和车马，皇甫湜还嫌少，他非常气愤地说："碑文共有三千字，一个字的价值是三匹细绢，为什么给我这么少的报酬？"裴度赶紧笑脸相陪，又送去九千匹绢作酬谢。

唐穆宗下诏书命萧俛为成德的王士真撰写碑文，萧俛推辞说："王士真的儿子王承宗没有什么事迹可写的。再说写好进呈朝廷之后，按照惯例应得到赐物，如果勉强接受了它，那就不是我平生的志向了。"唐德宗答应了萧俛的请示。

唐文宗时，长安（今陕西西安）城中争着为别人写碑文，就好像市场上做买卖一样。如果有大官死了，他家门前就如同市场一样，要求为死者撰写碑文的人争来争去，高声喧闹，这连死者的家人也做不了主。裴钧的儿子，携带一万匹细绢到韦贯之家中索求碑文，贯之说："我宁愿饿死，也不忍心这样做。"

白居易在《修香山寺记》中说："我和元微之是生死之交的朋友，微之临死时托我给他写碑文，事过不久，元家的老人说要将他家的奴婢、车马、绫绢、银鞍、玉带等价值相当于六七十万两白银的东西送给我，作为我写碑文的报酬。我想起平日和微之的交情，认为这些礼物不应该接受，元氏家前后送来多次，最后不得已而收下，施舍给香山寺。这些利益功德，应当归于元微之。"柳玭的书法很好，他从御史大夫贬为泸州刺史，东川（今四川遂宁）节度使顾彦晖请他给自己书写德政碑碑文。柳玭对他说："如果赠送给我财物作酬谢，我就不能答应你的请求。"

宋朝仍然存在写墓志铭收取酬劳的风俗。但是也有例外，只有苏轼很少给被人写墓志铭，一生之中只给五个人写过。这五人都是德隆望尊之人，他们就是富弼、司马光、范镇、张方平等五人。除此之外，还代替张方平写了赵康靖公、滕元发二人的墓志铭。苏轼当翰林学士时，皇帝命令他给同知枢密院赵瞻写碑文，苏轼则推诿不写。

曾子开与彭器资是至交，彭器资死了以后，曾子开为他写墓志铭，彭器资的儿子拿了金带绸绢送给他。曾子开极力推辞，然后说："写这篇文章原本是想要表达朋友情义的，假如你送我钱财，这就不是你对待父亲老友的方式了。"彭器资的儿子听了以后非常抱歉，赶紧收回了东西。

龙筋凤髓判

唐代史书赞颂张鷟说他从小就聪慧过人，他的文章在朝廷很受欢迎，写文章的速度极快，可以达到挥笔即成的地步。他曾参加过八次选拔特殊人才的制科考试，均是第一等。

现在，张鷟的著作流传下来的有《朝野佥载》和《龙筋凤髓判》两种。其中前者所记载的都是琐碎的小事，并且语言很不雅致。后者都是当时文章的常规格调，全是骈体文，只会堆砌故事，没有深刻体现如何议法量刑、减少犯罪，总体来说没有一篇让人喜欢阅读的。

然而白居易的《甲乙判》所记载的判词，则越读越让人喜欢，手不释卷。下面列举几个说明一下。

甲抛弃了妻子，后来妻子犯了罪，请求用儿子应得的恩惠来为自己将功赎罪，甲不同意。判词为："不安尔室，尽孝犹慰母心；薄送我畿，赎罪宁辞子荫？纵下山之有怨，曷陟屺之无情？"意思是说，"你不能使自己的妻室安宁，如果用儿子所得的恩泽给他母亲赎罪，还可以安慰母亲的心。为了赎罪，还肯为儿子的恩泽提起诉讼吗？你离开妻子还有情可原，不让儿子怀念母亲，就太无情了！""陟岵"是《诗经》中的一个典故，比喻思念母亲。

辛的丈夫半路上遇到盗贼，被盗贼杀死了。她为了抓到盗贼，为丈夫报仇，就许下诺言，说谁能杀了这个盗贼，自己情愿做他的妻子。有人控告她，说她这样做，就失去了妇女的贞节。这女人不服。判词说："丈夫的仇报不了，不值得非议；如果失去了女人的贞节，实在是应该感到耻辱的。《诗经》上有不改嫁的誓言，千百年代，人人都知道；《礼记》上有不改嫁的训导，一句话就很明白了。"

景为父亲服丧期间，不顾自己年纪大，还要用自虐的方式来行孝道，有人批评他太过分了，他却说："我实在是太伤心了，所有行为都是情感的表达。"判词说："你老了，花白的头发长长地垂了下来，身体中的血气已经十分衰弱，即便是有无限的哀伤，也只能忍着点。"

丙的妻子家里死人了，正在守丧。丙在妻子身旁弹奏音乐。妻子控告他，他不服。判词说："亲戚之间应该严守居丧的礼节，是心里感到悲伤；你弹琴奏乐，使自己的耳朵得到满足，能心安理得吗？"

甲半夜在外面走路，被巡夜人抓住了。甲申辩说："我有公事，想提前赶到朝廷，巡夜人说我违犯了夜里不许走动的禁令，不放我。"判词说："现在不是巫马执政的时候，哪里用得着你披星戴月，出门干事？和宣子等待早晨朝拜一样，为什么你不回去闭目养神？"

乙得到功名利禄之后，有老朋友来寻找他。乙让他坐在外面，只让他吃仆人吃剩的饭菜，还说要存心侮辱并惹怒他。判词说："重耳逃亡到齐国之后贪图安逸的生活，是他舅舅子范批评他，他才立志复国，重新执掌朝政的。苏秦富贵之后，同学张仪来投奔他，他看不起他，张仪发愤图强，最终也成就了功名。"

丙娶了妻子之后，她没能生育，丙的父母就准备将媳妇赶出家门。丙的妻子说："我回去也流离失所。"判词说："婚后不能生育，丈夫就如同没有妻子一样，的确可以按照无法传宗接代来处理，然而，女方没有地方可回，这件事还可以再协调一下，从而改善关系。"

诸如此类的例子还有很多，都是既不违背人情世故，又与法律大意相符，引经据典，比喻得当，不是所谓才高八斗的"青钱学士"可以比拟的。

六、文坛轶事

韩苏杜公叙马

唐代韩愈的《画记》这样记述画中的马："高头大马有九匹，在马群中又有上下之分。马的形态各不相同：有自由行走的、有被牵着走的、有奔走逃跑的、有过河的、有站在河堤上的、有翘首远望的、有东张西望的、有嘶叫的、有躺着酣睡的、有回蹶步的、有站立的、有吃草的、有饮水的、有撒尿的、有爬坡的、有下坡的、有靠着树挠痒的、有嘘气的、有嗅东西的、有欢腾嬉闹的、有怒发冲冠的、有吃饲料的、有被骑着的、有奔跑的、有慢跑的、有驮着衣物的、有驮着狐兔等猎物的——马的各种姿态，一共有二十七种之多。大马小马一共有八十三匹，却没有完全一样的。"秦观认为韩愈的描述，细致而不显得烦琐。

苏东坡曾写过一首题为《韩干十四马》的诗，吟诵道："二马并驱攒八蹄，二马宛颈鬃尾齐。一马任前双奉后，一马却避长鸣嘶。老髯奚官骑且顾，前身作马通马语。后有八骑饮且行，微流赴吻若有声。前者既济出林鹤，后者欲涉鹤俯啄。最后一匹马中龙，不嘶不动尾摇风。韩生画马真是马，苏子作诗如见画。世无伯乐亦无干，此诗此画谁当看？"苏东坡的诗与上面的记，载体虽然不同，但二者的铺排描写却一样。吟诵苏东坡的诗就不需要看画上的马了。

杜甫写的《丹青引赠曹将军霸》一诗中写道："先帝乘坐的御马玉花骢，在画家的大笔下画得确实与众不同。把马牵到殿下的台阶旁，站在殿前四蹄生风。皇帝下诏让将军展开画绢，用心挥笔在绢上用心作画，不一会儿精神抖擞的龙马跃然绢上，一下子把世上的凡马都压倒了。画出的玉花骢被捧到御床之上，床上的马和殿下的马相对地屹立着。皇帝含笑催促快赏金银，养马人和管马的官心里都十分惆怅。"读这段诗的人或许不知道其意思，以为画马可以夺真，所以养马人和管马的官心中不高兴。这是不对的。意思是圉人和太仆是养马的和管马的人，而却把黄金赏给画马的人，所以他们心里不高兴，杜甫这样说，其中还含有深意。杜甫还有一首题为《画马赞》的诗作。诗中吟道："韩干画马，毫端有神。骅骝老大，騕褭清新"以及"四蹄雷电，一日天池。瞻彼骏骨，实惟龙媒。"苏东坡《九马赞》言："薛绍彭家藏着曹将军的《九马图》，杜甫的《观曹将军画马图》诗就是为这幅画而作的。"苏东坡为这幅画题词:"牧者万岁,绘者惟霸。甫为作诵,伟哉九马。"

读几篇这样的诗作,真会使人心绪超然,神采飞扬,可以称得上是"绝妙动宫墙"了。

韩柳为文之旨

韩愈和柳宗元是唐代两位出色的文学巨匠。他们自陈子昂之后,倡导"古文运动",号召复原周、秦、汉的古代散文体的写作方式,在秉承古代散文优秀传统的基础上,以自由朴实,注重内容的清新散文体,替代已经陷入绝境的骈体文。

唐代韩愈曾说:写文章时,应当师法上古的名著名篇,诸如《虞书》、《夏书》、《尚书·盘庚》、《尚书·诰》、《春秋》、《易》、《诗经》、《左传》、《庄子》、《离骚》,以及司马迁、扬雄、司马相如的文章。在内容上要充实,在表现上要流畅。他主张写文章要有创造性,反对机械地模仿别人。

文豪柳宗元的诸多作品中所体现出的观点和韩愈基本上是一致的,基本出发点也是把创作当成复兴儒道的工具和手段,时刻把《诗》、《书》等经典作为写文章的根本,其次如《谷梁》以气势取胜,参照它,可以增添文章的声气;《孟子》、《荀子》以说理精到,论述精辟,发人深省著称,参考它们可以使文章如行云流水、左右逢源;《庄子》、《老子》以文字精美,想象丰富,见解独到见长,参看它们可以使文章增辉生华;《国语》故事丰富,典故屡出,妙趣横生,参照它们可以使文章生动有韵味;《离骚》的作者屈原博闻强识,历经曲折,因此《离骚》也是气势磅礴、通幽洞微,参考它足以使文章深邃幽深,回味无穷;虽然司马迁的《史记》是一本历史巨著,但是纪实精准,语言简洁,文笔流畅,参考《史记》可以使文章更加精练纯粹。

韩愈与柳宗元的这些写作手法,应当引起后学者深刻的思考。

韦苏州

　　韦应物是唐代诗人。少年时任三卫侍郎随从玄宗,后来又当过苏州刺史,因此又称韦苏州。他的诗作以写田园风物闻名,语言简练。也有一些诗作是反映他个人生活经历的。比如,在他的著作《韦苏州集》中,有《逢杨开府》一诗,诗中说:"少事武皇帝,无赖恃恩私。身作里中横,家藏亡命儿。朝持樗蒲局,暮窃东邻姬。司隶不敢捕,立在白玉墀。骊山风雷夜,长杨羽猎时。一字都不识,饮酒肆玩痴。武皇升仙去,憔悴被人欺。读书事已晚,把笔学题诗。两府始收迹,南宫谬见推。非才果不容,出守抚惸嫠。忽逢杨开府,论旧涕俱垂。"

　　这首诗实际上韦应物是对自己年少时的回忆。从中很容易看出,他凭借着在宫里做事,自感高人一头,小小年纪就学会了赌博,调戏女人,整日过着吃喝玩乐、放荡不羁的生活,他实际上是一个无赖。

　　李肇在《国史补》一书中说:"韦应物品行高尚,淡泊寡欲,在家中焚香静坐,不查问繁杂的事情,他的诗作可以和建安七子的诗风相媲美。"这是说韦应物后来转变了原有的志节行为。

　　诗人高适年少时也放荡不羁,到了五十岁才开始写诗,一开始就写得非常好。二人起步都很晚,天使天资聪慧,终有成就。一般人很难做到这点。

太白雪谗

　　天宝元年(742年),李白被唐玄宗提拔为翰林,作为文学侍从,参与起草一些文件。后来由于他藐视权贵,冲撞了李林甫、高力士等人。唐玄宗听信了高力士等人的谗言,罢黜了李白的官职。

　　根据《唐史》记载,李白醉酒之后让高力士替他脱靴子,高力士感到十分耻辱,就挑选了李白的一些诗句拿给杨贵妃看,想要加害李白,后来被杨贵妃制止。

　　李白诗集中有《雪谗诗》一章,主要是说历代妇人淫乱败国之事,诗的内容大致是:"彼妇人之猖狂,不如鹊之彊彊。彼妇人之淫昏,不如鹑之奔奔。坦荡君子，无悦簧言。"又说："妲己灭纣，褒女惑周。汉祖吕氏，食其在傍。秦皇太后，毒亦淫乱。蠕蝀作昏，遂掩太阳。万乘尚尔，匹夫何伤。词殚意穷，心切理直。如或妄谈，昊天是极。"

我觉得这首诗寓意深刻，谈及妇人乱国之事，莫非杨贵妃与安禄山通奸淫乱。李白曾经弹劾他们之间的奸情？不然的话，这一句"飞燕在昭阳"这一句，何处值得怨恨？

李太白

李白到底是怎么死的？多少年来，这个问题一直是个疑案。最大众的说法是：在一个明月当空的夜晚，李白在当涂饮酒之后，借着酒兴，泛舟江上，他看到江中又一轮明月，俯身去采摘，由于饮酒过多，溺水而亡。后来，这个地方修建了一座"捉月台"，可能是为了悼念这位大诗人。

我曾看过李阳冰所撰的《草堂集序》，才知道李白并非溺水身亡。《草堂集序》说："我在当涂的那段日子里，和李白先生交往甚多。当时，李白先生身患重病，卧床不起。手边还有万卷的诗稿来不及整理。他躺在床上与我谈话，嘱咐我为他的集子写序。"

李华在《太白墓志》一文中说："先生弥留之际还写下了诗赋《临终歌》。"

由此看来，李白并不是溺水而亡，而是身患重病去世的。

杜诗命意

杜甫的诗歌中的用典和意趣非常悠远。假如只是粗略地阅读，往往无法理解它的意图。下面举几个例子看一看："能画毛延寿，投壶郭舍人，每蒙天一笑，复似物皆春。政化平如水，皇恩断若神。时时用抵戏，亦未杂风尘。"

这首诗第三联的意思好像与前两联不相连贯，有些读者认为它是别的诗串进去的。我认为杜甫的用意是说那些玩杂技唱戏一类的人，不应当过分受到皇帝的恩宠和赏识。但是，如果政治清明，皇帝贤明，对天下安宁没什么损害，不时地欣赏一下这些人的技艺，并没有什么坏处。

又如："乱后碧井废，时清瑶殿深。铜瓶未失水，百丈有哀音。侧想美人意。应悲寒甃沉。蛟龙半缺落，犹得折黄金。"这首诗大概是看见从故宫井里打水的人得到铜瓶而作的。但是首句便说"废井"，那就使下文较难反复铺叙，而杜甫却别开生面，叙述如此曲折婉转，是其他人倾尽毕生精力都模仿不来的。

还有一首："斗鸡初赐锦、舞马既登床。帘下宫人出，楼前御柳长。仙游终一阕，女乐久无香。寂寞骊山道，清秋草木黄。"我的父亲在北方之时，曾得到唐人的一幅《骊山宫殿图》画。画面上可以看见位于山顶的宫殿，殿外有一幕幕垂帘，不计其数的宫女侍从穿行往来，神态各异。透过稀疏的帘幕往里看，各种戏子和杂耍艺人，无所不有。杜甫的这一首诗对当时情境的描绘，也使人如同身临其境，亲眼所见一样。

严武不杀杜甫

《新唐书·严武传》记载："房琯曾任宰相，以宰相的身份外出巡视各地，严武特别高傲，对杜甫没有以礼相待。严武与杜甫关系很亲近，但是又多次想要杀掉杜甫。李白的诗作《蜀道难》，就是为房琯和杜甫忧虑而作的。"

根据《新唐书·杜甫传》记载："严武将杜甫看成是家中的老友，杜甫去拜访严武很是随意，连头巾都不戴。一次，杜甫醉酒，爬到严武床上，瞪大眼睛看着严武说道：'严挺之怎么会有这样的儿子！'严武从此怀恨在心。一天，他想要杀害杜甫，把帽子挂在门帘上，取下来又挂上，如此反复了三次依旧没有下定决心。手下的随从看穿了他的心思，赶忙将此事告知他的母亲，他母亲急忙跑来阻拦，严武才没有动手。"

《旧唐书》却说："杜甫心胸狭隘性情急躁。曾经趁喝醉酒的时候，爬到严武的床上大声叫严武父亲的名字，而严武并没有因此与杜甫失了和气。"本来并没有所谓严武要杀杜甫的说法。大概是唐朝的私人小说有这样记载的，而欧阳修在写《新唐书》时却信以为真了。杜甫文集中，为严武所做的诗将近三十篇。某些写送严武回京城的诗句有："江村独归处，寂寞养残生。"当听说严武再次出任四川长官时，杜甫很高兴，又欣然写下了"得归茅屋赴成都，直为文翁再剖符"的诗篇。这些还是严武在世时杜甫写的。严武死了以后，杜甫又写了《哭其归榇》及《八哀诗》，用"记室得何逊，韬钤延子荆"的诗句来用"空余老宾客，身上愧簪缨"的诗句来表达自己的伤感。假如真有严武想要杀害杜甫这种事，杜甫肯定不会对严武这般眷恋。喜欢多事的人，只是看到严武诗中有"莫倚善题《鹦鹉赋》"的句子，就用来证明，引用黄祖杀祢衡的事来喻指严武想杀杜甫，这就像痴人说梦，全都是荒诞不经的。试问，严武情愿拿黄祖来比喻自己吗？

白苏诗纪年岁

白居易为人朴实豁达，喜欢作诗记录年岁，差不多年年都有诗句记载。我阅读了他的文集，现在将这些诗句按顺序摘录下来：

"此生知负少年心，不展愁眉欲三十"；"莫言三十是年少，百岁三分已一分"；"何况才中年，又过三十二"；"不觉明镜中，忽年三十四"；"我年三十六，冉冉昏复旦"；"行年三十九，岁暮日斜时"；"我今欲四十，秋怀亦可知"；"四十为野夫，田中学锄谷"；"毛鬓早改变，四十白发生"；"衰病四十身，娇痴三岁女"；"四十未为老，忧伤早衰恶"；"下有独立人，年来四十一"；"若为重入华阳院，病鬓愁心四十三"；"已年四十四，又为五品官"；"面瘦头斑四十四，远谪江州为郡吏"；"行年四十五，两鬓半苍苍"；"四十六时三月尽，送春争得不殷勤"；"我今四十六，衰悴卧江城"；"鬓发苍浪牙齿疏，不觉身年四十七"；"明朝四十九，应转悟前非"；"四十九年身老日，一百五夜月明天"；"青山举眼三千里，白发平头五十人"；"官途气味已谙尽，五十不休何日休"；"长庆二年秋，我年五十一"；"二月五日花如雪，五十二人头似霜"；"前岁花前五十二，今年花前五十五"；"去时十一二，今年五十六"；"我年五十七，归去诚已迟"；"身为三品官，年已五十八"；"半百过九年，艳阳残一日"；"不准拟身年六十，游春犹自有心情"；"今岁日余二十六，来岁年登六十二"；"六十三翁头雪白，假如醒黠欲何为"；"行年六十四，安得不衰羸"；"我今六十五，走若下坡轮"；"无忧亦无喜，六十六年春"；"共把十千沽一斗，相看七十欠三年"；"六十八衰翁，乘衰百疾攻"；"更过今年年七十，假如无病亦宜秋"；"旧语相传聊自慰，世间七十老人稀"；"白须如雪五朝臣，又入新正第七句"；"吾今已年七十一，眼昏须白头风眩"；"七十人难到，过三更较稀"；"风光抛却也，七十四年春"；"寿及七十五，俸沾五十千"……

　　苏东坡向来尊崇白居易，写诗时偶尔也会仿效。比如"龙钟三十九，劳生已强半。岁暮日斜时，还为昔人叹"，正是引用了前面白居易的诗句。还有许多诗句，比如"我今四十二，衰发不满枕"；"白发苍颜六十三，家人强遣试春衫"；"我年六十一，颓景薄西山"……

　　细心推敲吟诵这些诗句，就好似在看二人的年谱。

白公感石

　　唐代大诗人白居易有一首诗题为《奉和牛思黯以李苏州所寄太湖石奇状绝伦因作诗兼呈刘梦得》的诗，诗的最后说："共嗟无此分，虚管太湖来。"这首诗下面注释道："我和刘禹锡都当过苏州刺史，却都没有得到过这种石头。"白居易还有一首诗题为《感石上旧字》，诗曰："太湖石上镌三字，十五年前陈结之。"陈结之，记载中没有这个人，我完全不知道是谁。后来我看到白居易《对酒有怀寄李郎中》一诗吟道："往年江外抛桃叶，去岁楼外别柳枝。寂寞春来一杯酒，此情唯有李君知。"诗下注释道："桃叶，结之；柳枝，樊素也。"——从此，我才知道"陈结之"三字为其侍姬的名字。

　　白居易由于患病而遣返了侍姬樊素，因此作诗说："两枝杨柳小楼中，袅娜多年伴醉翁。明日放归归去后，世间应不要春风。"后来，因刘禹锡有讥笑自己的诗句，就用诗来回应他，有句诗云："谁能更学孩童戏，寻逐春风捉柳花。"可是白居易对樊素竟然钟情难忘，曾经写了以下诗句："病共乐天相伴住，春随樊子一时归"，"金羁骆马近贯却，罗袖柳枝寻放还"，"觞咏罢来宾阁闭，笙歌散后妓房空。"

　　读过了这些诗句，感叹白居易不能忘怀旧情，不由得心中凄凉。

乐天侍儿

有人说白居易的小妾只有小蛮、樊素两人。我曾经读过白居易写的一首诗题为《小庭亦有月》诗中说:"菱角执笙簧,谷儿抹琵琶;红绡信手舞,紫绡随意歌。"

白居易在诗的后面加了自注:"菱、谷、紫、红都是小妾的名字。"如果是这样,那么红绡、紫绡等人也是他的小妾。

白公夜闻歌者

白居易的长篇叙事诗《琵琶行》,可能是在浔阳江上为商人的妻子所做的。当时商人到浮梁(今江西浮梁)买茶了,只有商人的妻子孤身为客人演奏。白居易夜晚登上她的船并与她一起饮酒,丝毫不避讳男女有别。是不是因为她原本是长安的妓女,无须避嫌呢?

白居易的诗集中还有一首题为《夜闻歌者》的诗,是从京城被贬到浔阳的途中,住在鄂州(今湖北武昌)时所做的,写在《琵琶行》之前。这首诗是这样的:"夜泊鹦鹉洲,秋江月澄澈。邻船有歌者,发调堪愁绝!歌罢继以泣,泣声通复咽。寻声见其人,有妇颜如雪。独倚帆樯立,娉婷十七八。夜泪似珍珠,双双堕明月。借问谁家妇,歌泣何凄切?一问一沾襟,低眉终不说。"

陈鸿《长恨歌传序》说:"白居易十分擅长写诗,感情也十分丰富。所以,遇到一些妇女总会见景生情,用诗歌将它表达出来,并非因为喜爱女色。"白居易在鄂州所看见的,也是一个女子独处,丈夫不在身旁,难免会有"男女授受不亲"的嫌疑,但是唐代人并不觉得这种事有什么可嘲讽的。可是现在的诗人们却极少谈及此诗,在此我将它写出来供人赏析。

韩欧文语

唐代大散文家韩愈的《送李愿归盘谷序》写道:"整天静坐在草木苍翠的密

林，用清澈的泉水洗涤自身的浑浊。到幽静的深山中采摘甘甜的野果，去清澈的泉水中钓鲜美的鱼虾。"

宋代大散文家欧阳修的《醉翁亭记》也写道："春日野花盛开，散发出淡淡的幽香，夏天树木枝叶茂盛，为大地铺就了浓浓的绿荫。""临近清溪垂钓，可见硕大的鱼儿在溪水深处自由自在地畅游；汲来泉水酿酒，清冽的泉水使酒味异常醇厚清香。每当用餐的时候，香喷喷的野味和清香的野菜丰盛地摆满了餐桌。"

对比韩愈、欧阳修的诗句可以看出，欧阳修的文章可能是引用了韩愈的语句。但是，"于水中垂钓鲜美的鱼虾"与"临溪垂钓，可见肥美的鱼儿在溪水深处自由自在地畅游"；"到山中采撷"与"野味丰盛"相比，可以看出他们用语的繁杂与简练，各有不同，也各有各的特色。

李长吉诗

唐代诗人李贺有一首题为《罗浮山人与葛篇》的七言律诗，其中"欲剪湘中一尺天，吴娥莫道吴刀涩"这两句，正和杜甫诗《题王宰画山水图歌》诗中两句"焉得并州快剪刀，剪取吴松半江水"相像。乍看，好像是李贺抄袭了杜甫的诗句。但是我们仔细查究李贺的为人和诗作，他不是那种拾人牙慧、抄袭前人、不求推陈出新的人。所以，这两句诗虽然神似杜甫的诗，也许是偶然凑巧之事。李贺的诗虽然在杜甫的后面，仍然不愧为佳作。

巧对经文

在东京开封府的秘书监，官员们吃过饭以后，总会聚在一起品茶聊天。每当这时候，有一位官员常常缺席，倒头睡午觉去了。一次，他起床之后，秘书少监汪圣锡开着玩笑，引用了《论语·公冶长》中的一句名言评论他说："宰予昼寝，於予与何诛。"

众人听了，都认为恰当，还没来得及说话，汪圣锡又说："我想到另外一句可以对上句，虽然和今天的实际情况不太贴切，却也是经书中的句子。"于是又应用了《论语·宪问》中的句子说："子贡方人，夫我则不暇。"众人全部夸奖两句经文形成的巧联妙对。

梅花横参

现在人们写关于梅花的诗词，常常用上"参横"一词，最早出自唐代诗人柳宗元《龙城录》中的记载，但是此书其实是伪书。有人认为并非是柳宗元所作，而是刘无言的作品。其中有"东方已白，月落参横"一句。

在梅花开放的冬季观察天空，黄昏时参星已经出现，到了下半夜两点左右的四更天时，则向西方沉没了。怎么会在黎明时和月亮相交错呢？秦观诗："月落参横昼角哀，暗香消尽令人老"，也因循了这一错误。

唯独苏东坡的："纷纷初疑月挂树，耿耿独与参横昏"一句，作得精准得当。杜甫有"城拥朝来客，天横醉后参"的诗句，从全篇所表现的季节考究，是初秋时节所作，与此毫无关系。

东坡慕乐天

苏东坡被贬职到黄州（今湖北黄冈）之后，开始自称"东坡居士"。仔细考究他的意图，可能是十分敬仰白居易的缘由。

白居易有《东坡种花》诗两首。其中有"持钱买花树，城东坡上栽"和"东城春向暮，树木今何如"的诗句。又有《步东坡》诗一首："朝上东坡步，夕上东坡步。东坡何所爱？爱此新成树。"除此之外还有《别东坡花树》，诗中有"何处殷勤重回首？东坡桃李重新成"的诗句，这些均是白居易当忠州（今广东安定县西南）刺史时作的。

苏轼在黄州，正与白居易在忠州的遭遇相似。苏轼诗如《赠马真李道士》，有："他时要指集贤人，知是香山老居士"之句。《赠善相程杰》有"我似乐天君记取，华颠赏遍洛阳春"之句。《送程懿叔》有"我甚似乐天，但无素与蛮"之句。《入侍迩英》有"定似香山老居士，世缘终浅道根深"的诗句，这首诗的

六、文坛轶事

"跋"说:"白居易从江州司马到忠州刺史,不久又为主客郎中知制诰,接着被拜为中书舍人。我虽不敢自比,然而谪居黄州,后又被起用任登州(今山东文登)知州,召回朝廷任仪曹、侍从等职。我和白居易的一些经历大致相似,希望还能与白居易晚年一样享受晚年的闲适乐趣。"苏轼《去杭州》诗又有"出处依稀似乐天,敢将衰朽较前贤"的诗句,诗序写道:"平生觉得从小到老的经历大致和白居易相似。"

由此可以看出,苏轼非常敬仰白居易,而且三番五次提及白居易,并不是因为"东坡"这一名词偶然碰巧的啊!

东坡和陶诗

《陶渊明集》中的《归田园居》六首,最后一首"种苗在东皋",其实就是江淹"杂体诗"三十首中的一首。江淹心里清楚,自己在模仿陶渊明的《归田园居》。陶渊明的《归田园居》第三首中有这样的诗句:"种豆南山下,草盛豆苗稀。晨兴理荒秽,带月荷锄归。"江淹在诗中写道:"虽有荷锄倦,浊酒聊自适",正好是效仿陶渊明这首诗的意思。现在陶渊明的诗集中,将江淹这首诗作为陶渊明的诗编写进去,而苏轼则依据这首诗应对了另一首诗。《东方有一士》诗十六句,是陶渊明《拟古》九首中的一首,苏轼也应对了一首。

此外,苏轼还应和了陶渊明《拟古》的第一首。陶渊明《拟古》第一首这样写道:"荣荣窗下兰,密密堂前柳。初与君别时,不谓行当久。出门不思客,中道逢嘉友。未言心先醉,不在接杯酒。兰枯柳亦衰,遂令此言疚。"苏轼应和道:"有客扣我门,系马庭前柳。庭空鸟雀噪,门闭客立久。主人枕书卧,梦我平生友。忽闻剥啄声,惊散一杯酒。倒裳起谢客,梦觉两愧疚。"

这两首诗可算得上是金石之奏,仿佛是一个人所作。苏辙对此给出的评论是:苏轼所作可以和陶渊明原作相媲美!

何公桥诗

英州(今广东英德)是一个非常独特的小城市:一条小河横穿其中,将小城分为南北两半。平日里河水并不大，不能摆渡，城南城北往来的行人都需要经过一座石桥，这座桥就是著名的何公桥。

说起何公桥，还有一个感人的故事。原来，英州河上一直是一座木桥，但是汛期时河水骤然上涨，急流的冲劲特别大，把这座木桥冲毁了。桥坏了以后，英州人可就倒霉了，城南至城北，城北至城南走亲访友的，公务出差的，做生意维持生计的都只能面面相觑，站在河边束手无策。

宋徽宗建中靖国元年（1101年），英州郡守、建安（今江苏南京）人何智甫开始筹划在河上修一座石桥。消息传出，英州人民欢声雷动，出钱的出钱，出力的出力，没花上几天就修好了一座精致坚固的石桥。正在这时，当朝大诗人苏东坡从雷州（今广东海康）回京都经过英州，何郡守便请东坡先生写篇诗文，作为纪念。苏东坡于是作了一首四言诗，总共五十六句，现载在《苏东坡后集》第八卷，因为诗名叫《何公桥》，于是众人便把这座石桥称为"何公桥"了。

宋高宗绍兴十七年（1147年），我伴随家人在英州住了一个时期。当时我和好友英州僧人希赐游英州南山，经过何公桥时，我仔细读了桥上的诗碑。诗中说英州："天壤之间，水居其多。人之往来，如鹈在河"。当真写出了英州的特色与繁华。正当我感慨的时候，希赐说："这碑上的诗并不是苏东坡的真本手迹，也不是根据手迹石刻的摹本。真本由何郡守保存着，而手迹石刻也被人搬回家珍藏起来了。现在诗碑上的字是我写的。"接着，他又给我讲了一段往事：

何郡守一开口求助，苏东坡就作了这首诗。但是他却迟迟不派人给何公送去。恰巧何公手下当差的人看见并告诉了他，何郡守就又来拜见苏东坡。苏东坡说道："我没去桥所在的地方，很难凭空臆造。"于是，何公就令人先行备好酒菜，自己拉着苏东坡一起去桥所在的地方。临走前，苏东坡说："何郡守您是一郡太守，又是东道主，理应先上马车，走在前面。"何郡守再三推让，坚决不肯。于是两人一同上轿，两个轿子并排前行。英州人听闻大诗人苏东坡和郡守大人，都走出来，夹道欢迎。到了桥上，苏东坡说："这地方的风景刚好吟诗。晚上我一定派人把诗送来给您。"果不其然，何郡守当晚就收到了这首诗，认真一看，才明白苏东坡之前不给诗而要同他一起去桥上的缘由。原来，诗中有"我来与公，同载而出。欢呼填道，抱其马足"几句。苏东坡之所以拿架子，目的是为了使诗中所描绘的符

六、文坛轶事

合实情啊！

东坡诲葛延之

宋哲宗元符年间，江阴（今江苏江阴）人葛延之自乡下启程，前往南方，开始了翻山渡水，最后，终于不远千里来到了极其蛮荒的儋耳（今海南）。

葛延之在这里无依无靠，他是个读书人，又不会做生意，这样不辞辛劳地奔波到此来做什么呢？

原来，这里居住着被朝廷贬斥而来的一代文豪——苏轼苏东坡，好学的葛延之是求学来了。苏东坡见他来了，十分高兴，十分感动，留他住了一个月。

"做文章有什么方法吗？"葛延之急切、恭敬地问。

苏东坡不假思索，便指指门外，娓娓说道："儋州是个小城，虽然只有几百户人家，但人们日常所需要的东西，都可以从市场上得到。当然啦，并不是白白地就能得到的，必须用一个东西才能取来。这个东西是什么呢？——就是钱！"

望着葛延之大惑不解的样子，苏东坡谈锋一转，继续侃侃而谈："写文章就和买东西一样！所谓用来买东西的那玩意儿，就是意。天下的食物如此之多，材料和知识分布于《四书》、《五经》、诸子百家、笔记小说和史书之中，你不可能胡乱使用。一定要先得到一个东西才能将他们挖掘出来，然后才可以为你所用。这个东西是什么呢？——就是意啊！没有钱无法购买东西，没有意就不能运用知识典故。"苏东坡最后说道："这即为写文章的秘诀！"

"妙论！妙论！"如梦初觉的葛延之欢呼道，然后倒头便拜，接着迅速爬起来，没来得及寻找纸张，便提笔将这番话写在了自己的腰带上，唯恐过后忘记了。

苏子由诗

北宋的苏辙在少年时代写了一首诗，名叫《南窗诗》："京城三日雪，雪尽泥方深。闭门谢还往，不闻车马音。西斋书帙乱，南窗朝日升。辗转守床榻，欲起复不能。开户失琼玉，满阶松竹阴。故人远方来，疑我何苦心。疏拙自当尔，有酒聊共饮。"

苏辙的兄长苏东坡，特别喜爱此诗！不仅经常吟诵，而且常常挥笔抄录，书写成很多条幅，自己认为在世上流传的应该有好几百本了。苏东坡为何如此喜爱此诗呢？原因是这首诗表达了诗人的悠然自得，意趣娴雅清淡，富有不可言传的深长意味。

绝唱不可和

人们说苏轼的才气源自上天，他的诗文卓著，雄视百代，简直让后人望而生畏，但是他用唐人的诗韵酬和的两首诗却曾让后人百般挑剔。

唐代诗人韦应物当滁州（今安徽滁州）刺史之时，曾送酒给椒山隐士白石先生，并做了一首诗赠送："今朝郡斋冷，忽念山中客。涧府束荆薪，归来煮白石。欲持一樽酒，远慰风雨夕。落叶满空山，何处寻行迹？"

这首诗意境高妙超俗，很受诗家赞赏。尤其是"落叶满空山，何处寻行迹"，诗人的情感的寄托，不是用语言能说得透的。

苏东坡任惠州（今广东惠阳）知州时，依韦应物诗的韵也写了一诗送罗浮山（今广西东兴）邓道士："一杯罗浮春，远饷采薇客。遥知独酌罢，醉卧松下石。幽人不可见，清啸闻月夕。聊戏庵中人，空飞本无迹。"

中唐诗人刘禹锡的《怀古绝句·石头城》中有"山围故国周遭在，潮打空城寂寞回"两句。感叹历史兴亡，沉郁凄凉，寓情于物。白居易看罢这两句，称为"掉头苦吟"，后来的人不可能比刘禹锡写得再好了。苏东坡又模仿这首诗意作诗一首，最后两句是"山围故国城空在，潮打西陵意未平"。

苏东坡的这两首酬和诗，寓意明显，意境没有超越韦、刘二人。后人对苏东坡的绝句很有成见。苏东坡是旷世奇才，诗文辞章经常是妙语惊人。如酬和陶渊明的诗，诗家都说和他齐头并进。唯独这两首，与韦、刘的原诗相比，却少了意味、这就是诗家常言的"绝唱寡和"，大概苏东坡也清楚这个道理。但是他为何非得和这些绝唱比高下呢？这就不得而知了。

思颍诗

　　古代的一些士大夫一旦飞黄腾达，当了公卿大官之后，总会觉得祖辈的旧房子无法居住，所以重新盖新房子的人非常多。又由于住在乡下看病吃药不方便，生活饮食不上档次，从乡下迁移到镇上，又从镇上迁移到城里的人也非常多。他们大多神气十足，抛弃旧房子而远离故乡。有的人甚至得意忘形，作诗文炫耀一通。这样的做法，不够谨慎，即便是地位很高的人，也不应该这样做。

　　欧阳修是吉州庐陵（今江西吉安县）人，他的父亲崇公，死后埋在故乡泷冈，欧阳修还为他父亲写了《阡表》，记叙了他的生平经历。而欧阳修中年时却一心想搬到颍州（安徽阜阳）去住。他的《思颍诗序》写道："我从广陵（江苏江都县）来到颍州后，非常喜欢这里人民的淳朴、正直和勤劳，这里水美土肥，因此我开始有了在这里安度晚年的想法。从那时起，我对颍州的思念，总不能忘怀。而这种心情，也不断地流露在我的诗文里。于是我翻了翻以前的文稿，找到离开南京后的十余首诗，发现都是为思念颍州而作，可见我对颍州念念不忘，不是一天两天的了。"另外，他的《续诗序》写道："自从父亲去世，服丧期满，入朝做了翰林学士以来，一晃已有八年了。这八年间，迁到颍州去的愿望虽没能实现，但却一天也不曾忘怀。今年，我已六十四岁了，又从并州迁到了蔡州（今河南汝南），而蔡州和颍州相接，因此以为以后会慢慢告老返回颍州。近来又翻阅了在亳州（今安徽亳县）和青州（今山东青州市）所做的十七首诗，附在《思颍诗》后。这一年是宋神宗熙宁三年（1070年）。"

　　第二年（1071年），欧阳修终于到颍州做官了，又过了一年就辞世了。他在颍州安闲自得的生活，看来没有多长时间。只可惜没有一首诗作谈及他在颍州的生活。

　　欧阳修的父亲只有他一个儿子，而欧阳修有四个儿子，后来都成了颍州人。他的故乡泷冈，自此再无子孙回去。由于一代做官显贵，祖坟就远在他乡。我每次读到上面两篇序言，总会发出感慨，这种文章实在不应该撰写啊！

桃花笑春风

王安石集古《胡笳词》中有一首诗,前两句是:"欲问平安无使来,桃花依旧笑春风。"后两句是:"春风似旧花仍笑,人生岂得长年少?"这几句合在一起,宛若同一人所写,使我常常称赞其精巧工整。非常清楚的是,"桃花依旧笑春风"用的是唐朝诗人崔护的诗而后句"春风似旧花仍笑"我始终没有找到出处。近日读范仲淹《灵岩寺》一诗时,里面有一句"春风似旧花犹笑",看来王安石是将这句的"犹"改成了"仍"。唐代另一诗人李商隐也有一首绝句:"无赖夭桃面,平明露井东。春风为开了,却拟笑春风。"该诗和王安石的集诗,都十分精妙。

天才早逝

王令是北宋时的奇异少年。诗文可与韩愈、孟浩然媲美。他的天象、算术也奇妙超凡,在宋仁宗嘉祐年间因学术名扬四海。

邢昺更是少年得意,八岁时就才名远播,和苏轼、黄庭坚一代名才为好友,在宋神宗元丰年间很有盛名。

但这两个人有一个共同特点:二人的诗文大都带有怨恨、压抑、沉郁、忧愤的感情。文句之间常常是哀伤零泣,就好像是一生辛苦憔悴总不得意的样子。他们二人都没有长寿。王令死时二十八岁。邢昺更可怜,刚刚二十岁。

上天赋予二人超凡的才智,却不给二人多长的寿命,真是惋惜,他俩都是奇才啊!

承天塔记

宋代黄庭坚当时被贬到戎州(今四川宜宾)和涪州(今四川涪陵)任职,过了一段时间,才重新调回京城。这时候湖北转运判官陈举,为了讨好上司,探听到他和时任大臣赵忄有一点小过节,就上书弹劾黄庭坚所做的《荆南承天塔记》

是一篇幸灾乐祸的文章，生怕天下没有灾祸。于是黄庭坚就被除名编管贬到宜州（今广西宜山），后来竟然死在那里。

现在黄庭坚的《豫章集》没有记载这篇文章，大概是因为此文而遇祸遭贬，所以不忍编入。他的曾孙黄㽦续编别集，才把此文编入，我们今日有幸看到它。

此文大致这样说："我得罪被贬黔中，路过江陵（今湖北江陵），就暂住在承天禅院。禅院的住持僧珠正在把旧佛塔拆掉，准备重建新的。他嘱咐我说：'我重建佛塔成功后，希望能得到你的文章来记述这件事。'过了六年以后，承蒙皇上开恩，得以东归回朝，来到那座寺院时，那里的七级佛塔已经建好，巍然屹立在寺院中。于是我就为他们作了一篇记。"那篇文章最后说："儒者经常说，一个佛寺的花费大约抵得上中等老百姓一万家的财产，真可以说是侵吞老百姓赖以为生的布帛谷物之蠹虫！即便是我也觉得就是如此。然而自我懂事之后，看了天下财力断绝的原因，不是国家行军打仗及大兴土木，需要多向老百姓收取赋税，就是由于蝗虫、天旱、洪水泛滥或者瘟疫流行的灾难所造成。这可能就是人们都要遭遇的，不是人力所能克服的啊！"

他的文辞不过如此，并非幸灾乐祸的意思。但是竟然因此而被贬到偏远地区而死，真是千百年来最奇特的冤案啊！

黄鲁直诗

徐陵在《鸳鸯赋》中写道："山鸡映水那相得，孤鸾舞镜不作双。天下真成长会合，无胜比翼两鸳鸯。"黄庭坚在《题画睡鸭》一诗中写道："山鸡照影空自爱，孤鸾舞镜不成双。天下真成长会合，两凫相倚睡秋江。"

黄庭坚大致都是参照徐陵的诗，并加以精简变化，最后一句是绝妙。黄庭坚还作有《黔南十绝》，全部引自白居易的诗句，前面七篇基本都是照搬过来的，后面三品稍有修改。

白居易的《行简诗》共有八韵，后四韵说："相去六千里，地绝天邈然。十书九不达，何以开忧颜。渴人多梦饮，饥人多梦餐。春来梦何处？合眼到东川。"

黄庭坚将这首诗改变成两首，其中一首写道："相望六千里，天地隔江山。十书九不到，何用一开颜？"另外一首写道："病人多梦医，囚人多梦赦。如何春来本，合眼在乡社！"

白居易的《岁晚》诗写道："霜降水返壑，风落木归山。冉冉岁将晏，物皆复本源。"黄庭坚改动了后两句七个字："冉冉岁华晚，昆虫皆闭关。"

张吕二公文论

张耒先生教导人做文章时，强调说理。他曾写了下面一段话来表述自己的见地："从《诗》、《书》、《礼》、《易》、《春秋》和《乐经》这六部经书以来，到了诸子百家、骚人辩士的表述，多数将文章当成说理的工具，所以，学习作文之前，要先懂得道理。假如只知道辞藻华丽而不注重说理，想要写出好文章，那真是异想天开的事情。把水导引进长江、黄河、淮河与大海中，顺着河道而流，浩浩荡荡，日夜不止，冲砥柱，过吕梁，放任于江湖之内，归纳于大海之中。舒缓时则起涟漪，振动时则起波涛，大风吹时则起巨浪，冲击时则发出雷霆般的声音。蛟龙鱼鳖，在里面翻腾出没。这就是水的奇特变化。不把水导引进江河，怎么会如此绚丽多姿呢！水顺着河道流，会随着所遇的环境而起变化。沟渠中的水，东面决口西面就没了，下面满了上面就干了。白天黑夜吹激它，想看它的奇异变化，最多不过是蛙蛭之类嬉戏而已。说理好的文章好比长江、黄河、淮海和大海中的水，不强求奇异变化，奇异变化也会出现。只讲文字修饰而忽视说理的文章，好比沟渠中的水，虽强求奇变也不能得。这样的文章反复咀嚼后，便觉无味之极——这才是最丑陋的文章。"

张耒先生的上述高论，当时学者都尊为至理名言。我修史书时，就把他这段话写在他的传记中。吕南公也说过一段妙论："文士必须要写文章时，行文就必定要讲究藻饰。假如意理充足可文饰不足，就好似口吃者与人辩论于公堂。虽然满腹道理却输掉了官司，这是由于他不善言辞。我自看书以来，发现好作品无一不善于修饰。文士不欲立言而已，假如一定想立言，那么怎会用浅陋的词句写文章呢！所以，想要立言之人，肯定要用心修饰文章，以苛求与古时的佳作看齐。"

这段话，特别有道理，我也记录下来。说理与修饰，是写出色文章不可或缺的，初学者务必要重视。

政和文忌

宋徽宗政和年间，奸臣蔡京专权擅势，执掌朝政。他为了加强和扩大自己的权势，就想方设法掌控知识分子，想要天下的文人都替他卖命，为他树碑立传、献计献策，而不愿见到有丝毫对他不满意的文字。因此，当时的学校和科举就成了蔡京操控文人的工具，愿意做蔡京的爪牙和走狗的人可以从这里青云直上，不然就会从这里被黜退。随之而来的就是一些滑稽可笑的文字忌讳。

例如，学校和科举考试的科目中有"程文"一项，是专门要求生员或举子按规定写一篇文章。蔡京一伙为了防止把那些对他不满的文人选上来，就仔细审察每个人的程文，发现有一句话或一个字稍微涉及忌讳，或文字较为敏感者，必定要将这个人刷掉。至于有无才华，则变成次要的问题了。

有一位名叫鲍辉卿的人，曾经上奏徽宗说："现在地方州县学校考试时，不先考察学生的文学才能是强是弱，却先问问学生考卷中有没有触及时政忌讳的地方。假设文中稍有一语好像是触及时忌的，那么文章虽然写得再好，也不敢录取。比如，有的考卷上写有'休兵以息农，节用以丰财，罢不急之役，清入仕之流'等诸如此类的忠言劝告之语，是以前神宗熙宁、元丰年间和哲宗绍圣年间考生最喜欢使用的语言，从前没有什么忌讳。可现在却都作为触犯了执政大臣的忌讳而加以退落，不知影响了多少才子的仕途。这种做法应该禁止。"

徽宗看后，觉得鲍辉卿说得有道理，就下诏依其奏施行。

当时蔡京专权，徽宗虽然当皇帝，却没有蔡京的一句话管用。因此，只要蔡京不松口，这些荒谬的文字禁忌依然是知识分子宦途中的一块绊脚石。政和三年（1113年）又有大臣上奏说："近来考试程文之时，有很多语言原本是从圣人经典中引出的，但也由于冲撞了执政大臣的某种禁忌而遭到倒退。比如有'大哉尧之为君'、'君哉舜也'，以及所谓'制治于未乱，保邦于未危'、'吉凶悔吝生乎动'、'吉凶与民同患'，等等，可能因'哉'与'灾'的读音相似，而'危'、'乱'、'凶'、'悔'等字都是执政大臣所不喜听闻的，因此考生都逃避不敢用。当今皇上公正圣明的天下，怎会有如此荒诞不经的忌讳呢？请皇上明断，下旨严加禁止。"徽宗又再次下诏，照此建议严加禁止。但其结果怎样，自然是可想而知了。

从上面所列举的两个奏议看，当时学校、科举考试程文时，由于偶然用上了执政大臣所不喜欢的字句而遭受不白之冤、怀才不遇的文人，肯定不计其数。

赵德甫金石录

本朝著名的女词人李清照和金石学家赵明诚，可算得上是一对志趣相同的恩爱夫妻。赵明诚在妻子李清照的协助下，搜集整理了许多古器物、古书画及碑刻等，写成《金石录》三十篇。其时间上自夏、商、周三代，下到五代十国时期，内容丰富多彩，保存了许多正史没有记载的人物事迹，具有很高的艺术和史料价值。但不幸的是，赵明诚英年早逝，加上金兵的侵犯，所收集到的许多宝贵的器物碑刻、书画等在战乱中遗失了。李清照哀伤丈夫的早逝，惋惜这些古器物、书籍、字画的丢失，就为《金石录》写了后序，读之令人百感交集。文中写道：

我在徽宗建中靖国元年（1101年）嫁给赵明诚为妻，当时公爹还在吏部当侍郎的官，俸禄很少，家庭生活也一度清贫节俭。明诚还在太学读书，每到初一、十五请假回家，回家前他总是将衣服作为抵押，换得五百文钱，然后到大相国寺，先买一些碑文，然后买一些水果之类的东西。他到家以后，我们夫妻相对而坐，一边吃水果，一边细细地品鉴欣赏着买到的古器、书画之类的珍贵之物。

两年过去，明诚当了官，有了俸禄，就有了搜尽天下古文器物的心愿。当他遇到从未见过的古书就抄录，并收买名人的字画及古器物。有一次，一个人拿着一幅著名画家徐熙（五代南唐画家）的《牡丹图》说，谁能出二十万钱就卖给谁。我们在那里待了一个晚上，因为筹集不到足够的钱，只能让他拿回去。为这件事我们非常惋惜，难过了好几天。

后来明诚成为两个郡的太守，我们几乎用尽所有的俸禄来买古书器物。每当购买一本好书时，我们当天就加以校勘、装订，如果购得名画及古代器物，也是赏玩展卷，品评再三，指出之中的毛病，通常是到一根蜡烛燃完为止。所以，凡是经过我们手的书画，纸张都很精致，字画都很完整，是其他藏家远远不能比拟的。我们每次吃过饭，没有事时，就坐在"归来堂"，先煮好茶，然后指着堆积如山的书籍史册，猜一猜某一件事在某本书第几卷第几页第几行。以猜中与否为胜负，胜者先饮茶，负者则后饮。猜中的常常是举杯大笑，有时得意忘形把茶泼到了怀中，不能再喝了才起身结束。凡是书史百家之书，只要是字没有磨损缺少，版本又不错的，我们都购买，储藏起来作为副本。

高宗靖康元年（1126年），明诚到淄川（今山东淄博）去做太守。金兵进犯都城开封的消息传来，人们惊慌不安。我们对于收集而来满箱盈柜的书画器物，十分留恋，已经料想会在战乱中丢失。高宗建炎元年（1127年），明诚的母亲不幸病故，我们奔丧来到南方。由于太大太重的古器古物携带不便，于是决定先丢弃那些又重又大的刻印本书及篇幅多的画卷，没有款式的古器物。尽管如此，余下的还很多，进而决定再丢弃那些国子监印的监本书、一般的画及又重又大的器物。最后决定带走的，仍有十五车。我们乘船过了淮河，又渡过了长江，继续南行。而留在青州故宅十间屋里的尽是古器字画，把门上落锁，想在明年用船运到南方。不幸在兵火中全都化为了灰烬。

高宗建炎三年（1129年），明诚和我在池阳（今安徽贵池）安下家，明诚又接到命令去外地赴任。他在河岸上与我们告别，我当时心情很不好，就大声地问他道："如果听到城池被敌人攻占怎么办？"他从远处大声回答说："跟随众人，如果不得已，先扔掉行李，然后是衣服被褥，然后是书籍，然后是画册，然后是古器物。唯独祭祀用的宗器不同丢，要随身携带，和你共存亡，一定要记着我的话！"说完径直拍马而去。

这年秋天八月，不料明诚患病，医治无效，离开了人世。这时候，形势一天比一天紧急。六宫已流亡到了江西。我派了两个小吏，带着存卷两万卷、金石碑刻二千本，先到洪州（今江西南昌）。到了这年冬天，金兵攻占了洪州，运走的书籍器物，全都被毁。那些用船运到南方的书籍、字画、古器古物，也都化为云烟而无存。这时候，剩下的只有又轻又小的名人字画，手抄本李白、杜甫、韩愈、柳宗元的文集，《世说新语》、《盐铁论》，以及石刻几十件，鼎鼐十几个，以及《南唐书》数箱。这是由于这些东西放在我的卧室里，所以才有幸保存下来。因为江西已被金兵占领，我就不再前往，于是决定继续南下，先到台州（今浙江临海），后到衢州（今江西衢县），越州（今浙江绍兴），再到杭州，并随身携带的东西，积存在嵊县。

高宗建炎四年（1130 年）的春天，官军收降叛卒，把我寄存的东西全部抢走，现在成了前李将军家的东西了。那些幸运保存下来的东西又丢失了十分之五六。还剩余七竹箱的东西，随身携带，后来到了越州（今浙江绍兴）城寓居。有一天夜里，盗贼在我家的墙上挖了一个洞，偷走了五竹箱，后来全部被转运使吴说廉价购买了。

有一天忽然读到这些旧书，就像见了亲近的故人，令我感慨良多，思绪万千。当年明诚在东莱（今山东掖县）静治堂，将这些书装裱成册后就用芸香熏过的淡黄色绸带，捆十卷作为一帙。每日校勘二卷，题跋一卷。这残留的两千余卷书，有题跋的就有五百零二卷。现在他的手迹犹新，可是他坟上的树木已经长得可以两手合抱那么粗壮了！从这些古书器物收集、散失的经过可以知晓，有拥有的时候就一定有失去的时候；有聚的时候就会有散的时候。这也是理所当然，又怎么会值得提起呢？因此详细记录这些事的始末，只不过是想让后世那些好古博雅之士引以为戒罢了。

李清照写此文时，是绍兴四年（1134 年），年纪已是五十二岁了。我读了这篇文章后，非常感动，因此将此文放在这本书里面。

姓名妙对

潘良、游操、沈介德、洪景伯四人，是在南宋绍兴十三年（1143 年）同月同日被提升为秘书省正字。秘书省又称瀛洲，在此做官是荣耀之事。

秘书省副长官秦熺在迎接他们的宴会上说："今日同时增加了四位同僚并且姓氏均是水字偏旁！我想到依据上联，希望各位能够对上，以后就可成为一段佳话了。"

众人忙问什么上联？秦熺道："潘游洪沈泛瀛洲。"

众人听了，连连赞叹。想了半天，竟没有一个人能对出下联。

《梦溪笔谈》中记载：元绛小时候，曾梦见有人对他说："你将来一定能当翰林学士,不过必须兄弟数人一同当。"元绛心想:我根本就没有兄弟,看来是不行了。到了宋神宗熙宁时,元绛真的成为翰林学士,替皇帝起草诏书,而同时相继进入翰林院的,有韩维、陈绎、邓绾、杨绘。他们四人的名字都是系字旁!元绛这才明白,所谓兄弟四人的说法,指的就是此事。

用"绛绎绘维绾纶绛"一句可以对上句,只是还未来得及考究史书,这四人是否同时当上翰林学士的?

油污衣诗

我不到十岁的时候,有一天经过衢州(今浙江衢县)的白沙渡,看到岸上的酒店破墙上,不知何人题写了两首绝句。诗题是《犬落水》和《油污衣》。《犬落水》一诗太浅陋,不值得流传下来,只有《油污衣》一首很有趣味。这首诗是:"一点清油污白衣,斑斑驳驳使人疑。纵饶洗遍千江水,争似当初不污时。"

当时我特别喜欢这首诗,到现在已经有六十多年了,仍然记忆犹新,不能忘怀,所以现在将它记录下来。

文书误一字

作文书要是有一个字出现错误,有时就造成很大的差别,我曾经亲身经历过三次,到现在想起来,还浑身直冒冷汗。一次是宋孝宗乾道二年(1166年)冬天,蒙受皇帝恩典被调回京城,经过三衢(今浙江衢县),郡守何德辅问我奏队用了多少个札子,于是我拿出草稿给他看。其中的一个札子是请求蠲减鄱阳(今江西波阳)岁贡皇上生日贺礼千两黄金之事。札子中说该项贡礼不知起于何时,有人说是太祖刚平定江南时,郡中的仓库中恰好有金子,守臣就把它拿来当作太祖生日(长春节)的贺礼。于是这项贡礼,就相沿成例,延续下来了。但我把"长春"误写成"万春"了。而"万春"是金朝皇帝完颜褒的生日名称。何德辅读到这里就把这个错误指给我看,我看后惊得面红耳赤,急忙把它改了过来。

其二是乾道三年(1167年),我以侍讲官的身份为皇上讲《毛诗》。写讲稿说明学《诗》的重要性时，就引用孔子《论语》中的一句话："不学诗，无以言。"我把"言"字误写成"立"字，已经把它写进了进读的正本。经筵吏袁显忠看到后对我说，"立"字恐怕是"言"之误。我看后，很惭愧地承认是自己错了。马上把它改了过来。

其三是在孝宗淳熙十三年（1186年），我在翰林院所作的《赐南安国历日诏》中说："兹履夏正、载颁汉朔。"将"夏正"误写为"周正"，写成后院吏把它呈递给宰相。周必大读后指出了这个错误，院吏回来以后就将此事告知我，我必须承认一时大意，由于语义通顺，当时没有发觉。

江枫雨菊

作诗用词都讲究有来历，以示学有本源。可是，假如字字句句拘谨于有出处，又会显得生涩死板。

我对诗学，没有独特的见地，少年时，却爱过度琢磨。我记得曾经写过一联，最初说："雨深荒病菊，江冷落愁枫。"后来觉得这一联不好，就改成了："雨深入病菊，江冷客愁枫。"改了以后，认为比改之前稍微含蓄了一些。写这句诗，我竟然合用了四句诗：崔信明的"枫落吴江冷"、杜甫的"雨荒深院菊"和"南菊再逢人卧病"、严武的"江头赤叶枫头客"，这如同老和尚的百衲衣，真是滑稽可笑。

我记述上面这句诗，希望后辈当成前车之鉴。

天生对偶

以前都说红生和白熟，脚掌和手纹，宽焦和薄脆是天然的对偶。举一反三，还可以找出很多流传下来的绝佳对偶句。现在举出一些，以便于增长见闻。如：

"三川太守，四目老翁"；"相公公相子，人主主人翁"；"泥肥禾尚瘦，暑短夜差长"；"断送一生惟有，破除万事无过"；"北斗七星三四点，南山万寿十千年"；"迅雷风烈风雷雨，绝地天通天地人"；"筵上枇杷，本是无声之乐；草间蚱蜢，还同不系之舟"。

都是绝妙的对偶句。也有写两句话，然后对上一个民间谚语的。如"尧之子不肖，舜之子亦不肖"，谚语称"外甥多似舅"；"吾力足以举百钧，而不足以举一羽"，谚语叫"便重不便轻"诸如此类，比比皆是。

月中桂兔

《酉阳杂俎·天咫篇》记载了一些日月星辰的神话故事。"天咫"的名称，是出自《国语》中楚灵王的话："是知天咫，安知民则"。

其中一篇记载的是月亮中的蛤蟆和桂树，用的是佛教的讲法。说须弥山南面有一棵阎浮树，月亮经过这棵树的上空时，树影映在了月亮上，月亮上的蛤蟆，是陆地的影子，空白的地方，是水的影子。

我记得苏轼有一首《鉴空阁诗》这样写道："明月本自明，无心孰为境。挂空如水鉴，写此山河影。我观大瀛海，巨浸与天永。九州居其间，无异蛇盘镜。空水两无质，相照但耿耿。妄云桂兔蟆，俗说皆可屏。"这首诗采用的正是这种说法。本诗在他的诗集中，题为《和黄秀才》。

不久，我到南海（广东番禺北）游历。返回途中，把船停靠在金利山下，登上崇福寺观看，看到寺内有一座亭阁凌空建立在江流之上。这座亭子题名为"鉴空"，并且看到苏轼这首诗雕刻在亭中的石碑上，可见这里正是苏轼登临赋诗的地方。

畏人索报书

士大夫与朋友之间用书信交往时，有一些人或懒或傲不愿意立即回信。我记得白居易七绝《老慵》这样写道："岂是交亲向我疏，老慵自爱闭门居。近来渐喜知闻断，免恼嵇康索报书。"

考查嵇康的《与山巨源绝交书》书中说："我向来不经常写信，又不喜欢写信，主要原因是其他事情很多，桌案常常堆满各种来信，不回信，就违背礼仪，想要勉强回信，又无法坚持下去。"白居易诗中所说的恰好是这段话。

由此可见，不想写回信的历史已经很久远了。

书简陋习

有一段时期，书信都有一些惯语，人们约定俗成。如写信问候别人，谈及自己的地址时，肯定要寻求一些别具一格的名字。我在赣州（今江西赣州）任太守时，兴国县（今江西兴国）的县令寄来的信中说："如果让潋水的人干什么的话，请大人下令就是。"潋水是那个县的一条小河，就连本郡的很多人都不知道这条小河的名字，因此不足为该县的代称，而应该说下邑、属邑即可。

做县丞的没有不采用《蓝田壁记》中的话说"负丞某处"，"哦松无补"，"涉笔承乏"，都是些令人讨厌的陈词滥调，甚至称县丞为"蓝田"的，尤其令人可笑。

一般初赴任的州郡长官到任后，在给别人写信时，一定说："前任政绩颓废侈靡，仓库空虚，不知用什么办法善后。"这种官场语调，一般都沿袭一律，没有新意，即使对方说的是实情，读到信的人也不相信。

我到当涂（今安徽当涂）时，在感谢执政周必大的信中说："我管理的这个郡虽然小，事情也就相对比较少。仓库的钱粮，还充足，因此我能坐在庭院中吟诗唱歌，让我真的十分幸运。"周必大读到这封信后，回信说："以前收到外郡太守的书信，无一不说他们郡贫乏的，只有你的信很独特。"可能周必大认为的我的信中内容与其他人不一样，才这样给我回信。

琵琶亭诗

江州（今江西九江）的琵琶亭，下临长江渡口，自宋朝以来，赶来观赏的人大多都题诗留念，写得好的被迅速流传开来。宋孝宗淳熙六年（1179年），四川有位叫郭明复名士，七月十五来琵琶亭观览，写了一首《古风》诗，诗序说：白居易到浦溢时写的《琵琶行》，其纵情豁达，将忧患得失、生死祸福看得很淡，假如不是真正超然物外，就不可能达到这种境界。贾谊被贬到长沙，抑郁寡欢而死；

陆相被贬到南宾，不与人往来，甚至从狗洞中接过饭来吃。他们两人都还未真正超脱凡俗，不如白居易这般洒脱悠闲啊！我经过九江，把船停靠在琵琶亭，登上亭子，作了这首诗："香山居士头欲白，秋风吹作湓城客。眼看世事等虚空，云梦胸中无一物。举觞独醉天为家，诗成万象遭梳爬。不管时人皆欲杀，夜深江上听琵琶。贾胡老归儿女语，泪湿青衫如著雨。此公岂作少狂梦？与世浮沉聊尔汝。我来后公三百年，浔阳至今无管弦。长安不见遗音寂，依旧匡庐翠扫天。"

郭明复，成都人，宋孝宗隆兴元年（1163年）中进士做官，但官运不是很通达。历史记载，汉贾谊后来从长沙召回，作梁王太傅时才死去，郭明复诗序中所说的与事实不符。

我们州余干县（今江西余干县）东边的"干越亭"下面有一个"琵琶洲"，唐代刘长卿、张祐等人都曾在此地题诗。高宋绍兴年间，王洋题了一首绝句："塞外烽烟能记否，天涯沦落自心知。眼中风物参差是，只欠江州司马诗。"这首诗真是佳作啊！

七、天下杂谈

神游仙境

根据《列子》一书的记载：西周周穆王时，最西面的国家中有一位会幻术的人到访周朝。穆王将他奉为神明，三日一小宴，五日一大宴，关系渐渐亲密和谐起来。有一天，穆王又同那个会幻术的人一起饮酒作乐。饮至畅快之时，那个会幻术的人不禁纵声大笑，接着俯身在穆王的耳旁小声说道："我带大王您畅游一番仙境，你愿意吗？"穆王愉快地同意了，那个会幻术的人就说道："现在就开始，您就闭上双眼，千万别睁开。"周穆王按照他的方法做了，没过多久，只觉得两耳边风声嗖嗖作响，身体若腾云驾雾般扶摇直上。不久，只听见那会幻术的人说："大王可以睁开眼了！"穆王睁眼定睛一看，自己已经来到了中天，不远处就是那会幻术的人居住的华丽宫殿。因见这里超凡脱俗，风景别致，就流连忘返，一住就是数十年。一日，穆王又和那会幻术的人同游仙境，不知怎么的，忽然感到意志恍惚，精神沮丧，就请那会幻术的人带他重返人间。那会幻术的人见穆王这个样子，也就答应了他，和来时一样，也让穆王闭上眼睛。一会儿，只听"嘭"的一声，穆王从梦中惊醒过来，只见一个侍者不小心把盘子摔掉在地上。穆王环顾四周，再看自己仍然坐在原来的宝座上，原来的侍卫还在，看一看他面前的酒还在，菜肴未干。穆王就惊异地问："我是从什么地方来到这里的？"左右回答说：

"大王只不过打了个盹儿"。从这以后,穆王三个月内都是迷迷糊糊的。

后来,穆王清醒过来后问那个会幻术的人,这到底是怎么回事?那人十分幽默地说道:"我和大王神游仙境,只是精神的出游,形体怎么会有变化呢?"穆王听了以后,这才恍然大悟,原来自己只不过是做了一个梦罢了。

后来唐代人所撰写的传奇小说,诸如《南柯太守》、《黄粱梦》、《樱桃》、《青衣》之类,实际上都是出自上面这个故事。

介推寒食

根据《左传》的记载,晋文公重耳几度颠沛流离返回晋国之后,赏赐与他一起逃亡的随从。所有的随从多多少少都有些奖赏,唯有介之推没有得到赏赐,当时晋文公也没有注意到,介之推也没有提醒他。于是,介之推就和母亲二人一起出逃,深居山林而死。晋文公知道他隐居后,四处派人找他,但是最终还是没有找到他,就把绵上(今山西介休县南,介山之下)一带的地方封给介之推,并说道:"借此来表明我的过错。"绵上,原本是西河郡介休县的土地。这件事的原委就是如此。

而司马迁《史记》却记载说:"介之推的随从在晋国宫门上写了'一蛇独怨'四个大字。晋文公见后,派人召见介之推,而介之推已跑掉了。文公听说他逃到了绵上的山中,便把山封起来,并命名这座山为'介'。"这一记载虽和《左传》所载稍有出入,但大略相同。

到了汉朝刘向的《新序》则开始说:"介之推厌恨没有封到爵邑和排上官次,便离开宫廷来到介山,晋文公期待他回来,他不肯出来。他以为放火烧山的话,介之推可能就会出来,于是介之推没出来就被烧死了。"

后来的杂技传记,比如《汝南先贤传》中这样记载:"太原郡(今山西省中部地区)的习俗,为了纪念介之推不愿走出深山而被焚,老百姓吃了一个月的生冷食物。"《邺中记》记载道:"并州的习俗,冬至之后的一百零五天,为纪念介之推,断火冷食三天。由于太原、上党(今山西长子)、西河(今山西汾阳县)、雁门(今山西代县)诸郡都是严寒地区,曹操时,下令严禁吃冷饭。"《后汉书·周举传》记载:"太原一郡,旧俗由于介之推被毁,有龙忌的禁令。到了介之推被烧死的那一个月,都说神灵不让人们点火。所以老百姓每年冬天都要吃一个月冷食,不敢烧火做饭。周举任职并州刺史时,写了一副悼词,放在供奉介之推的庙宇中,悼词中写了一些有关严冬没有火,对百姓身体健康不利的话。并且向人们宣传,让他们吃热饭。从此人民的迷信稍微有所解除,风俗才有所改变。"

凡此种种,有一个共同点,那就是所谓的"寒食"节在冬天,而不是现在二三月时的"寒食"节。

奸鬼为人祸

战国时,晋景公有一天突然生病,他马上派人到秦国去请医生。秦国答应了晋景公的请求,派了一名叫缓的医生前来诊治。

就在缓还在半路时,晋景公做了一个噩梦,梦见两个小孩在床前说话。其中一个对另一个说:"那个叫缓的人医术高明,恐怕他会伤害到我们,躲到哪儿好呢?"另一个回答说:"躲到肓(心脏与隔膜之间)的上面,膏(心尖脂肪)的下面,只有这样,他就对我们没有任何办法了。"

秦医缓来到晋景公床前,看了看他,说:"你的病已经治不好了。"

隋朝时候,隋文帝的儿子秦孝王杨俊有病,隋文帝立即派人去叫名医许智藏。这时杨俊做了个梦,梦见已死去的一个姓崔的妃子哭着对他说:"本来我是来迎接你的,现在听说许智藏这个名医要来了,他来到后肯定会伤害我,怎么办呀!"第二天晚上他又做了个梦,梦见那妃子说:"我有办法了,我可以钻到心脏里去躲避他。"

等到名医许智藏来到后,诊了一下杨俊的脉,摇头说:"病已进入心脏,没有救了。"

这两个奸鬼害人的手段,是如此的相似!

宋代许叔微家中的一位妇女,有一次梦见两位奴仆并肩走到她身边,前面一个人说:"到了没有?"后面一个回答道:"已经到了。"说话间,还用手里拿的东西敲了她一下。他就被魇住了,变得一动也动不了。没过多久,她便从梦中醒来,只是觉得心口剧痛难忍。于是，这位妇人就把梦中的事情告诉了许叔微，许叔微听后，拿出一种名叫"神精丹"的药丸给她，她服下以后，疼痛就止住了。此事也和上面两件事颇为相似，都是奸鬼害人。

河伯娶妇

司马迁在《史记》中记载了这样一个奇异的故事。战国时期，魏国的百姓，因为恐惧洪水淹没田地，听信了一些巫婆的谣言，说河伯非常喜欢年轻貌美的女子，每年都要为他娶一个老婆，如果当地人不满足他的要求，他就发怒，就会用洪水惩罚这些人。于是，就形成了为河伯娶妻的习俗，因为这件事，把老百姓折腾得叫苦不迭。

魏文侯时，西门豹被封为邺县令（今河北临漳西南）。西门豹到了邺这个地方，见到老百姓衣衫褴褛，骨瘦如柴，正拖家带口，纷纷离开故土，到外地去求生。看到如此场景，于是西门豹就问道："你们怎么贫困到如此地步呀？难道一定要离开自己的家园，流落到他乡吗？"

当地长老回答说："大人，我们穷，我们背井离乡，这都是因为河伯娶妻的缘故啊。"

"河伯娶妻？"西门豹非常惊奇，又问道："这是怎么回事？"

长老又回答说："邺县的当地三老和县衙吏人互相勾结，以给河伯娶妇为名，每年都向老百姓搜刮数百万钱。他们花二三十万钱为河伯娶妻，其余的都流入他们和女巫们私人的腰包了。女巫看到哪个小户人家有面貌姣好、婀娜秀丽的女孩，就强行聘娶。为她们在河边建斋宫，将她们浓妆淡抹，打扮得高贵华丽，然后，将她们放在帷幔溢彩的床上，然后把床推入河中，很快女孩便随床一起淹没了。于是稍微有点姿色的女孩儿家便全家逃亡了。现在人逃地荒，我们能不穷吗？"

西门豹听了忧心如焚，但不动声地说："再到河伯娶妇的时候，不要忘了告诉我一声，我也去送送新娘子。"

到了河伯娶妇那天，西门豹老早就去了。他以新娘子不漂亮为名，要女巫和她的弟子下河禀报河伯，下令将她们及当地的三老都投入河中。除了此害，老百姓无不拍手称快，从那以后，再没人敢提为河伯娶妻的事了。

我觉得这件事十分古怪，可能是野史杂记所记载的，真实情况可能不是这样。不过，司马迁的《六国年表》记载："秦灵公八年，初以君主妻河。"初，就是从这一年开始。不过什么时候停止的，就不知道了，注释《史记》的人也没有明确地注明。司马贞写的《史记索隐》说："初以君主妻河，就是说早在秦灵公八年（前417年）就开始招用寻常百姓的女儿为君主，君主就嫁于河伯为妻。因此到了战国时期的魏国仍然还有河伯娶妻的习俗，可能就是从那时候遗留下来的。"如此说来，秦、魏都有河伯娶妻一事了。

缇萦救父

汉文帝十三年（前167年），齐郡太仓令淳于意触犯法律，被押解到长安，根据他的罪名是要处以肉刑的。他的女儿缇萦这一年才十四岁，也跟着来了。为了救父亲的命，缇萦小小年纪竟然上书文帝，表示甘愿进宫做奴婢以保父亲不死。文帝可怜缇萦的一片孝心，为之感动，并因此下令从此废除剕刖之类的肉刑。

丞相张苍和御史大夫冯敬商议，请重新制定刑律，结果本来应当砍去右脚的，反而改为杀头的死刑，该定拷打的，要在脊背上打五百或三百下，因此很多人被打死。空有减轻肉刑的名义，实际上反而多杀了人。至于株连三族的大罪，又不趁修订刑律时加以改变确定，结果实在是辜负了皇帝怜恤犯人的好意，张苍和冯敬真可谓是不称职的臣子了。

缇萦小小年纪，却有超凡的才能和至诚的孝心，她临危不乱，上书皇帝，不仅保住了父亲的性命，还感动了皇帝，下令修改刑法。真可谓是小女孩大能耐，有志不在年高。

占测天星

古代专门负责天文历法的术士们，通过观测天文星象的变动，来预料人世间的各种变化，特别是政治上的变动，有时候的确能够言中一部分。可是宋朝的星官术士们的技术却让人疑惑，他们根本不懂得什么占星术，而只知道如何奉承皇帝和执政大臣。因此他们为了博取皇帝和群臣的欢心，不惜鬼话连篇，让人听起来忍俊不禁。

《四朝史·天文志》一书，上面记载了宋哲宗即位八年后的星象观测说："元祐八年（1093年）十月戊申，有一流星从东壁西座出现，漫漫流动到羽林军星座的位置而消失。表示现在的天子任用文士和贤良的大臣。"

"绍圣元年（1094年）二月丙午，有一颗流星从壁东座出现，漫漫流动到浊星的位置而消失。表示现在天下的文人才子均能登科录用。"

"元符元年（1098年）六月癸巳，有一流星从室星座出现，漫漫流动到壁东星座的位置而消失。表示现在有文人之士来到我国，贤良大臣受到重用。"

"元符二年（1099年）二月癸卯，有一流星从灵台座出现，向北行至轩辕座而消失。表示现在有贤良大臣在位，天子将有子孙之喜。"

实际上，元祐八年（1093年），高太后不幸归天，国家紧接着发生了巨大的变动。原本真正的贤良大臣被罢免而流放到远方，当时章惇任宰相，他就引荐蔡京、蔡卞等奸臣辅佐朝政。由此可以看出，以上"四星"的占卜的结论，是多么的荒诞可笑啊！至于所谓的"有子孙之喜"，更是为了逢迎刘皇后的欢心罢了。

看来，这些星官术士们的技术和德行，跟以前汉、唐时代的同行们相去甚远。

唐人避家讳

唐朝人对待家讳方面的问题，非常谨慎，就是回避跟自己父辈、祖辈姓名同音、同形的字，这种做法甚至远远超出了规定的界限。

李贺参加进士考试时，嫉妒他才华的人说，李贺的父亲名为李晋肃，"晋"与"进"读音是一样的。李贺就因一个"晋"字，不敢参加考试了。

韩愈曾经写了一篇文章，叫《讳辩》，深刻阐述了避讳太过于严苛，会造成诸多不便，但是当时的人无法接受，《旧唐书》甚至说韩愈这篇文章是不正确的。根据这件小事，可以看出当时的避讳风气非常流行。杜甫有一首诗叫《送李二十九弟晋肃入蜀》，他所送行的人可能就是李贺的父亲。

裴德融避讳"皋"字。他参加科举考试时，高锴担任主考官，"皋"与"高"同音，高锴说："他避讳'皋'字，在我主持下参加考试，如果我让他及第，肯定要连累他一辈子。"后来，裴德融被任命为屯田员外郎，和新任命的郎官一起，前去拜见他们的上司尚书右丞卢简求。到卢府以后，卢简求只让那位郎官进去，郎官说："我是与新任命的屯田员外郎裴德融一起来的。"卢简求派手下人对裴德融说："你是在谁主持的考试中中进士的？现在主持有事正忙，不能见你"。裴德融听了以后，无地自容，便急忙走了。

　　以上这些事情，真是太荒谬了。高锴和卢简求都是当时朝中知名官员，他们的观念尚且如此，何况他人呢！

　　《唐语林》记载有另一件奇事。崔殷梦当主考官时，吏部尚书（人事部门的最高长官）归仁晦对他说，自己的弟弟归仁泽这次要参加考试，请他给以照顾。崔殷梦只是口头答应而已，并没有把归仁泽的名字列上。归仁晦三番五次前去拜托，最后崔殷梦才非常严肃地说："我如果把你弟弟列入及第名单，我就得放弃现在的官职。"归仁晦这时才明白，原来自家的姓，是崔殷梦的家讳。据唐代的《宰相世系表》记载，崔殷梦的父亲名叫龟从，"龟"与"归"同音，因此他便不写"归"字。这与"高"和"皋"同音避讳一样。

　　李贺因为父亲叫"晋肃"，就不敢参加"进士"考试；裴德融因父亲名"皋"，就不能在姓"高"的官员主持下及第；崔殷梦因为父亲名叫"龟从"，就不敢把姓"归"的人列入进士名册中，这都是在礼法规定的范围之外。

　　后唐天成初年，卢文纪担任工部尚书，新任命的工部郎中于邺按照惯例去拜见卢文纪。卢文纪的父亲名嗣业，"业"与"邺"读音一样，卢文纪就坚决不召见于邺。于邺认为他看不起自己，过分担惊受怕，有一天夜里，竟然上吊自尽了。卢文纪因此被贬为石州（今山西离石）司马。这又是一件十分怪异的事情。

更衣

　　雅志堂后面的小室，叫作"更衣"，是亲戚、宾客临时休息的地方。

　　我的小儿子数次问我这个词语的来由，我就摘录了班固的《汉书·灌夫传》

中的句子拿给他看。此传中说："坐乃起更衣。"颜师古注释道："更，是改的意思，但凡坐久了的人都要起身换衣服，因为期间天气有可能变热或者变冷。""田延年起，至更衣。"颜师古注释道："古时宴请宾客肯定会有换衣服的地方。"《卫皇后》中说："皇帝起身更衣，子夫在旁边服侍，为皇上穿上衣。"

因此，"更衣"一次的原意是以前大户人家的宾客临时休息和换衣服的地方。

洗儿果钱

自从宋高宗皇帝在钱塘（今浙江杭州）建立南宋以来，皇子在王府内无论生了男孩或者女孩，皇亲国戚、三衙的长官、浙江的漕司官员、知临安府、都要献上贺礼。皇子自然会致谢，除了金币之外，还有洗儿钱果，动不动就会赠送数十盆，有时甚至会更多。这些洗儿钱果巧夺天工，异常珍贵。假如将金币和洗儿钱果加起来计算，所用费用真的不可胜数。但不知道这种惯例源自何时？

刘原甫在仁宗嘉祐年间，曾上《论无敌疏决》说："一般都认为皇上生了皇女，设此大庆典，这恐怕不是皇上应该承袭的庆典啊！我又听说在庆典时造了很多金银、犀象、玉石、琥珀、玳瑁、檀香等钱币。又铸造金银成花果形状，赐给臣下，从宰相到台谏，都能得到这种赏赐。无益的费用，无名的赏赐，大概没有比这更厉害的了。假如想以此来夸示皇家奢侈华丽，在世俗之人面前还可以。但以此来引导人们节俭，就不行了。宰相、台谏应以道德来辅助皇上，为什么自己无功受赏，而没有一言上奏奉劝朝廷不要如此破费呢？臣希望皇上要恭行节俭的政策，以答谢上天的眷顾，不应该再施行那些姑息之恩，来损害国家的政体。"

刘公的论述真是太正确了，所言一针见血击中时弊。欧阳修为他撰写墓志铭时，没有记载此事。我在撰国史时，由于不知此事，也没有把此事写入他的传记中，谨记于此。

另外，唐人韩偓撰写的《金銮密记》中谈道："唐昭宗天复二年（902年），皇帝的銮驾在岐山（今陕西岐山县东北），后妃生下了一位公主，唐昭宗三天后就赐予臣下洗儿果子、金银钱、银叶坐子、金银铤子。"唐昭宗在颠沛流离之中重视这种礼仪，朝廷之中尽然没有人上言劝止，这可能是在宫廷内形成了一种习俗，想突然改掉，恐怕是不可能的事情。

何韩同姓

有关何与韩是同姓，我曾经怀疑这种说法没有什么依据，后来阅读《史记·周本纪》，应劭说："《氏姓注》中说，何姓源自于韩姓。"邓名世在《姓氏书辩证》说："何姓来自姬姓，由于持有韩原（陕西省韩城东南）地区的采邑俸禄，因此称为韩姓。韩王建被秦国灭掉之后，他的子孙分布在陈、楚居住。长江和淮水之间的部分地区将'韩'读作'何'，随着读音的相近，韩姓逐渐演变成何姓了，但是无法详尽地说明它的出处。"韩王中失掉韩国的是韩安，而这里说的是"建"，建是齐王的名字，大概是邓名世写错了。

后来我读到孙愐写的《唐韵》，里面有这样记载："韩国灭亡后，子孙散布于江、淮之间，江淮人把韩读成何，字随着读音变化，韩姓就变成了何姓。"由此可见，邓名世的"韩何同姓"之说，来自这一说法。

唐曹因墓铭

南宋宁宗庆元三年（1197年），信州上饶（今江西上饶）尉陈庄，挖出了一块唐代的石碑，细心看碑文，原来是一位妇女为丈夫作的墓志铭。碑文如下：

我的丈夫姓曹名因，字鄙夫，祖上世世代代都是鄱阳人。我丈夫的祖父和父亲都在唐高祖一朝做官，唯独我丈夫三次考进士，都榜上无名，后来干脆不再参加科举考试了，以礼仪管束全家，成为山野逸士。后来丈夫死在前往长安（今陕西西安）的路上，朝廷的公卿世交和乡邻乡亲们知道这一噩耗后，都感到悲恸与遗憾，而我却不这么想。我对婆母说："咱家有良田，足以填饱肚子；咱屋里有夫君留下的文章，足以教导子女成人。人在天地间生活，在阴、阳间转换，生死散聚，这就是世界的特征，有什么可忧可喜的呢？"我姓周，是夫君的结发之妻。跟随夫君生活八年，非常恩爱。今天夫君撒手西归，我给他赠一铭文："活着是天意，死了也是天意。如果明白了这个道理，还有什么可悲伤的呢？"

唐朝时期，上饶本来属于饶州管辖，治所在鄱阳（今江西波阳），后来信州从饶州分离出来。所以，碑文中说的曹因世世代代居住在鄱阳（古时常以州之治所指代该州）。一个妇道人家，可以写出这样俊逸的奇文，真是不多见啊！这样的奇女子，如果不能名垂后世，真是惋惜。所以，我就将这块碑文记录下来，希望可以流传后世。

双生以前为兄

东汉大将军霍光的妻子十月怀胎，顺利产下两个男婴，两个小家伙虎头虎脑，显得十分可爱。全家人非常高兴，开心之余，一家人却为哪一个是哥哥，哪一个是弟弟犯起了愁。有一天，全家聚在一起商讨此事，众说纷纭，畅所欲言，热闹非凡。

有一个人抢先发言，说："从古至今，先出生的理所应当是哥哥，生在后面的自然就是弟弟。"

另外一个人摇了摇头，坚决表示反对，说："从古至今，一直有上下尊卑之分，上为尊，下为卑。两位兄弟还在娘肚里时，同样也有上下位置之分。位居上面的应当是哥哥，位居下面的应当是弟弟。根据这个常理来推理，位居下面的应当早出生，所以，我认为早出生者应该是弟弟！"

面对两种截然相反的说法，大将军霍光眼睛陡然一亮，说出了自己对这个问题的看法："商朝时大王祖甲的妻子一次也生下两个儿子。第一个王子取名嚣，第二个王子取名良。祖甲的妻子是先生下王子嚣后，隔一天才生下良的，祖甲就把王子嚣当作哥哥，把王子良当作弟弟。如果按居上者为哥哥，居下者为弟弟的说法，王子良就该叫王子嚣的哥哥了。咱们今天也应当按照殷王祖甲的做法，把先生的当作哥哥，把后生的当作弟弟。这件事就这么定了！"

古人对古代遗制都十分重视，没有人再对霍光的看法提出反对意见。

古时候许国君主许庄公的妻子生了双胞胎，是两个女儿，一个取名叫妩，一个取名叫茂，古时楚国的大夫唐勒也生过双胞胎，一个男孩取名叫正夫，一个女孩取名叫琼华。这两对双胞胎，都是以先出生的为老大，后出生为老小的标准进行排列。郑昌时与文长倩的妻子，各生过双胞胎男孩，滕公的妻子生过双胞胎女孩，李黎的妻子生过一男一女的双胞胎，都是以先出生的为老大。

上面的这些事情，都记载于晋代葛洪的著作《西京杂记》中。我们从中可以看出，双胞胎以先出生为老大的惯例，是从古代流传下来的。

女子夜绩

《汉书·食货志》记载："到了冬天的季节，老百姓整天都蜗居在家里，妇女们聚集在一起，在晚上从事纺织。就这样，妇女们在一个月之中可以做四十五天的工作。"也就是说，在一个月的三十天里，每天纺织到半夜，两个半夜的时间相当于一个白天，这样加起来就是四十五天了。妇女们之所以聚在一起纺织，一方面是为了节省蜡烛，另一方面是为了互相切磋纺织技术。

《战国策》记载，甘茂逃出秦国，到了关中地区，遇见了苏代，就对苏代说："江上的一个贫家女子和富家女子一起织布，自己没有灯烛，一起织布的富家女子们在一起商量，想赶走她。贫家女子说：'我因为没有灯，所以常常先到，然后打扫房屋，铺设坐席，你们何必吝啬照在四周墙壁上的余光呢？希望你们可以把多余的光亮赐给我。'"可见，夏、商、周三个朝代，民风淳厚、生活简朴、人民勤劳。不仅仅妇女这样，男子也是一样。

《诗经·豳风》中有"昼尔于茅，宵尔索绹"的诗句，说的就是在白天男子们上山砍茅草，晚上将茅草拧搓成绳子，等待季节到来时再使用。夜里是白天的延续，它的好处还是非常多的啊！

唐诸生束修

唐朝的法典《唐六典》中有明确规定："国子学的学生刚刚入学时，必须要准备一筐成捆的绢帛、一壶酒、一案干肉，送给老师，这些礼物称作'束修'。新生入学后，还要在太学、四门学、律学、书学、算学等处举行礼仪，都要根据国子学的规定实施。另外，学习经书的学生，在闲暇的时间，就让他们学习隶书，还有《国语》、《说文》、《字林》、《三苍》、《尔雅》等。每旬开始的前一天，要对学生学习的知识进行考核。"

从上面的规定可知，唐朝的士大夫之所以多数都擅长书法，是因为他们在学校学习期间，经常练习的结果。其中，学习《说文》、《字林》、《三苍》、《尔雅》这几种书，不但人事部门用人时把考试书法的优劣作为成绩，而且也能让学生知道每个字的结构和含义。

学生向老师赠送束修，已如上言。另据《开元礼》记载，皇帝的子孙也有向老师敬献束修的礼节。条令规定皇子的礼物是：成捆的绢帛需要一筐五匹，酒需要一壶二斗，干肉需要一案三脡。行礼的时候，皇子穿上学生的专用服装，到学校门外，将三件礼物放在西南方向，然后慢慢说："我在向先生求学，不知道能否进来拜见老师？"老师准许之后，拿束修的人将筐交到皇子手上，皇子双膝下跪，向束修行礼。跪拜三次后，皇子向后退，老师回敬三次。老师回敬完之后，皇子继续跪着拿起束修筐，献给老师。老师接过束修筐后，皇子再次行礼，然后才可以退出来。这种向老师送礼的行为，看似有行贿的嫌疑，其实是对老师的尊重，州县学生初次入学之时也是如此。

朋友之义

人生在世，朋友之间的义气最为重要。假如说普天之下除了君臣、父子、兄弟、夫妇之外，还有什么可以赞美的，那也肯定是朋友间的友谊。上到帝王将相，下至平民，想要大有作为，快快乐乐地过好一生，如果没有朋友的帮助，往往难以成功。翻开"五经"经典，我们从中很容易找到相关的事例。

《诗经》里说："如果社会上人人都追名逐利，变成市侩小人，那么朋友之义就会被冷落在一边，社会就不会有多大进步。"《中庸》、《孟子》中认为：如果不依靠朋友，一个人就没有上进的可能和机会。"相信忠诚的朋友"被圣人孔子作为自己的一个坚定不移的处世信条。孔门的杰出弟子子路立志要"车马衣裘与朋友共享"，决心与朋友同甘共苦。曾参也表示对朋友就要以诚恳信任的态度相互对待，避免互相猜疑、误解对方。《周礼》讲到了为人处世的仁、义、礼等所谓六行,第五叫作"任",指的就是对朋友充分信赖和依靠。汉唐以来,很多有名的人物在交往中,互相信赖,义气深重,结下了深厚的友谊,令人无比敬慕。

唐代文学家元稹与白居易,柳宗元与刘禹锡,他们身处盛世的时候拥有高远的政治抱负和超群的文学素养。元白之间、刘柳之间都是因为富国强民的志向而走到一起,又在吟诗酬答之中结下了深情厚谊。他们之间,一人的成就之中就凝聚着另一个人的汗水,一人的政治主张常与另一个人的不谋而合。他们不论身在逆境或是官运亨通,始终患难与共,生死贵贱都无法更改他们高贵的友谊。

本朝的前一百多年之中,这种风尚还一直存在,可是现在都消失了。

人生五计

朱新仲常常说:"人生在天地之间,寿命的长短都是不一样的。以七十为准:十岁的时候还是儿童,整天围绕在父母膝下,由父母照料衣食寒暖,任何事情全都都靠父母安排,自己只等着长大成人,这叫作生计;二十岁的时候已经是大丈夫了,这时候骨骼健壮,踌躇满志,开始进入名利场,以求金榜题名,光耀门庭。这就好比是千里马虽然屈服槽枥,但心却想着一日千里,纵情奔驰于天地之间,这叫作身计;三十至四十岁之间,日夜呕心沥血,以求趋利避害,整日企望达官显贵,财源广进,门第旺盛,子孙绕膝,这叫作家计;年近五十的时候,心力怠倦,俯仰天地间,自己的才智谋略都已经施展完了,生命就像天空中的太阳偏向西山,青春就如白驹过隙,有去无回。这时候应该淡泊名利,藏起开路刀,像蚕作茧一样全力去建设安乐窝,这叫作老计;六十之后,人生已经过了一甲子,生命就像天空中的太阳临近西山,眨眼的工夫就有可能降落下去,这时候要注重修身养性,一定要做到身心安泰,含笑入地,这叫作死计。"

朱新仲先生每次把他的人生五计讲给人听时,听者的情绪都在不断地变化。讲到身计,听者喜笑颜开;讲到家计,听者欣喜若狂;讲到老计,听者沉默不语;讲到死计,听者则哈哈大笑,并对朱新仲说:"你的五计太笨拙了。"笑话他的人多了,朱新仲自己也对五计产生了怀疑,自言自语地说:"难道人们都讳老忌死吗?"

我在为南华长老作《大死庵记》时，才知道朱新仲上述妙计。我的年龄已过了七十，走向八十，应当把这妙计写在腰带间了。

士之处世

人生在世，什么高官厚禄、光耀门庭，什么清心寡欲、淡泊明志，等等，真是林林总总，不胜枚举。所以呢，有远见的人看待功名利禄，应该像演员演戏一般，在台上扶案正坐一派威严，或是颐指气使，或是训责、惩罚别人，台下的人们俯首称臣，拱手听令。戏演完了，你还是你，我还是我。看到繁华景象，应该像老人把玩东西一样，仅仅是一时感兴趣，寻找抚慰。相比而言，年富力强的人穷奢极欲，花天酒地，总是感觉难以尽兴。老年人就不能这样，兴趣过去了，很难再将喜怒哀乐放在心上。

对待金珠珍玩，应该像小孩子摆弄玩具一样，刚刚还是津津有味，稚气逗人，一旦收起来，那就一点也不留恋。

如果是遭受不测，受到他人陷害，应该像喝醉酒一样，任凭别人辱骂，就当是耳无所闻、目无所见。醒酒之后还是从前那个我。

如果能有这样的气度，还有什么东西能加害于你呢？

人物以义为名

"义"有多重意义，孔子曾经将"义"和"仁"、"礼"、"信"等并列在一起，将它看作是为人的一大美德。古时用"义"来比附、命名人、物、事件的时候也很多。

主持公道称为义，如义师、义战等，特指为公道正义而出师讨伐或勇敢战斗。因道高望众、诚心仁义而受人尊戴也称为义，如义帝、义王、义主等。完成某项事业以利于大众百姓也称为"义"，比义仓、义社、义田、义学、义役、义井，其中义仓兴起于隋文帝时，每年秋天由各家拿出一石粟米或麦，积少成多，储备在一个公共场所，以备饥荒年的需要。义学则是免费为穷苦人办的学校。义田、义井也都有同样的意义。一个人的为人处事有突出之处也称为义,义士、义侠、义姑、义夫、义妇就是指这类人而言的。义士是指那些坚持正义而绝不苟且的人,义侠常常指见义勇为,做好事不留名的人。义姑、义夫、义妇则指那些坚贞、有高尚品节的男女。义还有假的意思,比如义父、义儿、义兄弟、义服等等。衣服器皿等也有这些意思,比如义髻、义衫、义领、义子等。在很多禽兽中,那些对人类有益的动物也可以用义来称谓,比如义犬、义鸟、义鹰、义鹘等。

尺棰取半

《庄子·天下》中记录了惠施的这样一句话:"一尺长的短木棒,每日截掉一半,这样下去,一万年也无止境。"

这里所说的虽然是一句含义深刻的话,但是说出的道理却显得一清二楚。因为只要你一半一半地截下去,即短木棒逐渐变成了看不见的尘埃,但另一半仍然存在,因此这种截法可以说永远没有尽头。就像卵有毛、鸡三足、犬可以为羊、马有卵、火不热、龟比蛇长、飞鸟的影子不动等这类说法,平常的思路是无法解释得通的。

舞鸥游蜻

战国时期的诸子百家之书,有一些记载几乎完全相同。

《列子·黄帝篇》中说:"有一个居住在滨海的人非常喜欢海鸥,每天清晨他都要到海边同海鸥一起嬉戏,成百上千的海鸥不断地飞向这里。他的父亲对他说:'我听说海鸥都跟你玩,你抓来一些让我也玩一玩。'次日再去海边,那些海鸥只在天空中飞舞,没有一只落在地面上的。"

《吕览·精喻篇》中也说:"有一个居住在滨海的人非常喜欢蜻蜓,每天清晨都去海边同蜻蜓一起游戏。成百上千的蜻蜓不断地飞向这里,他的前、后、左、右飞的都是蜻蜓,他整天都和蜻蜓一起玩耍,甚至连回家都忘记了。他的父亲告诉他:'听说蜻蜓喜欢和你一起你玩耍,你也给我抓回来一些,我也想和它们一起玩一玩。'次日再到海边，连一只蜻蜓都没有来。"

这两种说法似乎是出自同一个人之口。

物之小大

春秋战国时期的思想家列御寇和庄周在论述"大"和"小"时，都超越了普通人的一般认识。

《列子》描述大的时候说："根据夏革所言：'在渤海的东面，几亿万里的地方，有一个大深谷，其实是一个深不见底的大沟。沟的里面有五座山，每座山的高低和周长都达到三万里，山与山之间的距离有七万里，五座山的山脚都是独立的。天帝派了十五只大鳖，用头顶住这些山，这十五只大鳖分成三班，每六万年轮换一班。龙伯国有一位巨人，抬腿不到数千步，就走到了山所在的地方，一次就将六只大鳖钓了上来，他又把这六只大鳖放在一起，背回他所在的国家。六只大鳖被钓走后，岱舆、员峤两座山的下面，没有了支撑，就沉到大海中了。'"

张湛在为这段话作注释时称："一只鳖的头能顶住一座高低周长三万里的大山，而龙伯国的人又能用一根钓鱼竿把六只鳖同时钓起来，并同时背在身上。算起来这个人的身体应该有一百多万里长。鲲鹏与他相比，就成了蚊子和跳蚤之类的小东西了。宇宙之间，真是无所不容啊！"

《庄子·逍遥游》一篇，一开始就是记载鲲鹏的。书中说："北海有一种大鱼，名叫鲲，鲲很大，不知道有几千里长。鲲变成鸟以后，名叫鹏，也很大，它向南海迁徙时，拍击起了三千里高的水浪，像旋风一样盘旋而上，能飞九万里高。"

两位哲学家说大时，就这么大。至于说小，也很有意思。

《庄子》上说："在蜗牛的左触角上建立有一个国家叫触氏，右触角上建立有另一个国家叫蛮氏。两个国家为了争夺土地，发生了战争，被打死的人有好几万，胜利的一方追赶失败的一方，走了十五天才返回来。"

《列子》上称："江边生长着一微小的虫子，名叫焦螟。当它们成群结队飞落在蚊子的眼睫毛上时，并不互相碰撞，飞来飞去，蚊子就感觉不到。黄帝和容成子一起斋戒三个月，慢慢地聚精会神观察时，才突然看见它们像嵩山一样高大；

再屏住气仔细听时，砰然有声音，好像霹雷一样响。"

两位哲学家论述"小"的时候，就是这么小。

佛僧维摩诘长者，可以在一个长宽各一丈的斗室中，容纳九百万尊菩萨和师徒的座位，而一根细芥菜上，可以容纳须弥山。

张湛不明白哲学家的寓意，只是用"宇宙之间无所不容"作为解释，他的看法也太浅显片面了！

儒家经典《中庸》中说："天地这么大，人类还嫌不够大。所以，有人说大的时候，大得天下容纳不了；说小的时候，小到天下人看不见。"这样清晰明了、恰到好处的解释，不是两位哲学家只顾及自己的学说所能够达到的。

无用之用

《庄子》中说："人们通常都知道有用的作用，而很少知道无用的作用。"又说："只有了解了无用的可用之处，才可以和这样的人谈论用。大地十分广阔，人所使用的就是可以容纳两只脚的地方，其他的并没有用。可是，把脚周围没用的向下挖掘，周围便形成了不见底的深渊，这肯定会让人毛骨悚然，不能立足了。由此可见，那些被挖掉的地好像没用，实际上它的作用非常的大。"

这种说法起源于《老子》一书中："三十根辐条集中到一个车毂上，有了车毂中间的空洞，才有了车的作用。"《初学记》中说："鼓声虽然不在五声（即宫、商、角、徵、羽）之列，但是如果没有它，五声就不完美；水色虽然不在五色（指青、黄、赤、白、黑）之列，可是如果没有它，五色就难以明现。"其道理是一样的。

鸟儿用翅膀飞行，假如把它们的腿紧紧捆住，它们就无法在天空中自由飞行。人在跑步的时候用的是腿，假如把他们的手捆绑，他们就跑不快。科举考试比的是平时学习的能力，要录用的是有才干有才华的人，但是笨拙的人同样也可以参加考试。要想在战场上取得胜利，首先需要勇敢，但是年老体弱、胆小如鼠的人同样也可以加入战斗。通过这些现象，我们可以看出有用和无用，是怎么区分开来的？所以，治理国家的领导者心里要懂得，不要将天下之人都看成没有用的人，任何一个人的存在都是有用的！

贫富习常

记得还是孩提时代，我听到过一段前辈的奇谈：

富人家有了孩子后，自己不给孩子哺乳，而找刚新生孩子的穷人家的妇女，让她离开亲生骨肉，来为自己的孩子哺乳；穷人有了孩子不能亲自哺乳，还要抛弃自己的孩子，去给他人的孩子哺乳，这是一件很残忍的事情；富人懒得走路，就让其他人抬着；穷人为了生活，必须得自己走，不仅如此，还要抬着富人走。

这已经好像是习惯使然，没有人探究。

天下之事，习以为常而不加以探究的，实在是太多了。但是人们却不觉得有何异常，真是悲哀呀！

我十分喜欢这段妙论。后来读书的时候，才发现这段妙论出自于晁以道的《客语》一书，所以就摘录下来，让更多的人知道这样的事情，继而从中去感悟一些道理。

州县牌额

古代各州县的匾额，与吉凶祸福有很大的关系，所以不能随意跟换或改动。宋代严州（今浙江建德）分水县的旧匾，上面的"分"字原本用草书写的。后来，来了一位新县令，觉得字体不好看，于是就自作聪明，自己用真书写了"分水县"三个字，并将这三个字雕镂在匾额上挂在县衙门的大门上。那一年，分水县境内持刀行凶的亡命徒异常繁多，可能是由于"分"字拆开是"八刀"的原因吧。

徽州（今安徽歙县）山清水秀，风景宜人，很少有火灾发生。宋光宗绍熙元年（1190年），添差通判卢瑢，用自己写的隶书，将郡内的匾额，从谯楼到仪门，连亭台楼阁之类的统统更换了一遍。人们觉得他的字多用焦墨，显得非常燥，在州匾上写显得更加不庄重，私底下都非常担忧。次年四月，县城府发生火灾，大火烧了一天两夜才扑灭，周边的民舍也在这场大火中焚烧殆尽。

过所

《宋刑统·卫禁律》规定:"假如不应该过关的而发给他们过所(通行证),跟鱼目混珠请求过所而过关的人罪名同等。"《关津疏议》中也指出:"关是指管理过所的地方,而津只管渡人,不管理过所。"《释名》中说:"过所,到了关口、渡口的地方要出示。"另外还有人认为:"传是一种证件,离开原地,拿它当作信物凭证。"西汉文帝十二年(前169年),取消关口、渡口出示传的规定。张晏说:"传即信物,就同现在的过所一样。一块绢布上写上两行字,然后撕开一分两半,各持一半。出入关口之时,合上就可以通过,此为传。"

《魏志》记载,仓慈做敦煌(今甘肃敦煌西)太守时,西域的一些胡人想去洛阳,仓慈就为他们签发了过所。

《廷尉决事》中记载,广平赵礼到洛阳(今河南洛阳)治病,门人给他弄了一张假的通关证件。被官府发现后,判了赵礼一年半的徒刑,协助赵礼办假证件的张策处以半年刑罚。

徐铉《稽神录》记载,道士张谨爱好符法,客游华阴(今陕西华阴)时,得到两个奴仆,一个叫德儿,另一个叫归宝,他俩说:"曾经事奉崔氏,崔氏出去做官,我们因而被抛弃,现在没有家了,愿意在你的身边侍候你。"张谨收纳了他们。这两个人都很谨慎朴实,可以信任。张谨东游时,所带的书籍行李、符法、过所、衣服都交给归宝背着。快到关口时,归宝忽然大骂说:"把我当奴仆使用,像支使你的父亲一样。"于是就跑了。张谨又惊又怒去追他,他跑得像风一样,一会就不见了,不久,德儿也不见了,所携带的东西,全丢光了。当时秦陇之间正在打仗,关禁很严,旅客过关如果没有证件,都被做奸细而杀头。张谨既没有了过所,也就不敢再东游,于是就又回来了。不久,张谨竟然意外遇见先前跟随他的两个奴仆,奴仆现在的主人叫过德儿和归宝,要来过所,还给了张谨。

可是"过所"这两个字的意思,很多读者未必清楚,可能是类似现在的公凭、引据之类的东西,因此我将相关史实收集起来,然后记录在一起。

三长月

佛教中将正月、三月、九月当作三个长月。因此信奉佛教的人，在这三个月里只吃素不沾荤。

凭什么这样说呢？佛家相关的经书解释道："佛祖使用佛家的宝镜，轮流照射四方天下。每个月换一个位置，观察人间善与恶。寅、午、戌三个月照射到南赡部洲（佛经说的四大洲之一，在须弥山南，北广南狭）时，这个地方应该吃素忌荤，用虔诚祈求佛祖的保佑。官府称它为'断月'，这三个月内不执行死刑。遇到持有证明，需要夜宿的官员，驿站内不能配备羊肉。民间称这三个月为'恶月'，凡是新官上任者，也要避开这三个月，选择别其他时间去上任。"

有人认为唐朝时各藩镇上任后，要大犒军士，杀很多猪羊。因为犯忌，所以就不在这几个月里上任，然而也没有见到哪些书文去记载这事。

我读到《晋书·礼志》里面记载："穆帝司马聃娶皇后，定在九月，九月是'忌月'。"《北齐书》记载齐王高洋谋划篡夺孝静帝的皇位，他的大臣宋景业说："应该在仲夏的时间受禅即位。"另有人说："五月不能登位，不然要死在帝位上。"宋景业又说："齐王贵为天子，以后再没有比这更尊贵的。难道不该逝在帝位上吗？"

我了解这一忌讳已经很久了，但是到现在我也不知道，有关这三个月的忌讳到底出自哪一部经典。

酒肆旗望

现今在都城和郡县的酒店，以及所有卖酒的店铺，一般都在门外挂一幅大帘，大帘由数幅青布或白布做成，小店的幌子高低大小很随意，而那些乡村小酒店有挂酒瓶的、有挂酒瓢的，还有用扫帚秆做标志的。唐代人的诗文对此多有反映。

挂酒旗的习俗可能自古就有。战国时期的《韩非子》一书有这样的记载："宋国有一个卖酒的人，酒杯盛得满满的，对待客人十分谨慎，酿出来的酒味道很醇美，门外的酒旗也挂得高高的，可是他的酒就卖不出去，后来变味发酸了。"这段话中所提及的酒旗就是现在酒店面前悬挂的幌子啊！

蓝尾酒

唐朝白居易元旦时饮酒作诗，其诗为："三杯蓝尾酒，一碟胶牙饧。"又云："老过占他蓝尾酒，病余收得到头身。""岁盏后推蓝尾酒，春盘先劝胶牙饧。"根据《荆楚岁时记》记载："胶牙，是坚固如胶之意。"而句中的"蓝尾"，就让人费解了。

据《河东记》记载："申屠澄与路旁茅屋中的老头、老太婆及少女围火而坐。那老太婆从外面拿一把酒壶对申屠澄说：'因为你冒寒而来，先喝一杯。'申都澄赶快站起来，深施一礼说道：'礼当先让主人翁喝，然后才能轮到我，当婪尾。'"大概是把"蓝"写成"婪"字，"当婪尾"的意思就是说最后一个饮酒。

另外，叶梦得在《石林燕语》中说："唐朝时，人们所说蓝尾的意思，多有不同。蓝字大都写成啉，见于侯白所著《酒律》一书。在这里说聚会饮酒，轮流一圈，坐在末座即最后一个人要连喝三杯，称为蓝尾。这大概是因为坐在末座的人，最后才喝，轮到他时要经过一段时间，所以让他连喝三杯，以表示敬意。有人认为啉是贪婪的意思，还有人说啉即燣，就像把一块铁放进火中，认为它能出色，这纯属无稽之谈。由此可见，唐朝人自己也不大明白蓝尾的真正意思。"叶梦得的看法，即是如此。

在我看来，上述说法，未必就是这样。侯白关于三杯酒的话，只是说酒的轮数，怎会有连续饮酒的意思呢？侯白诙谐的话可在《启颜录》中看到。《唐书·艺文志》著录有侯白的《启颜录》十卷、《杂语》五卷，并没有《酒律》这本书。苏鹗的《演义》也引用了叶梦得的观点。

熙宁司农牟利

宋神宗熙宁、元丰年间，在王安石的变法运动中，那些贪官污吏们有了搜刮民脂民膏的机会，他们整天打着朝廷的幌子，想方设法寻找生财的门路。一天，主持全国变法的机构——司农寺，竟然下发了这样的一道命令：

全国各地供神的祠庙，全部承包给个人，只需每年上缴官府一定数额的香火钱。

官府从私人那里得到香火钱后，就不再由祠庙加以管理，任由那些私营业主想干什么就干什么。于是，祠庙变得不再肃然庄重，承包者为了能够多赚钱甚至将祠庙改装成商店或者市场。一时间，人声沸腾，哭叫的声音、戏谑的声音、分斤掰两的声音不绝于耳，祠庙从此变得污秽不堪。

应天府（今河南商丘）长官张方平实在看不下去了，急忙向皇帝上书说："本府有两所神祠情况特殊，是不是可以免遭此难？一所供奉的是上古五帝之一帝馨的儿子阏伯，一所供奉的是殷纣王的哥哥微子。阏伯曾分封在商丘，是火神，而宋朝以五行相推，正是以火德而拥有天下的，应当推崇火神；微子被周公分封在商丘，建立了宋国，我们宋朝更应该尊重！可是，现在连这两所庙也被闹得一塌糊涂，官方一年不过只能得到上交的七、八贯钱，实在是利小害大！我请求：用本府公使库的钱代交这七、八贯钱，把阏伯庙、微子庙收回吧！"

深居东京开封皇宫的宋神宗，看了这份上书，越想越觉得问题严重，大为恼火！马上提笔在上面写下批示："怠慢神灵，污辱国家，还有什么比这些事更恶劣的呢？"

批示传出，那些钱迷心窍的官员们吓出一身冷汗，急忙再下文件，收回了那道荒唐的指令。

在那个年月里，还发生过另外一件类似的事件。又有人提出前代帝王陵墓，占地面积很大，请准许百姓开垦耕种，司农批准了这一建议。顿时，在前代帝王陵墓所在地的百姓纷纷起来开垦耕种。唐代帝王陵墓上的草木，被铲除一尽，昭陵上高大的树木，亦被砍伐无遗。御史中丞邓润甫得知这种情况后，就给神宗上疏说："熙宁时的国家法令，本来是禁止打柴的人乱砍乱伐的。每遇在郊外祭祀天地的时候，都要诏令各地官吏前往致祭，朝廷的德意不能说不是深谋远虑、从长计议的。而今那些无耻小人，贪得无厌，不顾大局，他们搜刮所得已难以数计，仍然不以此为满足，何况要叫他们少搜刮呢？希望贬斥首先提出准许垦耕前代帝王陵墓的人，恢复旧的制度。"神宗见到此奏之后，立即下令禁止。这样才使未被开垦耕种的帝王陵墓得以幸免。

上述两件事，真可谓是史无前例的怪事。宋神宗就是在听到了申述之后，才知道事情的真相。如此看来，由于皇帝朝政繁忙，因此并不是什么事情都能顾及得到的啊！

逾缮那一由旬

佛经中有下面的计量方法：

七个极微尘合成一个阿耨池上尘，七个阿耨池上尘合成一个铜上尘，七个铜上尘合为一个水上尘，七个水上尘合为一个兔毫上尘，七个兔毫上尘合为一个羊毛上尘，七个羊毛尘合为一个牛毛上尘，七个牛毛上尘合为一个向游尘，七个向游尘合为一只虮，七只虮合为一只虱，七只虱合为一粒麦，七粒麦为一指，二十四指为一肘，四肘为一弓，五百弓为一拘庐舍，八拘庐舍为一由旬。

一弓长八尺，五百弓长四百丈，一拘庐舍有二里长，十六里为一由旬。

民俗火葬

自从佛教徒倡导火化之后，人死了以后将尸体烧掉的事情，到处都有。在炎热的夏季，尸体很快就会腐烂发臭，许多佛教徒死后不到一天，当时肌肉还没有变凉，就迅速火化了。

春秋时期，鲁国的夏父弗忌提出了颠覆先祖的祭祀建议。展禽说："他这样做，一定会遭殃，就算是寿终正寝，也会遭殃。"等夏父弗忌死后，下葬之后，燃烧的烟气笼罩在坟墓上方，据说是埋了之后的棺木自燃了。

吴国攻打楚国时，驻军在麇地（河边的有水草处），楚国的司马（掌管军队的官员）子欺准备火烧麇地，令尹（相当于宰相）子西说："我们父老兄弟的尸骨也丢弃在那里，无法收殓，现在再将他们同吴君一起烧掉，这是不合适的。"子西指的是，前年楚国和吴国交战，楚军士兵多死于麇中，不可把他们和吴军一起烧掉。

卫国人挖掘了褚师定子的坟墓,并且在平庄将他的骸骨烧掉。燕国的骑劫围攻齐国的即墨城(今山东平度东南)时,在城外掘了齐国人很多坟墓,并且放火焚烧死人的遗骸,齐国人在城墙上远远地望见,无不痛哭流涕,同时对燕军的仇恨也陡增十倍,甚至百倍。

王莽改制,创立了把人烧死的酷刑,称为"焚如之刑",陈良就被这样烧死了。由上可以看出,古代人把焚烧尸体当成是奇耻大辱。

《列子》中说:"楚国的南方,有一个名叫'炎人'的国家。那里的人在亲属死了以后,就先把肉剔下来扔掉,然后把骨头埋了。秦国的西方,有一个叫'仪渠'的国家,那里的人在亲属死了之后,就用柴火把尸体焚烧。烧的时候,只有黑烟冲天,这才算是孝子。由此可见,火葬在上古已经被统治者作为治国的手段,老百姓将这种行为看作是习俗,也就不会觉得怪异了。"可能那时候火化的风俗还没有流传到中国,所以列子觉得仪渠人的做法很奇怪,以至于把这种行为与剔肉埋骨相提并论。

南舟北帐

不久以前,我在豫章(今江西南昌)一个比较好的寺院中遇到一位辽州(今山西左权)的僧人。他在与我闲聊的时候说:"南方人根本不会相信,北方有能够容下千人的大帐篷;北方人不会相信,南方有能够载重万斛的大船。可能是因为从来没见过。"

《法苑珠林》中说:"长期居住在山林中的人,不相信有像木头一样大的鱼;长期居住在海边的人,不相信有鱼那样大的木头。胡人看见绫罗绸缎,不相信是蚕吃了树叶吐丝织成的。吴人身居江南,不信能有容纳千人的毛毡帐篷;到了河北,不相信有可以承载二万吨货物的船。"辽州僧人的闲谈恰好与此雷同。

饶州风俗

宋仁宗嘉祐年间,吴孝宗(字子经)曾撰写《余干县学记》。在这篇文章中,他叙述了饶州的风土人情：

古时候，江南地区在国内经济文化中的地位，不能与中原地区相比。宋朝建国以后，七闽（今福建）、二浙（浙东、浙西，今浙江）及大江以西（今长江西下游南、北两岸的地区）地区读书的风气很盛，人才辈出，数量之多，居于国内首位。江南已居国内首位，而饶州（今江西饶阳）又居江南首位。这是由于饶州土壤肥沃，适宜于多种动植物及农作物的生长，百姓生活富裕而有积蓄，拥有百金的人家不能算作富人。每当天下安宁太平无事的时候，饶州人乐于行善。人们爱好读书，作为父兄的，如果他们的儿子或兄弟不学文化，就会感到内疚，认为没有尽到督导教育之责；为母亲妻子的，如果他们儿子、丈夫不学习，就会感到耻辱。其风俗竟如此之美！

沧海桑田，而今在看饶州，家家户户是五谷丰登，与过去已经不同了。高楼巨栋拔地而起连了一片，近几十年来，往往被那些坐享其成的寓公所占有。而助人为乐、妻督夫学、父催子读得好风尚也不如《余干县学记》所记载的那般好了。真是令人不胜唏嘘啊！

唐扬州之盛

隋唐之前，扬州已经小有名气，隋炀帝挖掘大运河，扬州地理位置日渐紧要。唐代一百多年间，经济上以江淮为支柱，江淮以扬州为心脏。与长安不同，扬州处于水陆交通枢纽，周围土地肥沃、物产富饶、钟灵毓秀、商贾云集、市场灵活，是唐代粮、盐、药材、丝织品、木材、铜器的著名集散地。唐代朝廷设置盐铁转运使后，盐铁使专门居住在扬州。

大诗人杜牧曾经前后在扬州当了十年的官，他非常喜欢扬州的山水景色，故而留下来诸多赞美扬州的脍炙人口的佳作。比如，"春风十里扬州路，卷上珠帘总不如。"（《赠别二首》其一）"十年一觉扬州梦，赢得青楼薄幸名。"（《遣怀》）

唐代扬州诗坛，不但有杜牧写扬州的许多名章雅句，还有张祜、王建、徐凝等诗人的诗作为之增辉。

张祜在《纵游淮南》里写道："十里长街市井连，月明桥上看神仙。人生只合扬州死,禅智山光好墓田。"扬州的长街、市井、红袖、山水跃然纸上。诗人用"只合扬州死",写扬州不仅是人间天堂,更是最好的归宿之所,语出惊人,造成了强烈的艺术效果,增加了读者对扬州的感情。

王建在"安史之乱"后曾到过扬州,他写道:"夜市千灯照碧云,高楼红袖客纷纷。如今不似时平日,犹自笙歌彻晓闻。"即使经过战乱的破坏以后,扬州仍不失昔日的风采。

徐凝在《忆扬州》诗里这样描述说:"天下三分明月夜,二分无赖是扬州。"月光千里,普照人世,并不偏偏疼爱扬州。作者却对扬州如痴如醉,作品之中偏爱扬州,后来"二分明月"竟然成了扬州的代称了。

然而,扬州却在唐朝末年五代时期遭遇毁灭性的损坏。先有唐末泰彦、毕师铎第一次抢掠扬州,接着又有孙儒和杨行密抢夺扬州,当时扬州的建筑被毁坏殆尽,人口少的时候仅仅剩下几百户。杨行密占领扬州后曾打算重建扬州,但是没过多久,后周的军队围攻扬州,扬州又一次遭到兵火毁坏。

宋朝建国一百七十多年间,扬州的实际状况,远不及唐代繁盛时的十分之一。至今,破败得更加令人心里发酸,想掉泪!

政和宫室

在中国古代历史上,皇帝不惜劳民伤财、大兴土木而修筑的各式各样壮丽的宫殿,真是数不胜数。其中比较著名的如汉武帝时建设的甘泉宫、建章宫,陈后主修建的临春宫、结绮宫,隋炀帝时修建的洛阳宫,唐明皇修建的华清宫、连昌宫,等等,相关的史书中都有详尽的记载。

宋朝皇帝所修筑的宫室比较著名的是宋真宗大中祥符年间(1008~1016年)修建的玉清昭应宫、会灵宫和祥源宫等大型建筑。当时奸臣王钦若深得真宗宠信,因此在王钦若的怂恿下,真宗才大兴土木。其实,无论是哪个朝代在兴建大型建筑时,都有许多忠贞的官员出来反对这种推崇奢靡、劳民伤财的行为。

以上各朝各代所修筑的宫殿,真可谓是雄伟壮观、无法比拟。但是,假如同宋徽宗时在京师开封修建的宫殿相比较,那简直就是小巫见大巫了。

宋徽宗政和年间，奸臣蔡京专权。为了博取徽宗的宠信，他组织了大宦官童贯、杨戬、贾详、蓝从熙、何沂五人分头负责在开封修筑宫殿。他们的这一心血来潮不要紧，却害苦了全国的百姓，各地都在为京师的建筑而奔忙劳苦。最终，一大群豪华壮丽的楼阁拔地而起，最先建成的是延福宫，接着又陆续建造了穆清殿、成平殿、会宁殿、睿谟殿、凝和殿、昆玉殿、群玉殿七个殿堂；东西两边各有十五座豪华壮丽的阁楼，分别起了吉祥如意的名字，它们分别是：

东边：蕙馥阁、报琼阁、蟠桃阁、春锦阁、叠琼阁、芬芳阁、丽玉阁、寒香阁、拂云阁、偃盖阁、翠葆阁、铅英阁、云锦阁、兰薰阁、摘金阁。

西边：繁英阁、雪香阁、披芳阁、铅华阁、琼华阁、文绮阁、绛萼阁、秾华阁、绿绮阁、瑶碧阁、清音阁、秋香阁、丛玉阁、扶玉阁、绛云阁。

除此之外，又用形状怪异的花石叠垒成山，在山上又建两个楼阁称"明春阁"（高达十一丈）和"宴春阁"（宽达十二丈）。在这些宫殿楼阁中间，又开挖一个大坑，蓄水成海，东西长四百尺，南北宽二百六十七尺。又有用栅栏围成的独立动物园林如"鹤庄"、"鹿寨"、"孔翠"等，顾名思义，那里面各养着鹤、鹿和孔雀等珍禽异兽，总共达数千只。

童贯等五个"建筑设计家"各自独立活动，不相商议，所以各有特色。他们争着以豪华、奢靡相互标榜，不惜耗费大量人力物力来压倒对方、超过对方，所以人们把这些宫殿称作"延福五位"。

这些宫殿楼阁园林完工后，蔡京一伙又集中力量从东南运来大批形状怪异的花石，营建成两座人造山，起名叫万岁山和艮岳山。这两座山方圆十余里，山峰最高处达九十尺，山上的亭堂楼馆不可胜数。

宋徽宗一开始看到这些风光秀美的宫殿，如同进入仙境，心中着实欢喜一阵子，不免要对蔡京一伙大加夸赞一番。但很快便高兴不起来了，因为他毕竟还了解到一些有关前代帝王大兴土木、劳民伤财而亡国的教训，所以心中逐渐意识到蔡京一伙做得实在有些过头了。这样一想，徽宗不但不喜欢观赏，而且不免又说出一些厌恶的语言。皇上的态度一转变，蔡京一伙的热心也马上冷下来了，这股奢靡之风总算有些节制。

果然不出所料，这表面的欣欣向荣还未全部演完，惨剧就开始了。

起初是国内百姓大规模起义，比如梁山泊英雄起义，东南方腊起兵等。紧接着又是北方敌国大金趁机发兵大举南下，节节胜利，一直攻打到京城开封城。宋徽宗慌忙南逃，也顾不了保护这些富丽堂皇的宫殿楼阁。金兵撤退后，宋徽宗再也不愿意当皇帝了，将皇位传给儿子，就是宋钦宗，改年号"靖康"。新登基的钦宗皇帝果断地下了诏令："将山禽水鸟全部都扔到汴河里；将楼堂馆所全部都拆毁当作燃料使用；将假山花石全部都砸乱当炮石使用；将园林里的竹木全部砍伐下来当篱笆等器具使用；将动物园里的鹿全部杀掉，慰问和犒劳三军！"

于是，十余万只异鸟珍禽都被扔进了汴河，数千头鹿被杀了。实在让人痛心啊，耗巨资兴建的，就这样又被大规模地毁坏了！

久而俱化

自然界中的万物，时间久了都会有所变化，这是事物在发展过程中的固有法则。不论是有情感的还是没有感情的，有知觉的还是没有知觉的，都是这样。

我曾经从衢州（今浙江衢县）人郑伯膺那里得到了一对纯白色的大雁，这对大雁十分温顺可爱，令人爱不释手。即便将它们放在山谷之中，也不会飞走。

不久，其中的一只不幸死亡了，而剩下的一只孤零零的没有了同伴。我想白鹅和它的颜色相同，而性情又类似，都很温顺，于是就找了一只白鹅与这只孤雁做伴。开始的时候，它们两个谁也不理谁，背对着背，即使在一个盆中喂它们谷物，它们也不肯在一块共食。这种情况持续了五天。五天之后，它们渐渐熟悉起来，相互开始接触，过了一个月后，它们在一起时就显得十分快活，就像和自己的同类在一起一样。它们之间看起来只有一点不同，就是它们形体一个大一个小，其他如颜色、会飞翔、能鸣叫都是一样的。时间长了，大雁已不知道自己是大雁，鹅也不知道自己是鹅了，就像同巢出生的一样了。世界万物时间长了都会融合变化，于此可得到验证。

现在人们将鹅称作舒雁，或称为家雁。褐色的鹅被称为雁鹅，把最大的雁称作天鹅，都是由于二者形体、性情相像才这样叫的。

唐太宗李世民时期，吐蕃人禄东赞上书，认为太宗的赫赫英名，名扬天下，即便是大雁在天空中急速飞行，而太宗名声的传播速度要比飞翔的大雁还要快。并且他还认为鹅与雁十分相像，于是就用黄金铸造了一只鹅，来献给李世民，以此来颂扬他的盖世功名。

由此可知，这两种禽类原本就是一个种类啊！

城狐社鼠

古语有"城狐不灌，社鼠不攻"，这句话的意思是：城墙根的狐狸洞不会被人用水灌，社坛里的老鼠洞也不会被人用火熏。这其中的原因是，它们的洞穴有所依附。以前都是用这句话指君王身边的奸臣。

我阅读《说苑》这本书的时候，发现记载孟尝君的门客曾说道："狐狸只要一露面，便人见人打；关于老鼠洞，可以说是人见人熏。臣没有见过稷狐被打，稷鼠被熏，这到底是什么原因呢？是因为他们凭借背后的靠山（皇帝）。""稷狐"的"稷"字，用得十分奇特、新颖。

蜘蛛结网

佛教经典中说："蠢动含灵，皆有佛性。"《庄子》中也提到："惟虫能虫，惟虫能天。"大概的意思是：即便像昆虫这么渺小的生命，也与天机紧密相连，它们所具备的小巧便利，也有超过人类的智慧和技能的地方。

像蚕作茧，蜘蛛织网，蜜蜂垒房，燕子筑巢，蚂蚁构窝时在穴中堆的小土堆，螟蛉所祝儿子等人所不能之处。

即使这样，它们也有幸运和不幸之分。如蜘蛛织网，布置蛛丝，架设丝线，敏捷迅速地上下爬动，开始时非常困难。经线拉成，开始织纬线时，转眼之间就织成了，且宽窄距离适当，非常整齐。然而，凡结在门槛上面、花草树木和竹林之间的，往往不到一天就被人力和风力破坏了。只有结在没人居住和残垣断壁之间，没有人去的地方，才能长久安然无事。

所以，燕子在帷幕上筑巢，苏秦认为这样很危险。李斯看见衙门的厕所中老鼠吃不干净的食物，人和狗接近时，常常惊慌害怕；粮仓中的老鼠吃仓中积储的粮食，住在大房子下面，没有人狗接近时的惊恐。李斯由此感叹地说："人贤能或没有才能，就像这老鼠一样，在于它所处的位置不同啊！"这话难道没有什么道理吗？

乌鹊鸣

北方人通常把乌鸦的叫声当作是喜事的预兆，将喜鹊的叫声当作灾难的前兆。可是南方人听到喜鹊的叫声就非常高兴，认为是喜事的预兆；听到乌鸦的叫声就不高兴，就把它赶走，甚至拿起弹弓等射杀它。

《北齐书》有这样的记载：有一天，奚永洛和张子信面对面坐着，一起闲聊，刚好有一只喜鹊在庭前的树上叫个不停。张子信对奚永洛说："喜鹊鸣叫不是好征兆，会有倒霉的事情发生。今晚要是有人叫你，你一定不要去！"张子信走了之后，高俨让人来叫永洛，并说是皇上叫的。永洛听了张子信的话，谎称自己从马上摔下来，无法走路，就没有前去，所以，他逃过了杀身之祸。

白居易在江州时写了一首叫《答元郎中杨员外喜乌见寄》的诗，诗中写道："南宫鸳鸯地，何忽乌来止。故人锦帐郎，闻乌笑相视。疑乌报消息，望我归故里。我归应待乌头白，惭愧元郎误喜欢。"这样看来，乌鸦的叫声是报喜信儿。白居易还有一首和元稹《大嘴乌》的诗："老乌生奸计，与马意潜通。云此非凡鸟，遥见起敬恭。千岁乃一出，喜贺主人翁。此乌所止家，家产日夜丰。上以致寿考，下可宜农田。"元稹的诗是："巫言此乌至，财产日丰宜。主人一心惑，诱引不知疲。转见乌来集，自言家转挚。专听乌喜怒，信受若长离。"

过去一篇叫《阴阳局鸦经》的文章，据说是西汉的东方朔写的，大概意思是说：凡是用乌鸦鸣叫进行占卜的，首先数它的叫声，然后依据它的声音确定方位。如果甲日（甲子、甲戌、甲申、甲午、甲辰、甲寅的统称）是第一声，就叫甲声，第二声是乙声，然后用十个天干组合排列而命名，辨别叫声急缓，就可以判定吉凶，但说法不一。

虫鸟之智

竹鸡的脾性有些特殊，它们碰到同类就必定要互相打架。于是人们就钻了空子，用树枝做成一个罩网，里面放一个诱鸟，然后捕鸟人藏在一旁，一手牵罩网的绳子。一切准备就绪后，就挑逗诱鸟发出鸣叫，听了声音的竹鸡顺着声音飞过来，闭着眼睛就钻进罩网，扑上去进行斗殴，这时捕鸟人便把罩网拉下来。这下好了，谁都难以逃脱，能抱怨谁呢？闭着眼睛不看人，这岂不是自取灭亡吗？

鹧鸪本性喜欢清洁，猎人在茂密的树林中打扫干净一片地方，多少撒些谷米在上面。鹧鸪来往飞行，边走边食，猎人就用长杆粘取它。麋出没在荒草中，害怕人看到它的足迹，无论远近，只沿着一条小路走。村民把绳结成环套，安放在麋经过的地方，麋足一被绊住，就会倒挂在树枝上，被人们生擒活捉。

江南有许多土蜂，人们找不到它们的巢穴。于是就将肉粘在长长的纸带上，土蜂闻到肉味肯定要过来衔，带着纸带就飞到巢中。这就是引敌入室吧，人们跟着它们就能找到了巢穴，然后用烟火熏，赶跑巢中的土蜂，蜂卵就成了人们的美味了。

北人重甘蔗

古代甘蔗只在南方生长。由于甘蔗多汁并且甜蜜，北方人也特别喜欢吃，但是因为交通不顺畅、季节的局限、不易储存等诸多因素，北方人不能常常吃到。这就使得北方人将它当作奇珍异宝，将能吃到它当作是莫大荣耀，并作为珍贵的礼物赠送给亲友，或者皇帝作为奖赏，赏赐给臣子。

西汉著名文学家司马相如的《子虚赋》中有一句话说"诸柘巴且"。"诸柘"就是"甘蔗"，大概司马相如以此来说明它是楚地（今湖北一带）云梦所产之物。

汉代的《郊祀歌》中也有一句"泰尊柘浆"，是说取甘蔗的汁液做饮料喝，只在郊祀祭鬼神时才拿出甘蔗，可见其稀少和珍贵。

北魏太武帝拓跋焘（423～452年在位），途径彭城乡（今江苏徐州）时，只向当地的武陵王索取两样东西,一样是美酒,一样就是甘蔗。

唐朝著名将帅郭子仪在平定"安史之乱"时,率兵到山西后,唐代宗李豫赐予他二十根甘蔗,以表示对他行军出征的慰劳和犒赏。

蕨萁养人

自古以来,每当遇到天灾饥荒的年月,老百姓没有食物果腹,常常就地取"材",以此维系生命。比如范蠡所说的吴国人,在饥荒年月曾经靠东海之滨的莼草维持生命;西汉的苏武,在塞外牧羊时曾经挖出地老鼠所吃剩的草籽,拌着雪和旃(毡)一起下肚;王莽曾经教会老百姓把一种树木煮成乳酪状用来果腹;南方人遭遇灾荒时,经常到沼泽地里去挖荸荠吃;东汉邓禹的军队,因为没有粮食吃,就让士兵下海捞海带吃;汉末建安年间,咸阳人摘酸枣、蒺藜来吃;晋代郗鉴在邹山(今山东邹县)时,兖州(山东兖州)的百姓抓老鼠吃;幽州(北京城区西南)人把桑葚当作粮食,北魏道武帝也把它当作军粮;四川一带的人吃芋头……类似这样的例子可以说比比皆是。

本州以外的地方,有两座大山,其中跻崛山在乐平(今江西乐平)和德兴(今江西德兴)境内,李罗万斛山在浮梁、乐平、鄱阳境内。这两座山都绵延一百多里长,山中生长一种叫蕨萁的草。孝宗乾道七年(1165年)、光宗绍熙四年(1193年)发生旱灾,村民没有粮食吃,争着前往山中挖蕨萁的根。一般情况下在天还没有完全亮前,就扛锄从家里出发,到了目的地天刚刚放亮,找到蕨萁后,就沿着蕨萁的周围向下挖四五尺深,就能取到蕨萁的根。通常情况下,一个壮劳力一天可以挖到六十斤,回去之后捣烂取出粉,用水加以过滤,细粉可以煮粥吃,形状和细粉条一样,一个男子一天可以吃二斤。冬天如果有较暖和的晴天,老百姓基本上都到田野里去挖,有的从十里外的地方跑来,多时可达数千人。每年从九月到第二年二月之间,蕨萁长出新枝,这时它的根不太粗壮,人们才停止挖掘。

蕨萁不知道救活了多少濒于饿死的人,不知道养活了多少饥寒交迫的老百姓!大自然长出这种植物,给人类带来了巨大的恩惠!古时的人可能不知道蕨萁可以吃,古代传记中也没有关于它的记载。难道其他地方不生长这种植物吗?

禽畜菜茄色不同

由于各地气候、地理条件的差别,禽畜、蔬菜的颜色也就因地而各不相同。

比如在江、浙一带,猪通常是黑色的,而羊则通常是白色的。可到了江州(今西九江)、广州(今广州)、吉州(今江西吉安)以西的地区,就恰恰相反了,那里的羊是黑色的,猪是白色的。在苏州、秀州(今浙江嘉兴)一带,鹅都是白色的,偶尔见到一只身上有褐色斑点的鹅,当地人就叫它为雁鹅,把它当作稀奇动物进行饲养。而在我的故乡饶州鄱阳,所有的鹅都是花色的,而把白色的鹅当作稀奇动物,有些小孩子甚至购买浙东、浙西的白鹅来饲养,放在湖泽小河中供人们观赏。

浙西的茄子皮都是紫色的,那些长着白色皮的叫作水茄。可是在饶州鄱阳恰好相反,一般的茄子是白色的,而水茄则是紫色的。它们的差异竟然如此之大。

禹治水

夏王朝的建立,真正开始于禹。当时,禹带领百姓整治水土,发展生产,深得百姓爱戴。

《禹贡》说禹治水的次序是:冀、兖、青、徐、扬、荆、豫、梁、雍。从地理位置上看,豫位于于九州的中间,与兖、徐接壤,为何却排在二州之后呢?可能是禹按照自己的想法,进行排列次序的吧。

冀州乃帝都所在地,应排在九州之首,即五行中的水:水生木,木代表着东方,故其后应该排列的兖、青、徐三州。木生火,火指南方,故三州之后又排列扬、荆二州。火生土,土代表中央,所以扬、荆二州之后又排列豫州。土生金,金象征西方,所以梁、雍二州排列在最后。

上述的观点,我是从别人那里听来的。九州的顺序就这样定下了。

四海一也

世上所说的东、北、南三海，实际上就是一个整体。青州、沧州以北的海域称为"北海"；交州、广州以南的海域称为"南海"；靠近吴、越的这一段海域称为"东海"；但是没有听说过世上还有西海。《诗》、《书》、《礼》经所说的"四海"，可能就是遵循这个方式而命名的。

《汉书·西城传》中记载的"蒲昌海"，大概只是一个小湖泊。班超派甘英出使条支也紧挨着大海，估计是在南海的西面。

郡县用阴阳字

山的南边称为阳，水的北岸称为阳，就是说太阳光能够照到这些地方；而山的北面、水的南岸则称为阴。因此，山川周围的州县地名，就是以"阳"而命名的。现在就把这些地名列举如下。

在山的南边的地名，比如如衡阳、岳阳、首阳、咸阳、弋阳、原阳、当阳、云阳等等，有四十二个。在水的北岸的地名，比如沈阳、汾阳、洛阳、荥阳、淮阳、襄阳、舞阳、汝阳、安阳、高阳、范阳、丰阳等等，有八十七个。

以上这些地名，都是在《汉书·地理志》中看到的。一般来说，地名中带阳字的多，带阴字的少。这是由于在山的北边、水的南边的地方地势处于背面，不太适合建立州县城邑。在山的北面的地名，只有华阴、山阴、蒙阴、襄阴等七个；在水的南岸的地名，有阴、荡阴、汝阴、河阴、淮阴、湘阴等等十六个。

此外如南阳、乐阳、合阳、建阳等等，不知道是否是根据水而命名的。